Über dieses Buch Als jüngste Schicht der industriellen Gesellschaft erst Anfang des 20. Jahrhunderts von der Wissenschaft entdeckt, wurden die Angestellten infolge struktureller Veränderungen der deutschen Gesellschaft dann schnell zu einem zentralen Thema der Gesellschaftstheorie. Sind sie ein »neues Proletariat« oder gehören sie zum »neuen Mittelstand«? Die breite und kontroverse Diskussion über die Angestellten in den zwanziger Jahren ist ein Ausgangspunkt des Buches von Hans Speier.

Es ist in den letzten Jahren der Weimarer Republik entstanden, war als Buchpublikation in der renommierten Reihe »Soziologische Gegenwartsfragen« für 1933 angekündigt und wurde von den Nationalsozialisten aus politischen Gründen unterdrückt.

Für die Erstveröffentlichung in den »Kritischen Studien« (1977) ist der Text überarbeitet und auf den neuen Stand der Forschung gebracht worden, weil es bis dato keine gründlichere Untersuchung über die Angestelltenbewegung in der Weimarer Republik gab.

Es wird nicht einfach – wie viele marxistische Autoren es tun – eine Zugehörigkeit der Angestellten zur proletarischen Klasse dekretiert, deren Probleme aus einem «falschen Bewußtsein« resultieren. Vielmehr kommt es Speier darauf an, die strukturellen und funktionalen Unterschiede zwischen Angestellten und Arbeitern unter Berücksichtigung der spezifisch deutschen Bedingungen herauszuarbeiten. Hierbei macht er mit der Übernahme des Begriffs der »sozialen Geltung« Anleihen bei Max Weber.

So resultiert etwa der Wunsch der meisten Angestellten auf gehobenes Sozialprestige nach Speier aus dem Bedürfnis, sich von den Handarbeitern abzusetzen. Dem trug eine bürgerliche Mehrheit des Reichstages im Jahre 1911 Rechnung, als sie eine besondere Angestelltenversicherung einzurichten beschloß. Nicht umsonst steht mit dieser Mentalität der forcierte Nationalismus vieler Angestelltenverbände in Zusammenhang, dessen Aufgabe es war, die Angestellten vom »internationalen Proletariat« abzugrenzen. (Heinrich August Winkler)

Speiers Analyse ist besonders wichtig unter anderem deshalb, weil sie heute kaum noch erreichbare empirische Materialien verarbeitet. Der Autor verfügt wie kaum ein zweiter über tiefgehendes, geradezu intimes Wissen über das Angestelltenmilieu, das er – mit vielen Beispielen »gewürzt« – vor dem Leser wiedererstehen läßt.

Der Autor Hans Speier, geboren 1905 in Berlin, studierte Soziologie bei Karl Mannheim und Emil Lederer, war Dozent an der Deutschen Hochschule für Politik in Berlin und nebenamtlich in der Arbeiterbildung der SPD tätig. Er stand politisch dem Allgemeinen Freien Angestelltenbund (Afa-Bund) nahe, der Dachorganisation der freien Angestelltengewerkschaften. Seine Dissertation, die diesem Buche zugrunde liegt, konnte er nach der Machtübernahme durch die Nationalsozialisten nicht mehr veröffentlichten. Er emigrierte 1933 in die USA und lehrte u. a. als Professor für Soziologie an der New School for Social Research in New York. (Vgl. Speiers autobiographische Notizen in: Exilforschung, Bd. 6, Frankfurt 1988, S. 152ff).

Hans Speier

Die Angestellten vor dem Nationalsozialismus

Ein Beitrag zum Verständnis
der deutschen Sozialstruktur
1918–1933

Fischer Taschenbuch Verlag

Der vorliegende Abdruck übernimmt unverändert den Text der als Band 26 der KRITISCHEN STUDIEN ZUR GESCHICHTSWISSENSCHAFT (Herausgeber: Helmut Berding, Jürgen Kocka, Hans-Christoph Schröder, Hans-Ulrich Wehler) erschienenen Erstausgabe.

Ungekürzte Ausgabe
Veröffentlicht im Fischer Taschenbuch Verlag GmbH,
Frankfurt am Main, Februar 1989

Lizenzausgabe mit freundlicher Genehmigung
des Verlages Vandenhoeck & Ruprecht, Göttingen

Umschlaggestaltung: Buchholz/Hinsch/Hensinger
Gesamtherstellung: Clausen & Bosse, Leck
Printed in Germany
ISBN 3-596-24407-2

Inhalt

Verzeichnis der Tabellen

Für Margit

Vorwort

Die erste Fassung dieses Buches mit dem Titel »Soziologie der deutschen Angestelltenschaft« wurde in den letzten Jahren der Weimarer Republik geschrieben. Nur das abschließende Kapitel wurde erst im Frühjahr 1933 hinzugefügt. Ich war damals Dozent an der Deutschen Hochschule für Politik in Berlin und gleichzeitig Assistent von Professor Emil Lederer an der Universität Berlin. Die vom Ferdinand Enke Verlag bereits 1932 angekündigte Veröffentlichung des Buches als Heft 3 der Reihe »Soziologische Gegenwartsfragen« unterblieb aus politischen Gründen. Nach Hitlers Machtübernahme wurden die drei Herausgeber der Reihe – Alfred von Martin, Sigmund Neumann und Albert Salomon – von Theodor Geiger und Andreas Walther ersetzt. Während Theodor Geiger in Übereinstimmung mit den ursprünglichen Herausgebern die Veröffentlichung der Arbeit befürwortete, erhob Professor Walther, ein Nazi, dagegen Einspruch. Die Hintergründe der Entscheidung des Verlags, Walthers Rat zu folgen und das politisch anrüchige Buch nicht zu veröffentlichen, gehen aus zwei zeitgeschichtlich interessanten Briefen Theodor Geigers an den Verfasser vom 21.8. und 27.9.1933 hervor; sie sind im Anhang abgedruckt. Der zweite Brief erreichte mich bereits in New York, wo ich als Professor der Soziologie an der sog. *University in Exile*, d.h. der *Graduate Faculty of the New School for Social Research*, meine amerikanische Lehrtätigkeit begonnen hatte.

Vor meiner Auswanderung schrieb ich auf Anraten von Emil Lederer noch eine Abhandlung, »Betrachtungen zur Erfassung der sozialen Struktur«, in der Einsichten meiner Arbeit verwertet waren; diese Abhandlung erschien in dem letzten Doppelheft des »Archivs für Sozialwissenschaft und Sozialpolitik« (August/September 1933), mit dem auch diese berühmte Zeitschrift ihr Erscheinen »bis auf weiteres« einstellte.

Im Februar 1934 brachte die Zeitschrift »Social Research« meinen

Aufsatz, »The Salaried Employee in Modern Society« heraus, in dem einige Daten und Ergebnisse meiner Arbeit zusammengefaßt waren; und 1939 veröffentlichte die Columbia University in New York eine Übersetzung der ersten vier Kapitel des Buches unter dem Titel »The Salaried Employee in German Society, Volume I«. Diese hektographierte Ausgabe ist in der amerikanischen Literatur des öfteren zitiert worden, jedoch kaum zugänglich. In Deutschland blieb sie bis heute unbekannt.

In den dreißiger Jahren veröffentlichte ich in den Vereinigten Staaten noch einige Abhandlungen auf dem Gebiet der sozialen Schichtung, in denen theoretische Ansätze meiner früheren Arbeiten weiter verfolgt sind, besonders über Ehre und soziale Struktur, das Verhältnis gesellschaftlicher Ungleichheit zur Demokratie und über die Prinzipien der sozialen Wertschätzung[1]. Aber bald wandte ich mich mehr und mehr anderen Forschungsgebieten zu, insbesondere der Analyse politischer Propaganda und der Soziologie des Krieges. Es erschien mir, daß unter dem Einfluß der Fortschrittstheorie und der Industrialisierung der westlichen Welt viele Sozialwissenschaftler ökonomische und soziale Unsicherheit für das größte gesellschaftliche Übel gehalten, und *physische* Unsicherheit, d. h. die Gefahr des gewaltsamen Todes, als Grundphänomene des sozialen Lebens vernachlässigt hatten. Allerdings neigte sowohl der Liberalismus als auch der Sozialismus dazu, diese Phänomene zu verdecken.

Als der Zweite Weltkrieg ausbrach, hielt ich das Problem der deutschen Angestellten in der Weimarer Republik angesichts dringenderer Probleme für uninteressant, und nach dem Kriegsende schien das Thema endgültig nur mehr historisches Interesse beanspruchen zu können; allerdings gewann der Gegenstand erneute Bedeutung für Untersuchungen und Überlegungen, die sich mit den Ursprüngen des Faschismus im allgemeinen und mit denen des Nationalsozialismus in Deutschland im besonderen befaßten. Von den Teilnehmern an dieser Diskussion konnte man billigerweise keine Spezialkenntnisse über die Angestellten in der Weimarer Republik erwarten, und noch heute bestehen in dieser Hinsicht lohnende Möglichkeiten, spekulative Urteile aufgrund von Forschungen zu überprüfen. Vielleicht kann das vorliegende Buch dabei nützlich sein, denn es verdankte seine Entstehung dem politischen Impuls, die in der Weimarer Republik sehr weit verbreitete Voreingenommenheit vieler Angestellten gegen Demokratie und Arbeiterschaft so genau wie möglich zu verstehen. Einer zeitgenössischen Arbeit dieser Art fehlt zwar die Distanz des Historikers, aber die Sicht aus verkürzter Perspektive schärft zuweilen die Wahrnehmung von Details und ist jedenfalls stets selbst ein Zeugnis der Vergangenheit, das der späteren historischen Forschung dienlich sein kann.

Der vorliegende Text ist eine Überarbeitung und Erweiterung des ursprünglichen Manuskripts. Er verdankt seine Entstehung dem Interesse und der Initiative von Professor Jürgen Kocka, der mir nicht nur eine gewissenhafte Kritik der ersten Fassung meines Buches zugänglich gemacht, sondern auch mit Hinweisen auf einige Forschungsergebnisse der letzten vierzig Jahre die Überarbeitung des ursprünglichen Textes sehr erleichtert hat. Ohne seine Zusprache hätte ich mich nicht nochmals mit diesem Thema beschäftigt.

Die ursprüngliche Fassung des Buches beruhte u. a. auf Quellenstudien in den Archiven der folgenden Angestelltenverbände, die mich seinerzeit auch durch mündliche und schriftliche Auskünfte bereitwilligst unterstützten: Deutschnationaler Handlungsgehilfen-Verband (DHV), Gewerkschaftsbund der Angestellten (GdA), Allgemeiner Freier Angestellten-Bund (Afa-Bund), Bund der technischen Angestellten und Beamten (Butab), Deutscher Werkmeisterverband (DWV), Deutscher Bankbeamtenverein (DBV), Allgemeiner Verband der Versicherungsangestellten (AVV) und Vereinigung der leitenden Angestellten (Vela).

Ferner hatte ich mich in den letzten Jahren der Weimarer Republik mit vielen Gewerkschaftsfunktionären und Politikern über das Thema meiner Arbeit unterhalten. Auch waren mir gewisse Betriebserfahrungen von Angestellten aus persönlicher Anschauung bekannt. Gegen Ende der Inflation war ich Lehrling in einer kleinen Berliner Privatbank und später, nach Beendigung meines Studiums bei Karl Mannheim und Emil Lederer in Heidelberg, Redakteur in einem großen Buchverlag in Berlin. In den letzten Jahren vor Hitlers Machtübernahme kamen mir nähere Bekanntschaften mit beschäftigten und arbeitslosen Angestellten und Arbeitern bei meiner Arbeit zustatten. Ich verdankte sie meiner Lehrtätigkeit an der Hochschule für Politik und, nebenamtlich, in der Arbeiterbildung der Sozialdemokratischen Partei; ferner meiner Arbeit als Volontär zu Studienzwecken bei Hausbesuchen des Berliner Fürsorgeamts. Schließlich hörte ich während der großen Wirtschaftskrise täglich Berichte über die Umstände, in denen die Ärmsten der Armen in Berlin ihr Leben fristeten, von meiner ersten, im Jahre 1965 verstorbenen Frau, die damals Kinderfürsorgeärztin am Bezirksamt Wedding war.

Es ist weder möglich noch nötig, alle Veränderungen des ursprünglichen Textes, die ich für diese Ausgabe vorgenommen habe, im einzelnen anzugeben. Die folgenden Hinweise mögen genügen. Ich habe keine zusätzlichen Quellenstudien betrieben; alle zitierten Bücher und Aufsätze mit einem Erscheinungsdatum vor 1934 sind in Vorbereitung der ursprünglichen Fassung benutzt worden. Die Anordnung des Stoffes ist im allgemeinen unverändert geblieben, obwohl im Interesse der Klarheit Umstellungen vorgenommen worden sind. Inhaltlich habe ich einiges verändert und ergänzt. Insbesondere hatte ich die Gewerkschaftspolitik, die die sog. bürgerlichen Verbände, d. h. GdA und DHV, kurz nach Ende des Ersten Weltkriegs vertraten, lediglich als ein Anpassungsmanöver an die neuen republikanischen Verhältnisse gesehen und die Interessenvertretung der Mitglieder durch diese Verbände gegenüber den Unternehmern in ihrer Bedeutung unterschätzt. Alle mir damals nahestehenden Gewerkschaftler, wie Otto Suhr, Politiker, z. B. Carl Mierendorff, und Wissenschaftler, einschließlich Emil Lederer, teilten übrigens meine Auffassung. Die neuere Forschung mißt jedoch dem Radikalisierungsprozeß der Verbände, der schon während des Weltkrieges begann, größeres Gewicht bei und neigt vielleicht ihrerseits dazu, die Bedeutung des Anpassungsprozesses nach 1919 zu unterschätzen. Auch die Politik der Unternehmer in bezug auf die Sozialgesetzgebung habe ich differenzierter dargestellt als in meinem jugendlichen Eifer.

Die Daten über Einkommen und Arbeitslosigkeit wie auch die genaueren Angaben über die Verteilung der Ausgaben in einkommensmäßig gleichgestellten Arbeiter- und Angestelltenhaushalten finden sich nur in dieser Ausgabe. Der zweite Unterabschnitt des zehnten Kapitels, »DHV und NSDAP«, fehlte in der ursprünglichen Fassung: die Hauptthesen über dieses Thema standen ursprünglich zwischen den Zeilen.

In der Weimarer Republik war ich an den deutschen Angestellten sowohl soziologisch als auch politisch interessiert. Ich stand politisch dem Afa-Bund, der Dachorganisation der freien Angestelltengewerkschaften, näher als dem weniger radikalen Allgemeinen Deutschen Gewerkschaftsbund (ADGB), in dem die verbündeten freien Gewerkschaften der Arbeiter zusammengefaßt waren. Noch heute erinnere ich mich der Gefühle, mit denen ich im Frühjahr 1933 den langen Artikel von Lothar Erdmann in der letzten Nummer der »Arbeit« las. »Die Arbeit«, von Theodor Leipart herausgegeben, war die führende Zeitschrift des ADGB. Erdmanns Aufsatz erschien mir damals als eine törichte und schändliche Anstrengung, zur Rettung der freien Gewerkschaften durch einen Annäherungsversuch an den Nationalsozialismus beizutragen. Erdmann schrieb, daß die deutsche sozialistische Arbeiterbewegung das »Naturrecht« des Angriffs in der Außenpolitik auch für sich in Anspruch nähme und betonte die Teilnahme der deutschen Arbeiter am »außenpolitischen Kampf um die Weltgeltung des eigenen Volkes«[2]. Er sagte, daß »das Versailler Diktat mit psychologischer Notwendigkeit eine starke nationalistische Bewegung in Deutschland, aus dem Lebenswillen des Volkes ungestüm hervorbrechend, heraufbeschwören (mußte)«[3]. Er sah das Ziel der freien Gewerkschaftsbewegung in der »Überwindung des Klassenkampfes«[4] und schloß mit der folgenden Ermahnung: »Die nationale Organisation der Arbeit, die sie [die Gewerkschaften, H. S.] in Jahrzehnten schwerer Kämpfe und unermeßlicher Arbeit, getragen von dem Vertrauen und dem Opferwillen der deutschen Arbeiterschaft, aufgebaut haben, ist ein nationaler Wert, den auch die verbündeten Kräfte der nationalen Revolution achten und hüten müssen, vor allem die große Bewegung, die sich darauf beruft, daß ihre Revolution national und sozialistisch sei. Diese große Mission verpflichtet.«[5] Soweit ich mich erinnere, gab es keine ähnlichen Äußerungen von Intellektuellen, die für den Afa-Bund arbeiteten. Obwohl ich die Verbürgerlichungstendenzen in der Arbeiterschaft zu kennen glaubte[6], war ich davon überzeugt, daß der Pragmatismus Erdmanns auf falschen politischen Urteilen beruhte und nicht den Willen der Arbeiter ausdrückte. Allerdings erinnere ich mich daran, daß einige Wochen nach Hitlers Machtübernahme und vor der Zerstörung der deutschen Gewerkschaften auch einige ältere und erfahrene sozialdemokratische Politiker auf einem Diskussionsabend im Hause Emil Lederers in Berlin noch nicht völlig pessimistisch über Deutschlands Zukunft dachten. Ich selber sprach an diesem Abend über das Ende von Weimar. Aufgrund meiner Studien betonte ich besonders die Anfälligkeit der Mitglieder des DHV, des GdA und der unorganisierten Angestellten für den Nationalsozialismus und den Beitrag des DHV zur Verbreitung seiner Glaubenssätze. Die Ideologie des DHV war mir seit Jahren unerträglich borniert erschienen, und politisch hielt ich sie für nicht weniger verderblich als die Ansichten des »Tat«-Kreises und anderer rechtsradikaler Intellektueller[7], Leute, die man heute Arnold Gehlens schöner Wortprägung folgend wohl ›Mundwerksgesellen‹ nennen würde.

Andreas Walther konnte meine politischen Ansichten in der ursprünglichen Fassung meines Buches leicht erkennen, denn ich hatte sie bei aller Bemühung um Sachlichkeit dem aufmerksamen Leser enthüllt. In der Überarbeitung des alten Textes habe ich die Spuren meiner damaligen politischen Leidenschaft nicht verwischt, obwohl ich heute besser über den DHV unterrichtet bin als zu Beginn der dreißiger Jahre. Einige Urteile über den DHV habe ich etwas entschärft in Anbetracht neuerer Forschungen, die mich zu differenzierteren Ansichten geführt haben. Von der Schuld, zu Hitlers Wahlsiegen beigetragen, reaktionäre und nationalsozialistische Ansichten geteilt und ihre Verbreitung in der Weimarer Republik gefördert zu haben, kann der DHV freilich niemals freigesprochen werden.

In meiner Arbeit habe ich mich bemüht, nicht nur die ökonomische Interessenlage der Angestellten den Unternehmern gegenüber, sondern auch ihre soziale und politische Differenzierung und ihr Verhältnis zu den Arbeitern darzustellen. Die Gesellschaftstheorie, die meiner Arbeit zugrunde lag, hatte ich in der Einleitung nur sehr kurz skizziert. Ich habe nun den Schluß dieser Einleitung für diese Ausgabe etwas erweitert und aus ursprünglich verstreuten Ausführungen Kapitel VII zusammengestellt, besonders um meinen Rekurs auf den Max Weber entlehnten Begriff der sozialen Geltung genauer zu begründen. Obwohl es heute üblich ist, von sozialem Status statt von sozialer Geltung zu sprechen, bin ich noch immer der Ansicht, daß der Begriff der sozialen Geltung in Untersuchungen dieser Art nicht zu entbehren ist. Status läßt sich meiner Meinung nach auf Prinzipien der sozialen Geltung zurückführen, und diese Prinzipien, nicht aber Statusunterschiede als solche, eröffnen Einsichten in die Gesamtstruktur der Gesellschaft. Die Privilegien von Beamten und Angestellten sind zwar durchaus Aspekte des Status dieser Schichten, aber diese in Gesetzen verankerten Vorteile – wie längere Kündigungsfristen, separate Sozialversicherung, etc. – beruhen auf Strukturprinzipien der deutschen Gesellschaft, die in Geltungsansprüchen und Geltungsgewährungen ihren Ursprung haben. Der Status der Angestellten ist jedenfalls nicht das Resultat bestimmter Arbeitsfunktionen, sonst wären die Statusprivilegien der Angestellten in allen modernen Gesellschaften die gleichen. Auch läßt sich der Status der Angestellten nicht aus ihrer ökonomischen Klassenlage ableiten, denn in bezug auf die Notwendigkeit, ihre Arbeitskraft an die Besitzer von Produktionsmitteln oder von Handels- und Dienstkapital zu verkaufen, gleichen die Angestellten den Arbeitern: wie diese sind sie Arbeitnehmer. Jedoch in anderen

Hinsichten, die nicht vernachlässigt werden dürfen, gleichen sie ihnen nicht. –

Für die Arbeit an dieser zweiten Fassung des Buches hat mir die Fritz Thyssen Stiftung eine Sachbeihilfe gewährt, wofür ich sehr dankbar bin.

Einleitung

Der Angestelltenschaft, die erst wenige Jahre vor Ausbruch des Ersten Weltkrieges für die Wissenschaft entdeckt worden ist, sind nach der Inflation viele statistische und soziologische, soziographische und sozialpsychologische Untersuchungen gewidmet worden. Reportagen entstanden, Romane versuchten, dem Thema literaturfähige Reize abzugewinnen, Theaterunternehmungen, Magazine und Tageszeitungen griffen den Gegenstand auf und stellten ihn auf ihre Weise weiteren Kreisen dar. Die öffentliche Meinung der industriellen Gesellschaft bevorzugte diese vielfältig zusammengesetzte Schicht, die ihre jüngste ist, offensichtlich. Ging es um die Angestellten, bildete sie sich zwar nicht einmütiger, aber lebhafter, als wenn etwa soziale Fragen des Handwerks oder der Bauernschaft erörtert wurden.

Vielleicht erklärt sich dies auf sehr einfache Weise: der soziologisch interessierte Schriftsteller fand zu den Angestellten zwanglos Zugang. Er kannte sie besser als beispielsweise die Arbeiter oder die Bauern, weil er als Angehöriger der ›Intelligenz‹ ihnen gesellschaftlich näher stand als den anderen Schichten. Selbst wenn er diesen größere Sympathien entgegenbrachte als jenen, beruhte seine Sympathie in der Regel auf Lektüre; Urteile über die Angestellten gründeten sich dagegen mehr auf Anschauung und konkrete Erfahrung. Die Bedeutung dieses sozialen Kontaktes wird mittelbar dadurch bestätigt, daß diejenigen Angestellten, die der Arbeiterschaft am nächsten stehen, in der Literatur am wenigsten berücksichtigt sind. Über die Werkmeister waren geringere Kenntnisse verbreitet als über die kaufmännischen Angestellten. Von diesen aus wurden fast alle Urteile über ›die Angestellten‹ gebildet, wobei übrigens noch die in der Klein- und Mittelstadt lebenden meist als unwesentlich außer Betracht blieben; sie wohnten jenseits des Horizonts, der den Gesichtskreis des großstädtischen Schriftstellers in der Regel begrenzte. Es ist oft darauf hingewiesen worden, daß die größten deutschen Städte keine Industriearbeiter-

Städte, sondern Angestellten- und Beamten-Städte seien, wo sich die verwaltenden und verteilenden Funktionen der Gesellschaft konzentrieren. Auch der Schriftsteller, der die öffentliche Meinung mitbildet, lebt in den Städten und übt seine Tätigkeit vorwiegend in den Großstädten aus. Intellektuelle und großstädtische kaufmännische Angestellte kannten einander, zumal der Intellektuelle nicht selten ein Angestellter war.

Aus dieser sozialen Nachbarschaft erklärt sich wahrscheinlich die verhältnismäßig genaue Unterrichtung der Öffentlichkeit in der Weimarer Republik über die Angestellten, nicht aber schon das rege Interesse, dem diese Schicht begegnete. Es hatte seine Wurzel in einer strukturellen Veränderung der Gesellschaft. Auf das rapide und starke Wachstum der Schicht allein war es nicht zurückzuführen. Gewiß fiel es einigen Sozialwissenschaftlern auf, daß sich von 1882 bis 1925 die Zahl der Erwerbstätigen bzw. der Arbeiter noch nicht verdoppelt, die der Angestellten und Beamten dagegen mehr als verfünffacht hatte, daß die Angestelltenschaft, die im Jahre 1907 etwa 1,5 Millionen Personen umfaßt hatte, in etwa 25 Jahren auf rund 4 Millionen angeschwollen war. Aber die Öffentlichkeit urteilt nicht aufgrund von Statistiken: qualitative Veränderungen in der Gesellschaft hatten das Interesse an den Angestellten geweckt.

Große Teile des mittleren und unteren Bürgertums waren durch die Inflation ungewöhnlich rasch in völlig veränderte Lebensumstände geraten. Sie waren seitdem gezwungen, unter so stark verschlechterten wirtschaftlichen Bedingungen zu leben, sie entbehrten so sehr der wirksamen Lebenssicherung, die sie bislang genossen hatten und die als charakteristisch im allgemeinsten Sinne gegolten hatte, daß es fraglich geworden war, ob es überhaupt noch einen Sinn hätte, weiterhin von ›Bürgertum‹ zu reden. Innerhalb einer Generation hatte das alte gesicherte Bürgertum viele Angehörige an die Angestelltenschaft abgegeben, die ihren Weg für einen sozialen Abstieg hielten, weil bei der Arbeit das Maß an Unsicherheit und Unfreiheit zunahm: Das Interesse an den Angestellten beruhte zum guten Teil auf dem bürgerlichen Wunsch nach Selbsterkenntnis, der den bitteren Erfahrungen der Inflation, der Rationalisierung der Büros und (seit 1929) der Wirtschaftskrise entsprang.

Dabei hatte nun ein altes Theorem Aktualitätswert erhalten, nämlich die Lehre, im Zuge der kapitalistischen Entwicklung werde sich das Proletariat immer mehr ausdehnen, während die bürgerliche Mittelschicht ›naturnotwendig‹ dazu bestimmt sei unterzugehen. Diese

Lehre, von der herrschenden Orthodoxie innerhalb der sozialistischen Führerschaft vor dem Ersten Weltkrieg vertreten, von vielen Arbeitern mit dem Eifer festgehalten, den eine rationalisierte Siegesverheißung weckt, drückte zwar niemals einen Willen der Sozialisten aus, den Mittelstand zu vernichten, sondern war nur eine marxistische Prognose der wirtschaftlichen Entwicklung. Aber es ist verständlich, daß die Mittelschichten, denen der Untergang so strikt vorausgesagt wurde, die Sozialisten für eine derartige Zukunft verantwortlich machten: wurde auch nur die Entwicklung theoretisch fixiert, die Zukunft der Mittelschichten war doch der dunklere Grund, auf dem sich die der Arbeiter um so strahlender abheben konnte.

Nach der Staatsumwälzung von 1918 nahm die Arbeiterschaft durch eine ihrer politischen Parteien einen gewissen Einfluß auf die Führung des Staates. Die Gewerkschaften wurden vom Unternehmertum und vom Staat anerkannt. Der soziale Makel, welcher der Arbeiterschaft trotz des Burgfriedens sogar noch während des Ersten Weltkrieges anhaftete[1], begann zu verblassen. In einem Lande, dessen Bürgertum auf Distanzierung vom Proletariat peinlich bedacht und an staatspolitische Mitarbeit dieser Klasse nicht gewöhnt war, mußte die Veränderung der politischen Ordnung zu Störungen führen, in denen sich die Vergangenheit rächte: von der Reaktion auf 1848 und dem Sozialistengesetz 1878–1890 bis zur ausbleibenden Wahlrechtsreform in Preußen noch während des Ersten Weltkrieges. Den Zusammenhang zwischen der eigenen sozialen Not und dem politischen Aufstieg der Arbeiter bewertete das Bürgertum aufgrund geringer Erfahrungen. Denn das Regierungssystem, das der Arbeiterschaft vor dem Kriege die soziale Anerkennung und die Möglichkeit, Verantwortungen zu tragen, sorgfältig verwehrt hatte, war auch auf die staatsbürgerliche Erziehung des Bürgers, der sich von dem wirtschaftlich mächtigen Bourgeois unterschied, niemals bedacht gewesen. Ordnung genügte in Deutschland, nach ihrem Preis wurde nicht gefragt. Auf dieser politischen Unerzogenheit, nicht nur auf der Verschlechterung ihrer Lage, beruhte die Desorientiertheit der Mittelschichten in der Weimarer Republik. Sie haben sich denn auch, wie man zuspitzend bemerkt hat, fast bei jeder Wahl für eine andere Partei entschieden[2].

Als die Mittelschichten in wirtschaftliche Bedrängnis gerieten, suchten sie die Urheber ihrer Not und leiteten die politische Gegenrevolution ein, indem sie nunmehr aktiver Rückhalt derjenigen Politiker wurden, welche eine unliebsame Veränderung rückgängig machen wollten, Schuldige nannten und ihre Bestrafung verhießen. Nationalistische Ideen erwiesen sich dabei als ein starker Motor der inneren Entwicklung, nicht nur infolge der außenpolitischen Situation Deutschlands, sondern auch aus einem andern Grunde: diese Ideen waren auf das engste mit den sozialen Vorstellungen der Mittelschichten verknüpft.

Repräsentant der Nation war in Deutschland und besonders in Preußen nach seinen siegreichen Kriegen im 19ten Jahrhundert das Militär. Es wäre falsch, diese Repräsentationskraft auf wirtschaftliche Interessen gewisser Teile des Volkes zurückzuführen, obwohl nicht nur die Industrie, sondern auch der Mittelstand von der Existenz des stehenden Heeres profitierte. Vor Ausbruch des Ersten Weltkriegs brachte ein einziges Infanterieregiment »seiner Garnisonstadt durch die Gehälter der Offiziere, Ärzte, Beamten, Löhnungen der Unteroffiziere und Gemeinen, durch die Zulagen und die Wirtschaftsbetriebe, die Küchen und die Offiziersspeiseanstalt allein an unmittelbaren Geldwerten jährlich rund 900000 Mark«[3]. Aber für die politische und soziale Ordnung in Deutschland war das traditionelle Prestige der militärischen Lebensform von größerer Wichtigkeit. Es verbürgte die prägende Kraft vorindustrieller Macht und vorkapitalistischer Wertvorstellungen in der industriellen Gesellschaft. Militärischen Charakter zeigten auch die sozialen Figuren, an denen die Mittelschichten vor dem ersten Weltkriege ihre würdige Eingliederung in die Gesellschaft erkannten. Das Mitglied des Kriegervereins, der Zivildienstanwärter, der Reserveoffizier und der Korporationsstudent, an dem der Kleinbürger eine Freude und als Zimmervermieter und Gewerbetreibender ein wirtschaftliches Interesse hatte, garantierten den Bestand der sozialen Rangordnung. Sie verschafften der Hierarchie, an deren Spitze die nicht-bürgerliche feudale Schicht stand, innerhalb der bürgerlichen Mittelschichten ebenso Zustimmung, wie innerhalb der bürgerlichen Oberschicht die Möglichkeit des Konnubiums mit Angehörigen des Adels und die Chance der Nobilitierung. Die sozialen Vorbilder bezeichneten zugleich die Stationen eines möglichen, angemessenen Aufstiegs, der nicht immer wirtschaftliche Besserung, aber häufig wirtschaftliche Sicherung und stets Zuwachs an sozialer Geltung bedeutete, wie ja auch nobilitierte und hoffähige Großindustrielle oder Bankiers ebenso reichen, aber nicht nobilitierten Mitbürgern den Rang abliefen.

Die soziale Hierarchie war in ihrem Aufbau bestimmt von Wertungen und Vorstellungen des Adels. Sie schloß nach unten mit dem kleinen Bürger und dem niedrigsten Beamten ab. Die Lohnarbeiterschaft umfaßte sie nicht. Da diese verachtet oder ob ihrer Disziplin gefürchtet gewissermaßen außerhalb der bürgerlichen Gesellschaft stand, wurde kaum bemerkt, daß ihre Vereine und Organisationen zum Teil nichts anderes waren und nichts anderes sein konnten als Formen einer Gesellschaft von Proletaires-Petits-Bourgeois: eine massenhafte Wiederholung des Phänomens vom Bourgeois-Gentilhomme auf tieferer Stufe. Die Muster des sozialen Lebens stellt die höhere Schicht auch dann noch, wenn sie von den niedrigeren Schichten ökonomisch und politisch bekämpft wird.

Der Verlust des Weltkrieges war keine Gewinnung des inneren Friedens, weil die Prinzipien der sozialen Hierarchie doppelt in Frage gestellt wurden: durch die militärische Ohnmacht und durch den sichtbaren Machtzuwachs der Arbeiterschaft, der durch die neu entstandene Regierungsfähigkeit der Sozialdemokratischen Partei und durch die Anerkennung der Gewerkschaften erhärtet zu sein schien. Die bedrängten Mittelschichten sahen einen Zusammenhang zwischen der militärischen Schwäche und der neuen Macht der Arbeiter und zwischen beidem und ihrer Bedrängnis. Sie hegten die Vorstellung, wenn nicht die Arbeiterschaft als solche, so doch ihre politisch und gesellschaftlich arrivierten Funktionäre seien verantwortlich für die soziale und nationale Not. So wurde die Theorie von der zunehmenden Macht des Proletariats und dem Versinken der Mittelschichten vom Bürgertum in dem Augenblick als unerträglich richtig erkannt, in dem die Arbeiterschaft bemerken mußte, daß sie nicht mehr unbedingt stimmte.

Die proletarisch-sozialistische Theorie der Gesellschaft nämlich, die vorwiegend und wenigstens in ihren Umrissen der Arbeiterschaft zur soziologischen Erkenntnis gedient hatte, wurde durch die gesellschaftliche Entwicklung vor ein Problem gestellt, daß eine Überprüfung der orthodoxen Lehre verlangte. Nach der bekannten Prognose von Karl Marx mußte der Anteil der Arbeiterschaft an der Bevölkerung absolut und relativ wachsen. Die Statistik zeigte jedoch, daß dies für die neueste Phase des Kapitalismus nicht ohne weiteres zutraf. Der Anteil der Lohnarbeiterschaft an der Gesamtheit der Werktätigen war von 1895 bis 1925 von 56,8% auf 45,1%, also unter die Majorität gesunken. Diese Entwicklung war nur dann für die marxistische Soziologie kein beunruhigendes Problem, wenn der Begriff des Proletariats weiter gefaßt wurde, als Marx dies getan hatte. Aufgrund der Bedingungen, unter denen die modernen Angestellten arbeiteten und lebten, hielt man sich in sozialistischen Kreisen für berechtigt, sie zum Proletariat zu rechnen. Wenn sie auch nicht Handarbeiter waren, so waren sie doch Arbeitnehmer, die für ihren Lebensunterhalt, wie die handarbeitenden Proletarier, auf den Verkauf ihrer Arbeitskraft auf dem Arbeitsmarkt angewiesen waren: Es gab nun ein ›Stehkragenproletariat‹. Damit entstand eine neue Aufgabe: die soziologischen und die ideologischen Folgen dieser »Umschichtung des Proletariats« zu erkennen[4].

Bei der neuen Bestimmung, die die Begriffe Proletariat und Bourgeoisie verlangten, weil beide Begriffe durch die soziale Entwicklung des Bürgertums und die der Arbeitnehmerschaft unscharf geworden waren, erwies sich mithin die Schlüsselstellung der Angestellten zweifach. Von der einen Seite aus wurde das Dasein der Angestellten als ein neuer Modus nicht-proletarischer Existenz bezeichnet, der für die Überlieferung, Erhaltung und Erneuerung der nationalen Kultur von erheblicher Wichtigkeit sei, von der anderen wurde auf die Proletarität verwiesen, welche der moderne Angestellte nunmehr mit dem Arbeiter teile. Eine mittelständische Auffassung und eine Klassensoziologie trafen einander auf einem sozialem Felde, mit dem keine von beiden gerechnet hatte. Denn die Klassensoziologie war von einem Arbeiter-Proletariat aus konzipiert und mußte daher in gewisse Schwierigkeiten geraten, wenn sie die Besonderheit der Angestellten dem Arbeiter gegenüber verstehen wollte. Der mittelständischen Theorie fehlten die methodischen Mittel, um von ihren Voraussetzungen aus zu erklären, was Angestellte und Arbeiter sozialökonomisch Gemeinsames haben und was für Folgerungen sich daraus ergeben.

Beide Theorien widersprechen einander aufs schärfste: die industrielle Gesellschaft, um deren richtige soziologische Erfassung gestritten wurde, schien auf einen kleineren sozialen Bereich eingeengt: die richtige Soziologie der Angestelltenschaft schien über das Wesen der ganzen industriellen Gesellschaft zu entscheiden. Es fehlte daher nicht an zugespitzten Urteilen. Die Ansicht, daß die Angestellten eine Volksschicht bildeten, »auf der in der nächsten Zeitperiode der geschichtliche Akzent liegen wird«[5], war eine Übertreibung nicht nur zuungunsten der Arbeiter und Bauern, sondern auch der Beamten, um von kleineren, mächtigeren Schichten zu schweigen. Aber sie war für die Schlüsselstellung der Angestelltenschaft ebenso bezeichnend wie die Unterschiedlichkeit der Beurteilungen, welche die Angestelltenschaft sonst erfuhr. Alle hatten sie den gemeinsamen Effekt, alte soziologische Schemata von dieser Schicht aus zu sprengen. Entstammten sie auch nicht immer einer genauer bestimmten Gesamtauffassung, so schlossen doch alle mindestens die Möglichkeit ein, zu einer allgemeinen Erfassung der Struktur der deutschen Gesellschaft nach dem Ersten Weltkriege vorzudringen. Dies galt für die Theorie der Proletarisierung der Angestellten wie für die Theorie Schumpeters, infolge des Wachstums der Angestellten werde die Welt der Zukunft eine Welt der Bürokratie sein[6]; für die Prognose eines heraufsteigenden Klassenkampfes zwischen Angestellten und Arbeitern[7] wie für die These, daß ›die Vermassung‹ der Angestellten ihre Mentalität nicht erfasse[8]. Es galt schließlich auch für die Ansicht, daß die Angestellten in einer ›künstlichen‹ Hierarchie verfangen seien[9], für die Kritik Siegfried Kracauers an der Flucht der Angestellten vor der Realität[10], wie für die Behauptung des Deutschnationalen Handlungsgehilfen-Verbandes (DHV), daß die kaufmännischen Angestellten enger als irgendeine andere Gruppe der Beschäftigten mit dem kapitalistischen Unternehmen verbunden seien, weil sie sich mehr oder weniger unmittelbar mit der Kontrolle des Profit produzierenden Prozesses befaßten[11]. In der Tat ist es schließlich unmöglich, über die Lage oder Geltung irgendeiner Gesellschaftsschicht etwas soziologisch auszusagen, ohne damit die Struktur der Schichtung zu beurteilen.

Diese Bedingung ist bei einer Soziologie der Angestelltenschaft aus einem zusätzlichen Grunde besonders bindend. Die Angestellten bilden eine Schicht mit erheblicher sozialer Spannweite: Sie umfaßt ungelernte und angelernte Kräfte, die ohne Vorkenntnis Büromaschinen bedienen oder unqualifizierte Verkaufstätigkeit im Einheitspreis-Geschäft ausführen oder nichts als ›Strichzieher‹ sind; nicht nur ihrem Einkommen nach, das in der Regel das durchschnittliche der Arbeiterschaft unterschreitet, sondern auch in ihrer Arbeitsqualität rangieren diese Angestellten weit unter den gelernten Arbeitern. Zur gleichen ›Schicht‹ gehören aber auch qualifizierte Kräfte, von denen nach oben hin der Übergang zu den Unternehmern unmerklich erfolgt. Zur Angestelltenschaft gehören Arbeiterkinder mit Volksschulbildung und Personen mit langjähriger Vorbildung, deren Väter höhere Beamte gewesen sind. Die Einkommensspanne zwischen den unteren und den oberen Angestellten ist groß und zumal, wenn man die leitenden Angestellten mitberücksichtigt, größer als die Spanne zwischen unterem und oberem Arbeiter-Einkommen. Mit einem Wort, die Angestelltenschaft kann in ihrem sozialen Aufbau als eine soziale Pyramide vorgestellt werden, welche der Pyramide der ganzen industriellen Gesellschaft vergleichbar ist: ihre breite Basis liegt auf einer Ebene, auf welcher der Unterschied zwischen ungelernten Handarbeitern und Angestellten völlig verwischt ist; ihr dünner Spitzenabschnitt ragt in die Sphären echter großkapitalistischer Existenz. Auch aus diesem Grunde war der Streit um die Soziologie der Angestelltenschaft ein Streit um die Soziologie der industriellen Gesellschaft, den die intellektuellen Funktionäre des verelendeten und nach Selbstverständigung strebenden Bürgertums auf der einen Seite, die des Proletariats, das von inneren Umschichtungen ideologisch beunruhigt war, auf der anderen Seite führten.

Da die sozialökonomische Zugehörigkeit der Angestellten zum Proletariat allgemein anerkannt war, ergibt sich als wichtigste Aufgabe einer Soziologie der Angestelltenschaft, die Unterschiede zwischen Angestellten und Arbeitern aufzuzeigen und in ihrer Bedeutung zu ermessen. Das Schrifttum zeigt, daß erst bei der Lösung dieser Aufgabe die Feindseligkeit der verschiedenen Doktrinen und Auffassungen entbrannte: Die Klassen-Theorie glaubte, nicht nur sozialökonomisch, sondern auch politisch und ideologisch geurteilt zu haben, wenn sie die Angestelltenschaft als ›neues Proletariat‹ bezeichnete. Die gegnerische Auffassung rechnete die Angestellten trotz ihrer Arbeitnehmereigenschaft zum ›neuen Mittelstand‹. Sie bestritt damit die Gültigkeit des marxistischen Klassenschemas, und hielt entweder die sozialökonomischen Unterschiede, die zwischen Angestellten und Arbeitern bestanden, für wichtiger als den zwischen Angestellten und Unternehmern bestehenden Gegensatz, oder bestritt doch jedenfalls die innige Beziehung zwischen sozialökonomischer Lage und Klassenbewußtsein, welche die Klassen-Theorie nicht in Frage stellte.

In dieser Arbeit wird versucht, die Soziologie der deutschen Angestellten in bezug auf die Eigentümlichkeit der deutschen Gesellschaft zu verstehen. Dabei genügt es nicht, lediglich sozialökonomische Klassenlagen zu berücksichtigen. Diese sind in allen kapitalistischen Gesellschaften grundsätzlich die gleichen; der auf Besitz oder Nicht-Besitz von Produktionsmitteln zurückgehende Unterschied zwischen der kapitalistischen und der proletarischen Klasse besteht stets ebenso wie der Interessenkonflikt der beiden Klassen, der sich auf dem Arbeitsmarkt konstituiert. Der Klassenlage nach sind die Angestellten Proletarier. Aber wenn man die Analyse einer kapitalistischen Gesellschaft auf die Klassenlage beschränken würde, dann müßten die Unterschiede zwischen kapitalistischen Gesellschaften als Verschiedenheiten im Tempo der Entwicklung verstanden werden, d. h. als Grade der ›Reife‹ des Systems. Die modernen westlichen Gesellschaften unterscheiden sich jedoch nicht nur im Tempo ihrer Modernisierung, denn sonst müßte – pedantisch gesprochen – im Vergleich von mehreren gesellschaftlichen Entwicklungen Äquivalenz der Stadien zu verschiedenen Zeitpunkten bestehen. Dies ist nicht der Fall. Selbst wenn man z. B. mit Recht bemerkt, daß die kapitalistische Industrialisierung Deutschlands später erfolgte als die Englands, so glich die deutsche Gesellschaft in ihrer Struktur niemals der englischen. In Deutschland gab es niemals den Gentleman als soziales Leitbild, England war frei von Militarismus, etc.

Statt auf den Arbeitsmarkt und seine Konflikte reduzierbar zu sein, verweisen die Unterschiede in der Struktur der kapitalistischen Gesellschaften vielmehr auf eine Reihe anderer Faktoren, die in der Lebensführung der einzelnen Schichten, in durch Recht oder Tradition verbürgten Ungleichheiten des sozialen ›Status‹ derselben Schicht trotz gleicher Klassenlage, in unterschiedlichen Geltungsansprüchen und Geltungsgewährungen sichtbar und wirksam werden. Ohne hier in eine allgemeine Diskussion dieses Phänomens einzutreten, sei lediglich darauf hingewiesen, daß im Hinblick auf die Klassenschichtung diese Faktoren, um mit Max Weber zu sprechen, ständische »Hemmnisse einer konsequenten Durchführung des nackten Marktprinzips« darstellen[12].

Max Weber hat ständische Lage allgemein definiert als »eine typisch in Anspruch genommene positive oder negative Privilegierung in der sozialen *Schätzung*, begründet auf
a) Lebensführungsart, – daher
b) formale Erziehungsweise . . .
c) Abstammungsprestige oder Berufsprestige . . .
d) ständische Konventionen (›Traditionen‹) anderer Art«[13].

Den Zusammenhang zwischen der sozialen Schätzung und der sozialen Ordnung hat Max Weber damit hergestellt, daß er die »Verteilung« von »sozialer Ehre (Prestige)« zwischen »typischen Gruppen« als »soziale Ordnung« bezeichnete[14]. Wir werden den Überlegungen, die diesen Definitionen zugrunde liegen, weitgehend folgen, jedoch von »sozialer Geltung« oder »sozialem Ansehen« statt von »Ehre« oder »Schätzung« sprechen. Ferner ist noch auf die Relevanz von Max Webers Bemerkungen über das Verhältnis von Macht und »Ehre« hinzuweisen. Aufgrund seiner vergleichenden historischen Forschungen lehrte er, daß Macht – d. h. »ökonomisch bedingte« ebenso wie anders bedingte Macht – die Grundlage »sozialer Ehre« sein könne. Andererseits führt nach seiner Auffassung nicht jede Art von Macht zu sozialer Ehre, wie an den Beispielen der Macht des »typischen amerikanischen

Bosses« und des »typischen Großspekulanten« zu ersehen sei. Schließlich wies er darauf hin, daß nicht nur die Macht die Grundlage von Ehre sein könne: »sondern umgekehrt kann soziale Ehre (Prestige) die Basis von Macht auch ökonomischer Art sein und war es sehr häufig. Die Rechtsordnung kann ebenso wie Macht, so auch Ehre garantieren.«[15]

Wir werden die soziale Geltung der Angestellten auf bestimmte Vorstellungen dessen, was in der deutschen Gesellschaft für sozial wertvoll gehalten wurde, beziehen. Dabei wird sich dreierlei zeigen. Erstens gab es in der Weimarer Republik keine soziale Wertschätzung, die als Grundlage sozialer Geltung *alle* Gesellschaftsschichten umfaßte, so daß jede einen bestimmten Platz auf der Leiter der Ungleichheiten einnahm und ihren Rang akzeptierte. Vielmehr gab es einen Pluralismus verschiedener Wertprinzipien und damit grundverschiedene Vorstellungen der wünschenswerten sozialen Über- und Unterordnung. Es handelte sich nicht etwa nur um einen Konflikt zwischen kapitalistischen und proletarischen Werten und Ideen der ›gerechten‹ Verteilung von Macht und Geltung, sondern der Pluralismus von Geltungsansprüchen und Geltungsgewährung umfaßte auch vorkapitalistische, militärische, bürokratische und noch andere Wertvorstellungen. Diese hatten nicht den Charakter von historischen Erinnerungen und Sehnsüchten nach Vergangenem: sie dienten vielmehr dem sozialen Selbstverständnis bestimmter Schichten und waren mehr oder minder wirksame Mittel im Kampf um Geltung.

Zweitens waren die Angestellten in ihren Wertvorstellungen und Geltungsansprüchen gespalten: sie waren keine einheitliche Schicht. Bis zu einem gewissen Grade bestand solche Heterogenität auch bei anderen Schichten und Klassen. Bei den Angestellten aber waren die Klüfte zwischen leidenschaftlich verfochtenen Werten verschiedener Provenienz besonders tief. Dies ist wohl darauf zurückzuführen, daß diese Schicht einerseits an das Lumpenproletariat, andererseits an Kleinunternehmer und Direktoren von Mittel- und Großbetrieben heranreichte.

Drittens war es charakteristisch für die Angestellten, daß sie keine schichteigene Wertschätzungen besaßen, sondern sie typischerweise von anderen Schichten übernahmen. Zum Teil ›adoptierten‹ sie die Wertvorstellungen der Arbeiter, zum Teil die der Beamten, des Militärs, des alten Mittelstandes, des wie auch immer verstandenen ›gebildeten Bürgers‹, zu einem gewissen Grade sogar die von Unternehmern. Man kann die deutschen Angestellten in der Weimarer

Republik daher als eine ›wert-parasitische‹ Schicht bezeichnen. Große Teile der Angestelltenschaft fielen auch aus diesem Grunde den Propagandisten des ›Volkstums‹ und der nationalen ›Erneuerung‹ frühzeitig zum Opfer: es fehlte ihnen jeder Rückhalt in einer Tradition schichteigener Wertvorstellungen.

Kapitel I

Die Vielfalt der Angestellten

Im Jahre 1885 zählte man in Deutschland erst rund 90000 ledige und rund 51000 verheiratete Handlungsgehilfen. Der Gehilfe des Kaufmanns gehörte, wie die Bezeichnung andeutet, zum kaufmännischen Stande. Er konnte in der kapitalistischen Gesellschaft allenfalls so lange als einem Stande zugehörig betrachtet werden, wie seine wirtschaftliche Abhängigkeit ein Vorstadium der wirtschaftlichen Verselbständigung war. Der Berufsweg Lehrling-Gehilfe-Prinzipal war für ihn typisch; patriarchalische Beziehungen zwischen dem Prinzipal auf der einen, dem Kommis und Lehrling auf der anderen Seite herrschten vor. Sie drückten sich am deutlichsten darin aus, daß Gehilfe und Lehrling in den Familienverband aufgenommen wurden; sie empfingen Kost und Logis. Die Kommerzienrätin Jenny Treibel, die Heldin in Fontanes Roman »Frau Jenny Treibel« (1893), erinnert sich, daß sie als junges Mädchen im Berliner Materialwarenladen ihres Vaters mitgeholfen hatte: sie hatte kleine und große Tüten geklebt, was ihr jedesmal »mit ›zwei Pfennig fürs Hundert‹ gutgetan worden war«. Beim Mittagessen saß sie dann im Hause ihres Vaters »zwischen dem Kommis Herrn Mielke und dem Lehrling Louis«, die also mit der Familie des Prinzipals in Tischgemeinschaft lebten[1].

Noch wenige Jahre vor der Jahrhundertwende hatte fast die Hälfte der männlichen Verkäufer in Deutschland freie Station[2]. Diese und das Bargeld, das der Handlungsgehilfe erhielt, glichen nicht dem Gehalt des modernen Angestellten. Dieser leistet fremdbestimmte Arbeit und empfängt dafür – soziologisch gesehen – Lohn. Jener empfing eine Art Beihilfe zur Existenz dafür, daß er sein Leben dem kaufmännischen Beruf widmete. Etwas überspitzt ausgedrückt: Während der Kaufmannsgehilfe lebte, um zu arbeiten, und die Härten der ersten Berufsjahre durch die Aussicht auf die spätere Verselbständigung gemildert wurden, arbeitete der Angestellte um zu leben. Auch auf ihn trifft zu, was für den Lohnarbeiter gilt: Die Arbeit kann nicht in sein

Leben eingerechnet werden, sondern sie ist ein »Opfer seines Lebens«. Der moderne Angestellte, der Arbeitnehmer ist, erstrebt die Beschränkung der Arbeitszeit und die Verbesserung seiner Arbeitsbedingungen. Für den Gehilfen waren diese Ziele weniger dringlich. Er arbeitete zwölf Stunden und länger, auch sonntags, solange wie es im kaufmännischen Berufe üblich war. Wer einen echten Beruf hat, dem ist die rechtliche Befristung seiner Arbeitszeit kein dringliches Anliegen.

1. Das kaufmännische Personal in kleinen Betrieben

Die moderne Angestelltenschaft ist nicht aus den Handlungsdienern in ihrem ganzen Umfange und in ihrer vielfältigen Differenzierung entstanden. Es wäre fehlerhaft, in Gustav Freytags biederen Kommis die sozialen Ahnen all der gequälten Kreaturen zu sehen, die in Priestleys »Engelgasse« geschildert sind. Als Abkömmlinge jener alten, in Standesgemeinschaft mit Prinzipalen lebenden Gehilfen sind lediglich diejenigen Angestellten zu betrachten, die in der Neuzeit in den klein- und mittelstädtischen kaufmännischen Betrieben mit geringem Personalstand, vor allem in den Verkaufsstellen, tätig sind.

In der Weimarer Republik arbeiteten sie unter Bedingungen, lebten nach Gewohnheiten und dachten in Stilen, die denen des Gehilfen früherer Zeiten nicht unähnlich waren. Ihre Tätigkeit war noch nicht stark spezialisiert, die Arbeitszeit relativ noch am wenigsten eingeschränkt, das Gehalt zwar besonders niedrig, aber die Möglichkeit der Verselbständigung (eventuell mittels Heirat) noch am ehesten diesen Angestellten gegeben. Die Zugehörigkeit zum ›Kleinbürgertum‹ war ihnen noch am wenigsten fragwürdig: Sie kannten ihre Prinzipale persönlich und vertraten sie unmittelbar. Die den Stand in Frage stellende gewerkschaftliche Orientierung des modernen Arbeitnehmers erschien ihnen verhältnismäßig befremdend. Da der Betrieb engräumig war und die Vereinzelung groß, wies die Arbeitserfahrung nicht auf die Notwendigkeit solidarischen Handelns hin. Höher geschätzt als die Gewerkschaft war, vor allem in den kleineren Städten, der christliche Verein. In einer Studie aus dem Jahre 1932 über kaufmännisch tätige Jugendliche in ostpreußischen Mittelstädten heißt es: Es liefern die Berichte den Beweis, daß ein verhältnismäßig hoher Prozentsatz der Jugendlichen noch religiös und kirchlich eingestellt ist. Die männlichen Jugendlichen beider Konfessionen gehören gern christlichen

Vereinen an; den Äußerungen der weiblichen Jugendlichen entnimmt man, daß sie zum Schluß noch recht kindlich gläubig, zum Teil aus eigener Überzeugung den religiösen Gepflogenheiten treu bleiben[3]. Die Bindung an Familie und Kirche sowie die gesellschaftliche Exponiertheit dem Arbeiter gegenüber ist durch ungebrochene Konventionen gesichert.

Verlor der kleinstädtische Angestellte seine Stellung, so empfand er dies daher noch in der großen Krise stärker als Makel als der Angestellte in größeren Städten: »...wie ist man da gleich deklassiert.« »Erwerbslos, arbeitslos – na, das kommt gleich neben ›Kommunisten‹.«[4] Aus allen diesen Gründen stand der kaufmännische Angestellte des kleinen Betriebs dem ›alten Mittelstand‹ nahe. Er teilte mit ihm die Abneigung gegen die Industrialisierung und ihre sozialen Geschöpfe: den kapitalistischen Großunternehmer und den proletaritätsbewußten Arbeiter.

Wirtschafts- und sozialpolitisch wurde diese Verbundenheit von Selbständigen und Abhängigen im *alten* Mittelstand nurmehr zuweilen sichtbar, weil die ländlichen, kleinstädtischen (und kleinbetrieblichen) Angestellten erstens überhaupt nur zu einem besonders geringen Teil organisiert waren, und zweitens, sofern sie es waren, die Verbandsmitgliedschaft mit Angestellten größerer Betriebe teilten. Immerhin ist es z. B. bemerkenswert, daß sich die ›mittelständischen‹ Angestelltenverbände (DHV und VwA) im Jahre 1932 zusammen mit der Hauptgemeinschaft des deutschen Einzelhandels in einer Broschüre »Mensch oder Maschine in der Warenverteilung« gegen die automatische Warenabgabe nach Ladenschluß gewendet haben; auch der GdA stimmte sachlich zu. Nur der sozialistische Afa-Bund sträubte sich nicht gegen den technischen Fortschritt. Wie die freien und christlichen Arbeiterverbände setzte er sich für die Automatisierung ein, weil die Herstellung von Automaten die Einstellung von Arbeitern bedinge und die Einführung von Automaten einen früheren Ladenschluß für Angestellte ermöglichen könne. In die gleiche Linie fällt es, daß niemals die Afa-Verbände, wohl aber gelegentlich der DHV, für die Rückbildung der großen Betriebe plädiert haben[5].

Übrigens hatten diejenigen Verbände, die sich gegen die Automatisierung wendeten, die höchsten Quoten klein- und mittelständischer Mitglieder. Nach einer Untersuchung von Hamm wohnten von 1000 Mitgliedern jedes Verbandes in Großstädten mit über 100000 Einwohnern[6]:

	DHV	GdA	ZdA
	412	556	660
davon in Berlin	72	127	176

Da in dem Funktionsbereich der Angestellten im kleineren Betrieb nur verhältnismäßig geringfügige Veränderungen kapitalistischer Art stattgefunden hatten, und sie infolgedessen ihren gesellschaftlichen Vorfahren stärker ähnelten als irgend eine andere Arbeitnehmerschicht den ihrigen, kann die kapitalistische moderne Problematik der Angestelltenschaft an ihnen nicht erkannt werden. Aber es ist unstatthaft, von ihnen abzusehen, wenn von ›den‹ Angestellten die Rede ist: weder die wirtschaftliche Entwicklung noch die soziale und politische rechtfertigen es, über sie hinwegzusehen. War der Großbetrieb das Modell der Zukunft, so war der Kleinbetrieb die Bastion der Gegenwart, in dem die Vergangenheit sie verteidigte. Wahrscheinlich ist es vonnöten, die Soziologie der gesamten Arbeitnehmerschaft unter dem Gesichtspunkt der Betriebsgrößen-Unterschiede und der daraus sich ergebenden Bewußtseinsdifferenzierung neu zu bearbeiten, weil allzulange allein vom Großbetrieb aus die Fragen gestellt worden sind. Sicherlich aber muß so bei der Angestelltenschaft verfahren werden, denn dort ist die Bedeutung dieser Unterschiede besonders groß, vor allem im Handel, in dem noch 1925 die Mehrzahl der Angestellten tätig war. Nicht weniger als 21,8% der in Handel und Versicherung tätigen Angestellten arbeiteten in Betrieben bis zu 5 Personen, 39,2% in Betrieben bis zu 10 Personen, und mehr als die Hälfte, nämlich 58%, in Betrieben bis zu 50 Personen. Auch von den in Handwerk und Industrie tätigen Angestellten entfiel immerhin ein Drittel (33,5%) auf diese Betriebe (bis zu 50 Personen)[7]. Das waren ohne das in Klein- und Mittelbetrieben tätige technische Personal insgesamt rund 1,1 Millionen Angestellte (1925), d. h. fast ein Drittel aller kaufmännischen und Büroangestellten, Werkmeister, Techniker und der sonstigen Arbeitnehmer, welche nach der Verkehrsanschauung als Angestellte galten.

Die kleinbetrieblichen Angestellten, deren Tätigkeit sich durch die Zeiten ziemlich gleichartig erhalten hat und deren soziale Stellung im Betrieb wenig geändert worden ist, waren die eigentlichen Hüter der mittelständischen Tradition, die in vorkapitalistische Zeiten zurückführt.

Insbesondere im Handel hatten diese Angestellten ›älteren Typs‹ wie die kleineren Betriebe, in denen sie tätig waren, eine verhältnismäßig feste Position inne. Nur 11,7 % der in Handel und Versicherung beschäftigten Angestellten arbeiteten 1925 in Betrieben mit 200 und mehr Personen. Mit steigender Betriebsgröße verschwand der traditionsbestimmte Typ und prägte sich der moderne kapitalistische Arbeitnehmer-Typ des Handelsangestellten stärker aus. Der Großbetrieb zerstörte die ›Gehilfenstellung‹. Den Schluß der Reihe, an deren Anfang die Gehilfen des Landkrämers standen, bildeten die Verabreicherinnen von Markenartikeln im großstädtischen Filialbetrieb, das Gros des Verkaufspersonals im Warenhaus und im Einheitspreisgeschäft[8]. Der Anteil der Warenhäuser am Gesamtumsatz des deutschen Einzelhandels betrug (1928) 4,3 %, der der Einheitspreisgeschäfte rund 1,5 % (1932). Neben Hausierhandel, Konsumanstalten (einschl. Werkskonsumanstalten) und Versandhäusern, Warenhäusern und Einheitspreisgeschäften blieben dem sonstigen Einzelhandel (1928) noch 80,6 %[9].

Mit steigender Betriebsgröße verengt sich der Funktionsbereich des einzelnen. Die Aufgaben, in die sich im kleinen Betrieb Prinzipal, Gehilfe und Lehrling teilen, werden aufgespalten, die Teilaufgaben soweit wie möglich schematisiert und standardisiert. In den Betrieben entstehen fein differenzierte Hierarchien, in der Gesellschaft werden mehr und mehr Menschen aus den früheren Berufsständen ausgegliedert und einer hierarchisch gestuften Abhängigkeit überantwortet.

Neben der betrieblichen Hierarchie bestand im Einzelhandel eine gewisse Rangordnung der Branchen. Die soziale Geltung des Verkaufspersonals stieg mit steigendem Umsatz je Verkaufskraft und Kunde, und sinkender Kundenzahl je Verkaufskraft: Dies ist nur der quantifizierende Ausdruck für die Tatsache, daß das Verkaufspersonal in ›Geschäften‹ mit hochwertigen Artikeln höher eingeschätzt wurde als das ›Laden‹personal, das billige Waren verkaufte. Das Verkaufspersonal in Luxusgeschäften stand dementsprechend am höchsten, die Lebensmittelverkäuferin am niedrigsten. Das zu verkaufen, was jeder braucht und was pro Stück wenig kostet, war dem Ansehen nicht zuträglich; zu verkaufen, was teuer ist und daher von minderbemittelten Schichten nicht gekauft wird (z. B. Lederwaren, ›Samt und Seide‹), steigerte den sozialen Rang. Diese Bewertung, die von niemandem unnachsichtiger geübt wurde als von den Verkäuferinnen selbst, zeigt, daß die soziale Geltung des Kunden, mit dem das Verkaufspersonal in Berührung kam, auf den Rang des Personals ›abfärbte‹.

Die kapitalistische Epoche der Angestellten, die kürzer ist als die der Lohnarbeiter, insofern die Geschichte ihrer Vermassung später einsetzte, wird repräsentiert vom technischen Personal, das in den industriellen Großbetrieben arbeitet, und von denjenigen kaufmännischen Angestellten, die dort verwaltende und organisierende, früher allgemein und noch heute im kleineren Betrieb entbehrliche oder unentwikkelte Funktionen ausüben. Diese Kräfte arbeiten vergleichsweise traditionslos; ihre Aufgaben sind nicht in dem Maße überliefert wie die der Gehilfen im kleinen Betrieb, sondern erst bei einem höheren Konzentrations- und Organisationsgrad der kapitalistischen Wirtschaft entstanden.

2. Die Werkmeister

Das technische Personal als umfänglicher Teil der Wirtschaft ist ein Produkt des Großbetriebs und insofern viel ›jünger‹ als die kaufmännischen Angestellten, aber auch jünger als die Lohnarbeiter. Nur die Werkmeister haben eine längere Geschichte, die eng an die der Lohnarbeiter anschließt. Denn Werkmeister waren zur Unterstützung des Betriebsleiters schon notwendig, als die Produktion noch vorwiegend in kleineren gewerblichen Betrieben ohne einen besonderen Stab sonstiger Techniker und nur mit wenigen kaufmännischen Hilfskräften erfolgte. Für den Werkmeister älteren Stils, der dem Handwerksmeister nahe stand, war jedoch in der neueren Wirtschaftsorganisation viel weniger Raum als für den kleinbetrieblichen Handelsangestellten, weil sich seine Funktionen durch die Vergrößerung der Betriebe erheblich geändert hatten. Nur soweit er noch immer in Produktionszweigen arbeitete, die Existenzmöglichkeiten für kleinere Betriebe boten – wie besonders einige Branchen der verarbeitenden Industrie – oder in Zweigen, die vom technischen Fortschritt weniger stark erfaßt waren – wie z. B. das Baugewerbe –, hatte sich sein alter Funktions- und Sozialcharakter erhalten. Den Werkmeister alten Stils fand man am häufigsten in arbeitsintensiven gewerblichen Betrieben, die eine geringe Zahl sonstiger Angestellter beschäftigten, in der Textilindustrie zum Beispiel, wo die Hälfte aller Angestellten eine Werkmeister- oder werkmeisterähnliche Stellung innehatte[10]. Nur in kleinen Betrieben kam es noch vor, daß der Werkmeister mit Kunden und Lieferanten verhandelte; mitunter war er sogar als Prokurist in das Handelsregister eingetragen.

Obwohl sich mit fortschreitender Rationalisierung der Funktionsbereich des Werkmeisters verengte und im Zusammenhang damit seine Arbeitnehmereigenschaft deutlicher, seine Betriebsverbundenheit lockerer wurde, verminderte sich nicht die Distanz, die Werkmeister und Arbeiter trennte. Denn die Anleitungsfunktion, welche die Autorität des Werkmeisters sachlich begründete, wurde ihm mehr und mehr entzogen und seine vorherrschende Aufgabe wurde es, Aufsicht zu führen. Mit dem Übergang zur methodischen, wissenschaftlichen Vorbereitung der Produktion, sind die beiden wesentlichen Berufsfunktionen des Werkmeisters, Leitung und Aufsicht, voneinander getrennt worden. Die Leitung, einschließlich der Arbeitsvorbereitung und Kalkulation, ließ sich leichter rationalisieren als die Aufsicht (soweit diese nicht durch den mechanischen Gang des Arbeitsprozesses zum Teil überflüssig wurde). In besonderen Büros wurde die ursprünglich in der Person des Werkmeisters verkörperte Betriebserfahrung systematisch erfaßt und entpersönlicht. Kalkulatoren, Terminbeamte, Ingenieure usw. sind dem Werkmeister vorgesetzt, oder doch der ihm verbleibenden Tätigkeit vorgeschaltet worden. Damit war für ihn der Instanzenzug angewachsen, so daß viele Werkmeister »eher zum lieben Gott kommen, als bis zu ihrem Direktor«[11]. Betriebsfremde Angestellte, von der Hochschule oder vom Technikum kommend, die dem Werkmeister an Alter meist unterlegen waren, nahmen ihm theoretische Arbeit ab. »Arbeitsbüro auf der einen, Werkstatt auf der anderen Seite, diese beiden Worte kennzeichnen den Kampf des leitenden Werkmeisters um seine Funktionen.«[12] Im Zuge der industriellen Konzentration ist so der Werkmeister immer stärker von seinen früheren Funktionen, nicht nur des Materialeinkaufs, der Kalkulation und der Lohnverrechnung, sondern auch des Disponierens und Anleitens entblößt und immer ausschließlicher auf die Aufgabe eines Kontrolleurs und Antreibers verwiesen worden[13]. Während der Werkmeister also in der einen Hinsicht objektiv näher an den Arbeiter heranrückte, vergrößerte sich in der anderen die Distanz zu ihm[14]. Die Chancen des Werkmeisters, in Zeiten der guten Konjunktur durch Prämien ein zusätzliches Einkommen (mitunter in sehr beträchtlicher Höhe) zu erlangen, waren nicht gerade geeignet, diese Distanz zu vermindern.

Geck hat behauptet, daß mit der stärkeren Durchbildung der Hierarchie in der modernen Betriebsorganisation und mit dem Funktionswandel im Werkmeisterberuf, der in der Versachlichung des Betriebslebens beschlossen sei, der Arbeiter in geringerem Grade persönlich abhängig und der Willkür des Vorgesetzten teilweise entzogen sei[15]. Das ist sicherlich richtig, darf jedoch in seinem Ausmaß nicht überschätzt werden. Mir ist z. B. bekannt, daß noch 1932 Arbeiter in einer sehr großen, durchrationalisierten Maschinenfabrik, die am Rande Berlins lag, ihre

Werkmeister durch Geschenke zu bestechen suchten, zwar nicht mit Geld, aber mit Naturalien. (Die Fabrik beschäftigte viele Arbeiter, die vom Lande stammten.) Die Versachlichung des Betriebslebens brachte also keineswegs die persönliche Abhängigkeit soweit zum Schwinden, daß derartige Praktiken unterblieben.

Das Bewußtsein, produktive Werkstattarbeit zu leisten und zu beaufsichtigen, gibt dem Werkmeister dem kaufmännischen Angestellten gegenüber eine gewisse subjektive Überlegenheit. Gelegentlich ist von dieser Basis aus auch politisch argumentiert worden: Kurz nach der Staatsumwälzung 1918 waren die Spannungen zwischen dem konservativen DWV (in dem rund 80 % der Werkmeister organisiert waren) und dem proletarisch-sozialistischen ZdA stark. Der damalige Vorsitzende des DWV machte mit einer gewissen Verachtung darauf aufmerksam, daß der ZdA »nicht in den Werken« im Westen des Reiches vertreten sei, sondern »wohl im Kleinhandel, in den Büros der großen Städte, wie in Berlin«[16].

Die Werkmeister bildeten eine Gruppe der Angestelltenschaft, in der jeder einzelne Aufsichtsbefugnisse über Arbeiter hatte. Ihre Autorität wurde durch § 123 GO gesetzlich geschützt. Während zum Beispiel Tätlichkeit und grobe Beleidigung der Arbeiter untereinander in der Regel keine rechtlichen Folgen hatten, war ein derartiges Verschulden von Arbeitern ihren Werkmeistern gegenüber Grund zur fristlosen Entlassung. Die ›Pufferstellung‹ zwischen Betriebsleitung und Arbeiterschaft entfremdete den Werkmeister um so stärker der Arbeiterschaft, aus der er häufig stammte, je mehr die Verhältnisse ihn in der Ansicht bestärkten, durch Aufstieg sei er der Arbeiterschaft entwachsen. Stolz auf die Erreichung einer sozialen Position, in die er niemals hineingeboren wurde, sondern die er sich errungen hatte, war er darauf bedacht, sie zu erhalten[17]. Die im Betrieb notwendige Distanz zwischen ihm, dem Vorgesetzten, und den Arbeitern, seinen Untergebenen, war er nicht abgeneigt, für eine soziale zu halten. Umgekehrt bestätigten Ausnahmen nur die Regel, daß in der Werkstatt der Werkmeister der bestgehaßte Mann war.

Vor einigen Jahrzehnten war das sich an die ›Vertrauensstellung‹ knüpfende Sonderbewußtsein des Werkmeisters noch deutlicher ausgeprägt. Im Jahre 1909 begründete es der DWV damit, daß die Werkmeister in stärkerem Maße als der Durchschnittsarbeiter das Gefühl der Betriebszugehörigkeit hätten; der Gedanke an wirtschaftlichen Kampf, Streik oder dergleichen käme bei ihnen nicht auf, sondern »Lebensstellungen« würden von ihnen erstrebt[18].

Das Bewußtsein, fester an den Betrieb gebunden zu sein, konnte auch Anfang der dreißiger Jahre noch nicht als Ideologie abgetan werden. Der Werkmeister war der Gefahr, entlassen zu werden, nicht in dem Maße ausgesetzt wie der Arbeiter; er in erster Linie hatte die Erhaltung der Betriebseigenarten zu verbürgen, und eine seiner Funktionen, der besonders in jüngeren Industrieländern große Bedeutung zukam, bestand darin, die allzu starke Fluktuation der Belegschaft zu verhindern. Ferner fand er im Falle der Entlassung nicht nur seines Alters wegen, sondern auch deshalb schwer neue Arbeit, weil seine Umschulung schwierig war. Schließlich wußte der Werkmeister, daß er, besonders bei schlechter Lage des Arbeitsmarktes, froh sein mußte, eine neue Stelle, sei es auch nur als Vorarbeiter oder als Facharbeiter antreten zu können[19]. Hinzu kam das hohe Durchschnittsalter, die niedrige Ledigenquote und die starke Verbreitung größerer Familien innerhalb dieser Angestelltengruppe sowie der hohe Anteil derjenigen, die einen landwirtschaftlichen Nebenberuf ausübten. 1925 waren von den männlichen Angestellten überhaupt 31,1 % (von den Erwerbstätigen insgesamt: 38,2 %) über 40 Jahre alt. Während bei den männlichen (weiblichen) technischen Angestellten 34,4 % (17,9 %), bei den kaufmännischen Angestellten 23,1 % (7 %) auf diese Altersklassen entfielen, waren nicht weniger als 65,7 % der männlichen Werkmeister über 40 Jahre alt[20].

Von den (männlichen) kaufmännischen Angestellten in Handel und Verkehr waren 53,3 %, von denen in Industrie und Handwerk 47,4 %, von den technischen Angestellten 40 % ledig, von den Werkmeistern jedoch nur 7,8 %. Nach der GdA-Erhebung von 1931 waren von 100 verheirateten männlichen Angestellten 29 kinderlos, von den Werkmeistern dagegen nur 16[21]. Von den Werkmeistern und dem Aufsichtspersonal in Industrie und Handwerk waren ein Achtel nebenberuflich landwirtschaftlich tätig, von den Technikern nur ein Zwanzigstel, von den kaufmännischen Angestellten nur ein Fünfzigstel[22].

Alle diese Umstände begünstigten den apolitischen Opportunismus. Bereits 1924 begründete der DWV den Mitgliederrückgang nicht nur mit der Wirtschaftskrise, dem Abbau und der Rückversetzung von Werkmeistern in das Arbeitsverhältnis – schon 1924 gingen 10 % des Mitgliederverlustes auf diesen Umstand zurück –, sondern erklärte, daß es auch Kollegen gäbe, »die angesichts der veränderten Machtverhältnisse nunmehr glauben, daß ihre gewerkschaftliche Tätigkeit eine Gefahr für ihre Existenz sei... Einige sind auch der Meinung, daß die Tarifarbeit im wesentlichen abgeschlossen sei und sie daher den Verband heute nicht mehr nötig hätten.«[23] Der apolitische Opportunismus, eine Erscheinung der Verbürgerlichung des Proletariats, war das hervorstechende Haltungsmerkmal der Werkmeister.

3. Die Techniker

Die Bedeutung der technischen Angestellten erhellt sich bereits aus den Ausführungen über den Funktionswandel des Werkmeisters. Die Technikerschaft als erheblicher Bestandteil der Belegschaften entstand erst im letzten Drittel des 19ten Jahrhunderts, als die deutsche Industrie einen raschen Aufschwung nahm[24]. Auch die Zahl des studentischen Nachwuchses in technischen Berufen wuchs rasch an, besonders nach dem deutsch-französischen Kriege. Im Jahre 1873 wurden allein an der Berliner Bau-Akademie fast fünfmal soviel Studenten immatrikuliert wie im vorhergehenden Jahre an der ganzen Technischen Hochschule[25].

Durch den Ingenieur wurde im Großbetrieb die patriarchalische Stellung des Werkmeisters erschüttert: die akademische Schulung lief der praktischen Erfahrung den Rang ab; die hierarchische Stellung des Werkmeisters wurde dadurch gesenkt[26]. Zugleich setzte mit zunehmender Spezialisierung der Ingenieur-Arbeit ein wachsender Bedarf nach technischen Hilfskräften ein, denen einfachere Funktionen übertragen wurden. Diese Nachfrage traf auf ein lohndrückendes Überangebot, das nicht nur von den Absolventen der technischen Mittelschulen, sondern vor allem von den im Übermaße entstehenden Privatschulen gestellt wurde.

Im Zusammenhang mit der Differenzierung der technischen Belegschaft bildete sich ein scharfer und heftig ausgetragener Gegensatz zwischen den höher und niedriger qualifizierten Kräften heraus. Ähnlich wie sich bisher der traditionsgebundene Bauingenieur dem aufstrebenden kapitalistischen Maschineningenieur überlegen fühlte, so folgte jetzt gegen Ende des Jahrhunderts aus der vertikalen Arbeitsteilung im Betriebe die soziale Differenzierung des wachsenden technischen Personals. Zeichner und Werkbeamte dünkten sich besser als die Arbeiter, Fachschultechniker fühlten sich den Zeichnern überlegen, die Akademiker überragten die Fachschultechniker in gesellschaftlicher Geltung und Selbsteinschätzung.

Die sozialen Rivalitäten und Gegensätze fanden einen Niederschlag in den beruflichen Verbänden und gewerkschaftlichen Vertretungen der technischen Angestellten. Abgesehen von den Techniker-Vereinen, die Selbständige und Abhängige erfassend, um die Mitte des vorigen Jahrhunderts zur Förderung der fachwissenschaftlichen Bildung gegründet wurden, entstand als erste Organisation, die einen schwachen Versuch zu sozialer Arbeit für ihre Mitglieder machte, der Deutsche Techniker Verband (DTV) im Jahre 1884. Unmittelbarer Anlaß der Gründung war der Wunsch der schlecht entlohnten Architekten, Ingenieure und Techniker, sich von den Arbeitern zu distanzieren. Nach dem Reichskrankenkassen-Gesetz vom Jahre 1883 hatte sich jeder technische ›Beamte‹, der nicht mehr als 6,66 RM täglich verdiente, einer »mehr für Gesellen und Tagesarbeiter berechneten« Krankenkasse anschließen müssen. Die erste Nummer der Deutschen Technikerzeitung enthielt denn auch den Statutenentwurf für eine besondere Verbandskrankenkasse[27].

Im Jahre 1904 wurde der Bund der technisch-industriellen Beamten (Butib) gegründet, dessen Organisationsprinzipien, Programm und Kampfesweise für die technische Angestelltenschaft große Bedeutung gewannen. Die Mitglieder des Butib rekrutierten sich vorwiegend aus den großen Betrieben der Maschinen- und Elektroindustrie, während der DTV seine breiteste Organisationsbasis bei Behörden und im Hochbaugewerbe hatte. Der Butib nahm ausschließlich Angestellte auf, aber auch Hilfskräfte und auch Frauen. Da er streng gewerkschaftliche Prinzipien vertrat (obwohl er es ablehnte, sich an die Arbeiterbewegung organisatorisch anzuschließen), zog er sich bald den Unwillen und die aktive Gegnerschaft der Unternehmer zu; aber im Gegensatz zu den linksradikalen Organisationen der Handelsangestellten hat er die kapitalistische Gesellschaftsordnung als solche niemals bekämpft.

Fünf Jahre nach dem Butib wurde der Verband deutscher Diplom-Ingenieure (VdDI) gegründet, zum Zweck der ›standesgemäßen‹ Abgrenzung der Akademiker. Der Butib sah den VdDI an als »eine im Unternehmerinteresse gegründete und im Unternehmerinteresse geleitete Vereinigung«[28]. Im Jahre 1911 kam es zu einem Streik der Berliner Eisenkonstrukteure. Der VdDI »verleitete seine Mitglieder dazu, den kämpfenden Eisenkonstrukteuren durch Annahme von Stellungen ... in den Rücken zu fallen«[29].

Der Butib übernahm die Führung der fortschrittlichen Angestelltenpolitik überhaupt und zwang den DTV, mit dem er nach dem Kriege zum Bund der technischen Angestellten und Beamten (Butab) verschmolz, 1911 zur Annahme gewerkschaftlicher Grundsätze.

Der sozialen Hierarchie der technischen Angestellten entsprach und entspricht nicht unbedingt eine Einkommensschichtung. Der junge Diplomingenieur erhielt schon vor dem Kriege mitunter ein Anfangsgehalt von nur 60 Mark und regelmäßig zunächst weniger als der Werkmeister, dessen Einkommen sich nicht wie das des Ingenieurs auf liberale Weise durch Angebot und Nachfrage, sondern durch Anlehnung an das des Arbeiters bildete[30]. Aber die ›bessere‹ soziale Herkunft, die bescheinigte Vorbildung, der gesellschaftliche Kontakt mit höheren Angestellten und mit der Unternehmensleitung distanzierten ihn von den Technikern der unteren Stufen, auch wenn diese höher entlohnt wurden als er. Die Hierarchie war ferner keine reine Leistungshierarchie, weil die Ausübung höherer Funktionen an die Vorbildung und diese in der Regel an die gesellschaftliche Lage der Eltern geknüpft war.

Die akademischen Diplomingenieure waren übrigens beim Eintritt in den Betrieb den Mittelschultechnikern zunächst durch den Mangel an praktischer Erfahrung unterlegen. Ein Wandel trat erst nach etwa fünf Jahren Beschäftigung ein: »Wenn es dem Akademiker geglückt ist, sich innerhalb dieses Zeitraums die nötige praktische Erfahrung zu erwerben, sind in der Regel die Vorbedingungen zum Weiterkommen infolge seiner höheren Vorbildung die besseren.«[31] Bestimmte Aufgaben freilich, die im Zuge der Verwissenschaftlichung der Betriebsführung hinzugekommen waren bzw. aus der Werkstatt abgesondert und in technische Büros verlegt worden waren, konnten ausschließlich von Technikern mit langer praktischer Erfahrung gelöst werden. So verlangte z. B. die Tätigkeit des ›Zeitnehmers‹, der die exakte Kalkulation vorbereitete, sehr intime Kenntnisse der manuellen Produktionsbedingungen und der Arbeiterpsyche. Aber den Funktionen, die auszuüben allein der Praktiker befähigt ist, eignet ebenso wie den Funktionen, die ihm sonst übertragen werden, kein höherer Rang. War der nicht-akademische Techniker Konstrukteur, so konstruierte er die Details; hatte er zu projektieren, so projektierte er kleine Anlagen; bekam er Entwürfe zu Gesicht, so hatte er sie nach Angaben zu verändern. Auch als Betriebstechniker standen ihm in der Regel wie im Büro nur die Plätze frei, auf denen mehr oder weniger untergeordnete Arbeit, keine besondere Verantwortungstätigkeit zu leisten war.

Die technischen Angestellten unterscheiden sich von der zuerst erwähnten Gruppe der kaufmännischen Angestellten in den kleineren Betrieben nicht nur in bezug auf die Funktionen, die bei diesen kaufmännisch, distributiv, bei ihnen technisch produktions-bezogen sind, sondern auch durch zwei weitere Merkmale: die Verteilung auf verschiedene Betriebsgrößen und die Art ihrer sozialen Kontakte und Konflikte im Betrieb.

Die technischen Angestellten waren überwiegend in industriellen Großbetrieben tätig[32]. 57 % des technischen Betriebs- und Aufsichtspersonals arbeiteten 1925 in der Betriebsgrößenklasse mit mehr als 200 Personen (30,2 % in Betrieben mit mehr als 1000 Personen); von den kaufmännischen Angestellten in Industrie und Handwerk entfielen dagegen nur 40,8 % auf diese Betriebe (nur 17,5 % auf die Riesenbetriebe). Auch die Statistik macht es also deutlich, daß die technischen, nicht die kaufmännischen Angestellten die eigentlichen Exponenten der kapitalistischen Epoche der Angestelltenschaft waren. Besonders deutlich wird dies aus der folgenden Übersicht (Tabelle 1), die dazu zwingt, mit der Vorstellung zu brechen, in den Riesenbetrieben spielte der kaufmännische Angestellte eine wichtigere Rolle als der Techniker:

Tab. 1: Verteilung von Berufsgruppen nach Betriebsgrößen[33]

Von 1000 Personen der Gesamtbelegschaft in Industrie und Handwerk waren 1925 in den Betrieben ... Personen

	bis 5	5–10	11–50	51–200	201–1000	über 1000
Techniker, Werkmeister	6	16	29	39	46	59
kaufm. Angestellte	13	50	80	76	67	58

Der kaufmännische Angestellte hatte also 1925 seine Hauptposition nicht in den industriellen Hochburgen der kapitalistischen Wirtschaft, sondern im Handel und in den mittleren Betrieben der Industrie. Mit wachsender Betriebsgröße stieg der Anteil des technischen Personals an der Gesamtbelegschaft, während die Quote der kaufmännischen Angestellten nur bis zu der mittleren Größenklasse von 11–50 Personen sich erhöhte, um danach mit weitersteigender Größenklasse wieder zu fallen.

Dies dürfte sich daraus erklären, daß die Maschinisierung der Produktion in den Riesenbetrieben am stärksten fortgeschritten ist; der wachsende Umfang der Produktionsanlagen erfordert eine steigende Zahl technischer Fachleute und Hilfskräfte zur Kalkulation, Terminüberwachung, planmäßigen Arbeitsvorbereitung, Offertenstellung usw. In den kaufmännischen Abteilungen aber wächst mit steigender

Betriebsgröße die Chance, den größeren Verwaltungsapparat zu rationalisieren, um relative Personal-Ersparnisse zu erzielen.

Der Unterschied zwischen technischen und kaufmännischen Angestellten in bezug auf soziale Kontakte und Konflikte im Betrieb läßt sich bereits aus der Entstehung der technischen Angestelltenschaft erkennen. Die sozialökonomische Dauerabhängigkeit der Kleinhandelsangestellten wurde dadurch geschaffen, daß sich die Chance ihrer Verselbständigung verringerte: eine Folge der Konkurrenz größerer Handelsbetriebe, in denen sich auch der soziale Charakter des alten Handelsangestellten verändert hatte. Die Abhängigkeit der technischen Angestellten entstand innerhalb der industriellen Betriebe. Aussicht auf wirtschaftliche Selbständigkeit im Beruf war für sie von vornherein kaum gegeben, und der Aufstieg innerhalb der Hierarchie war begrenzt, weil die höheren Posten Personen mit gesellschaftlich höher bewerteter Ausbildung und Herkunft vorbehalten waren. Die Abhängigkeit der technischen Angestellten war von vornherein betriebshierarchisch gestuft; insbesondere bei den zahlenmäßig überwiegenden Hilfskräften war sie unausweichlich. Durch die Weiträumigkeit des Betriebs, durch die Sichtbarkeit des gleichen Lebensschicksals bei den Kollegen, also durch die faßbare Massenhaftigkeit des Abhängigseins begünstigte sie bei den mittleren Technikern und den technischen Hilfskräften eine freigewerkschaftliche Einstellung.

Hinzu kommt, daß gerade der nicht-akademische Techniker bereits kraft seiner Vorbildung genauere Kenntnis der Arbeiterschaft in sein Angestelltentum einbringt, als das beim kaufmännischen Angestellten und auch beim Diplomingenieur der Fall ist. Der Besucher einer technischen Fachschule muß stets mehrere Jahre praktisch gearbeitet haben. In der Maschinenindustrie z. B. nahmen während dieser Zeit die Ingenieurlehrlinge keine Sonderstellung anderen Fabriklehrlingen gegenüber ein; für den Studenten an einer Technischen Hochschule, der in den Ferien (kürzer und mit Unterbrechungen) praktisch ausgebildet wurde, griff die nähere Bekanntschaft mit den Arbeitern nur ausnahmsweise über das Erlebnis des Interessanten und Fremden hinaus. So war es auch gerade der nicht-akademische Techniker, der in der Werkstatt mit dem Verständnis des Arbeiters die Einsicht für gewerkschaftliches Handeln sich erwarb. Die Akademiker waren selten gewerkschaftlich organisiert; wenn sie sich zusammenschlossen, bevorzugten sie Verbände, in denen Akademiker in der Mehrzahl waren und entweder der wissenschaftliche Vereinscharakter vorherrschte oder Wert gelegt wurde auf soziale Distanz den nicht-akademischen Technikern gegenüber.

Die der Vorbildung und den sozialen Herkunftsverhältnissen entsprechende Hierarchie des technischen Personals ist nach dem Ersten Weltkrieg einerseits durch die Arbeitslosigkeit, die bei den technischen Angestellten relativ größer war als bei den anderen Angestelltengruppen, andererseits durch den anhaltenden und sich verstärkenden Zudrang zu den Technischen Hochschulen erheblich ins Wanken geraten. Junge akademische Diplomingenieure standen nun häufiger als früher innerhalb des Betriebs auf der gleichen Stufe mit Mittelschultechnikern. Nicht selten fanden sie überhaupt keine Anstellung und waren damit den besonderen Gefahren des arbeitslosen Technikers ausgesetzt, dessen Anstellungschancen um so geringer wurden, je stärker er der Praxis und dem Fortschritt der Technik durch Untätigkeit entzogen war. Schließlich mehrten sich die Fälle, in denen akademische Techniker, ungeachtet ihrer Vorbildung, nichts als Arbeiterstellungen einnahmen. Zweifellos hat diese besondere Berufsnot der höher qualifizierten Techniker und des akademischen Nachwuchses der technischen Angestellten politisch stark radikalisierend gewirkt. Während die Berufsnot den ›höheren‹ Techniker dem Arbeiter in seiner Abhängigkeit von Konjunktur und Krise annäherte, machte er das System für seine erniedrigende Geltungseinbuße verantwortlich: seine Radikalisierung richtete sich gegen Demokratie, Gewerkschaften und den Geist von Weimar. So ergibt sich das interessante Bild, daß der Butab als die bedeutendste Organisation der technischen Angestellten, hauptsächlich Mittelschultechniker erfassend, eine besonders energische Gewerkschaftspolitik mit sozialistischer Ausrichtung betrieb, während der Nachwuchs der Diplomingenieure auf den technischen Hochschulen von Hitler und Goebbels besonders stark angezogen wurde. Wenn die Mehrheit der deutschen Studenten bereits einige Jahre vor dem Triumph der NSDAP in den Wahlen von 1930 Nationalsozialisten in ihre akademischen Vertretungen schickte, so überflügelten die Studenten an den Technischen Hochschulen noch die Universitätsstudenten auf diesem enthusiastischen Geschwindmarsch ins Dritte Reich[34].

4. Die kaufmännischen Angestellten in den größeren Betrieben

Auch die kaufmännischen Angestellten in den größeren Betrieben arbeiteten in hierarchisch gestufter Abhängigkeit. Aber sie hatten keinen Kontakt mit Arbeitern, von dessen Bedeutung für das Sozialbewußtsein und die soziale Haltung der unteren technischen Angestellten die Rede gewesen ist. Diese Tatsache hat dazu beigetragen, daß sie häufig an ›bürgerlichen‹ Vorstellungen festhielten. Es ist allerdings nicht zu vermuten, daß die allgemein vorwiegende mittelständische Orientierung der kaufmännischen Angestellten, die im Stärkeverhältnis der verschiedenen Gewerkschaftsrichtungen klar sichtbar wurde, lediglich auf mangelnde Kontakte mit Arbeitern zurückzuführen war. Wahrscheinlich hängt diese Orientierung auch mit zwei anderen konkreten Betriebserfahrungen zusammen, nämlich der mangelnden unmittelbar faßbaren Massenhaftigkeit des Berufsschicksals und der hierarchischen Einstufung des einzelnen im Büro.

Die Mehrzahl der kaufmännischen Angestellten arbeitete in mittleren Betrieben, wo eine proletarische Haltung einzunehmen stets befremdlicher erschienen ist als in den Großbetrieben. Nur dort nämlich, wo die Aufgabenteilung so weit fortgeschritten, der Betrieb so stark ausgedehnt war, daß nicht nur in der Abhängigkeit seines Schicksals von den Phasen der Konjunktur und nicht nur in dem Zwang, fremdbestimmte Teilarbeit annehmen zu müssen, die sogenannte Proletarität auch unmittelbar im Betrieb konkret faßbar wurde: nur dort entstand eine Chance, daß sie auf Haltung und Denken unmittelbar einwirkte. Diese Chance bestand aber typischerweise nur für die untersten Angestellten in den großen Betrieben, also für eine sehr kleine Minderheit der kaufmännischen Angestellten. Nur diese Angestellten ›erlebten‹ Massenhaftigkeit des gleichen Betriebsschicksals. Nur im großen Betrieb arbeiteten viele spezialisierte Teilarbeiter als Angestellte gleichen Ranges zusammen. Im mittleren Betrieb dagegen war die Spezialisierung nicht so weit fortgeschritten, daß der einzelne Angestellte dauernd eine einzelne Teilverrichtung ausübte; sondern dort führten selbst viele der unteren Kräfte verschiedene Einzeltätigkeiten, d. h. eine komplexe Gesamtleistung aus. »Nur bei Stenotypistinnen und Verkäuferinnen finden sich ›reine‹ Arbeitstypen.«[35] In mittleren Betrieben war eben nicht die Massenhaftigkeit ranggleicher Arbeitnehmer charakteristisch, sondern die hierarchische Stufung.

Die Ausbildung der Hierarchie war zunächst eine Folge der Arbeitsteilung, d. h. der Ausdehnung der Betriebe, ihres höheren Organisationsgrades und der dadurch bedingten größeren Strenge in der Erfassung, Planung und Kontrollierung der Vorgänge im Betrieb. Früher bei einer Person vereinigte Aufgaben waren vielfach geteilt und einzelnen Arbeitnehmern bzw. besonderen Abteilungen zugewiesen worden, die miteinander kooperierten und ihrerseits eine hierarchische Struktur aufwiesen.

Jedoch nicht alle Funktionen, die kaufmännische Angestellte, besonders in größeren Betrieben, ausüben, können zwanglos aus einer Aufgabenteilung erklärt werden, nicht alle kaufmännischen Angestellten in solchen Betrieben sind Teilarbeiter, deren Aufgaben früher bei komplexeren Angestelltentypen vereint waren. Ein Teil der Funktionen ist vielmehr als autonom entstanden aufzufassen: aus der Notwendigkeit einer besonderen Verwaltung, die im kleinen Betrieb entbehrlich ist. Die Verwaltung, insbesondere die Personalverwaltung, dient dem Bedürfnis, den überaus fein differenzierten Großbetrieb künstlich zu reintegrieren. Dem entspricht die betriebswissenschaftliche Auffassung der Verwaltung als »Kreis aller derjenigen betrieblichen Aufgaben, deren Objekt nicht im Bereich der eigentlichen betrieblichen Zweckaufgaben liegt, sondern die den Betrieb selbst als Ganzes oder Teile desselben, als Gruppen von Betriebsfaktoren zum Gegenstand der Tätigkeit haben«[36].

Auch die Angestellten mit verwaltender Funktion waren in eine hierarchische Ordnung gestellt. Es ist bemerkenswert, daß die Stufe, die ein Arbeitnehmer innerhalb der Hierarchie einnahm, für seine Geltung und Haltung von größerer Bedeutung war als die Tatsache, daß er in der Verteilungssphäre bzw. in der Verwaltung bzw. im Bereich der Arbeitsvorbereitung arbeitete: Der Hilfsarbeiter im statistischen Büro hatte einen geringeren Rang als der Gruppenführer in der Korrespondentenabteilung, obwohl er im Gegensatz zu diesem an der Verwaltung, kraft deren die Herrschaft über den Betrieb funktionierte, mitwirkte.

5. Die untersten kaufmännischen Angestellten

Wir werden der Bedeutung der Hierarchie im Büro später, im Kapitel VIII, das den ›Fetischcharakter der Vorgesetzten‹ behandelt, genauer nachgehen. Vorerst folgt eine Übersicht über einige kaufmännische Angestelltentypen, die auf den untersten Stufen der Hierarchie stehen und zumeist späte Produkte der wirtschaftlichen Entwicklung sind:

(a) der Verkäuferinnen im Einheitspreisgeschäft, (b) der unteren Büroangestellten im Großbetrieb, (c) der Stenotypistinnen und (d) der Maschinenangestellten. Negativ war diesen Geschöpfen der modernen Entwicklung gemeinsam, daß sie nicht, wie die Angestellten im kleinen Betrieb, durch persönlichen Kontakt mit dem Prinzipal als Zugehörige des alten Mittelstandes betrachtet werden konnten, und daß sie ferner nicht, wie die Angestellten im mittleren Betrieb, am Ansehen des Unternehmers teilhatten. Statt dessen befanden sie sich in besondes abhängiger, unsicherer Lage und waren weitgehend proletarisiert.

a) Das Verkaufspersonal im Einheitspreisgeschäft

Je weiträumiger und repräsentativer die Arbeitsstätten des Verkaufspersonals waren, desto stärker wurde die Diskrepanz zwischen ihnen und den uniformierten Angestellten, die dort der Kundschaft harrten; desto größer wurde auch die Sorge der Geschäftsleitungen, diese Diskrepanz zu überbrücken. In einer Anordnung an die Verkaufskräfte einer großen Einzelhandelsfirma hieß es: »Duze dich nicht mit deinen Kollegen und Kolleginnen im Geschäft *und namentlich nicht in Gegenwart der Kundschaft.*« Die Begründung verdeckte den Zweck der Vorschrift; sie machte die Angestellten für eine Intimität verantwortlich, die ihrer Herkunft und ihrem Berufsschicksal entsprang[37]: »Sich mit dir fremden Menschen zu duzen drückt dich in deinem eigenen Wert herab.« Der anordnenden Betriebsleitung war entgangen, daß sie die sozialen Voraussetzungen ihrer Ermahnung aufdeckte (und ihren Erfolg gefährdete), indem sie selber ihre Angestellten in der Ermahnung duzte. Daß dies gerade in ihren Augen eine Wertung offenbarte, zeigte die Wahl vornehmerer Formen, wenn eine Mahnung der Kundschaft galt. Welche Firma würde es gewagt haben, im Geschäftsraum zu plakatieren: »Du kannst umtauschen«? Es hieß neutral: »Umtausch ausgeschlossen!«, oder höflich: »Achten Sie bitte selber auf Ihre Garderobe!« – In einer anderen Verkäufervorschrift eines Einzelhandel-Verbandes lautete es sachlicher: »Es macht einen äußerst ungünstigen Eindruck, wenn sich das Personal in Gegenwart von Kunden mit Du anspricht.«

Da – jedenfalls in der Zeit vor dem Supermarkt – der persönliche Kontakt mit einem Verkäufer dem Konsumenten fast aller Verbrauchsgüter unentbehrlich erschien, war der Dienstcharakter der verteilenden Funktionen nahezu unaufhebbar. Die Automatisierung der Verkaufstätigkeit war begrenzt und wies der Rationalisierung andere, schmalere Wege, als sie in der Produktion ging. Aber unzugänglich war ihr die Leistung des Verkaufspersonals keineswegs[38].

Durch Standardisierung der Waren (Markenartikel) und der Preise war es bereits seit langem möglich, die Verkaufstätigkeit zu schematisieren, dergestalt, daß sie nurmehr einen geringeren Grad von Warenkenntnis erforderte und durch angelernte Kräfte ausgeführt werden konnte. Der im Zuge dieser Rationalisierung geschaffene Typ der Verkäuferin arbeitete vor allem in größeren Städten. Er ist von den kleinbetrieblichen Einzelhandelsangestellten mit traditionellen Funktionen zu unterscheiden. Auch seiner Haltung nach hob er sich vom alten Mittelstand ab. In der soziologischen Übersicht muß er denjenigen Angestellten zugewiesen werden, welche Geschöpfe des Spätkapitalismus sind.

Die am stärksten proletarisierte Verkäuferin arbeitete im Einheitspreisgeschäft. Nur um des Konsumenten willen wurden die Funktionen, die ihr oblagen, nicht automatisiert. Im Betriebe unterschied sie sich vom Automaten durch die Fähigkeit, den Wunsch des Käufers zu erfüllen, persönlich bedient zu werden. Zur Ausübung ihrer Funktionen reichte ein sehr kleiner Sprachschatz und fast die Beherrschung des kleinen Einmaleins aus. Geldwechsel über 20 Mark durften diese einfachen Angestellten nicht selbständig vornehmen. In der Arbeitsordnung einer Firma, die Einheitspreisgeschäfte unterhielt, hieß es (1931): »Alle Arbeitnehmer und diejenigen Personen, welche ihnen Essen bringen, müssen sich beim Betreten und Verlassen des Betriebes einer Kontrolle von den damit beauftragten Personen unterziehen.« – »Während der Arbeitszeit dürfen die Verkäuferinnen keine Geldbeträge bei sich tragen.« Und die »Besonderen Vorschriften für Verkäuferinnen« der gleichen Firma enthielten die folgenden Anweisungen: »Käufer, die irgendeine Auskunft über den Laden oder das Lager betreffend wünschen, sind an den Ladenführer oder dessen Stellvertreter zu verweisen.« – »Verkäuferinnen dürfen ohne Erlaubnis der Aufsichtsdame ihren Tisch nicht verlassen.« – »Alle Angestellten müssen sich jederzeit wie gebildete Damen und Herren benehmen.«

Das unterste Verkaufspersonal in den großen Einzelhandelsbetrieben ähnelte den unteren Schichten der Arbeiterschaft darin, daß es die Basis betrieblicher Hierarchien bildete. Aber es unterschied sich wesentlich von der Arbeiterschaft durch die Tatsache, daß es die Firma unmittelbar nach außen vertrat. In ihrem Namen sprach es mit dem Teil der Welt, der aus Kundschaft bestand. An die Stelle der wirklichen Verbundenheit von Prinzipal und Gehilfen war freilich in allen größeren Betrieben die Illusion einer Verbundenheit mit der Firma getreten. Aber diese Illusion wirkte auf die Haltung oft mit der Macht einer Realität. Der Schein der Verantwortlichkeit, der aus dem selbständigen Handeln dem Kunden gegenüber folgte, und der Schein der Freiheit, den die berufliche Tätigkeit im Vergleich mit dem Zwang des häuslichen Lebens erweckte, machte die Arbeit erträglicher. Für das Verkaufspersonal waren die Gesetze der sozialen Wertschätzung dadurch gemildert, daß der Konsument als solcher ›klassenjenseitig‹ war, da die Klassenzugehörigkeit durch die Stellung zu den Produktionsmitteln bestimmt wurde. Insoweit aber sein höherer sozialer Rang der Verkäuferin sichtbar blieb, täuschte er ihr gleichsam eine soziale Ordnung vor, in der es erträglich war, jegliche, auch sehr unansehnliche Arbeit zu leisten, weil an sie nicht mehr die soziale Unterordnung dessen anzuknüpfen schien, der sie ausführte: denn aus der Leistung der unansehnlichen Arbeit folgte hier nicht der Verlust des Umgangs mit sozial höhergestellten Menschen.

b) Das untere Büropersonal in den Großbetrieben

Während bei der Verkaufstätigkeit der Rationalisierung engere Grenzen gesetzt waren als in der Produktion, bot ihr das große Büro den weitesten Spielraum. Es ist dabei nicht nur an die Einführung von Büromaschinen zu denken, die nach 1925 im größeren Umfang erfolgt ist, nicht nur an die Verwendung von Buchungsmaschinen, kombinierten Rechen- und Schreibmaschinen, Frankierungs-, Brieföffnungs- und Verschlußmaschinen, nicht nur an die Einführung von Rohrpostanlagen zur Verminderung der Laufarbeit, an automatische Formular-Zuführung und ähnliches, sondern auch an die allgemeine Schematisierung der Angestelltentätigkeit, welche auf ihrer Spezialisierung aufbaute und die eigentliche Schematisierung und Automatisierung vorbereitete oder ergänzte. Planmäßigkeit war ihr Motto, Statistik ihre Wissenschaft, erhöhte Wirtschaftlichkeit ihr Ziel. Ihre Folgen: Entgeistigung der Arbeit und Verarmung der menschlichen Beziehungen im Betrieb.

Der durch die Art der Arbeit erforderte persönliche Kontakt mit Menschen außerhalb des Betriebs entfiel für die nicht als Verkaufspersonen tätigen Angestellten ohnehin. Der Kontakt dieser Angestellten untereinander wurde auf das Mindestmaß beschränkt. »Die Arbeit in den großen Bürosälen«, so hieß es in einem Bericht, »vollzieht sich fast geräuschlos, obwohl doch in jedem derselben weit über 1000 Personen durch keinerlei Zwischenwände voneinander getrennt sind. Das wesentliche Hilfsmittel dazu ist das automatische Tischtelefon, das sich auf jedem Arbeitsplatz befindet... für den Verkehr im Saale selbst entfällt daher jede Notwendigkeit, von Tisch zu Tisch zu laufen oder... über mehrere Tische hinweg laut zu sprechen. Schon für den Verkehr mit dem nächsten Tisch wird das Telefon zu Hilfe genommen.«[39]

Selbst wenn diese Beschreibung übertrieben sein sollte, so bedarf es doch keines Beweises, daß die Individualität des einzelnen Angestellten, der in solchen Räumen arbeitete, an Bedeutung verloren hatte. Die Arbeit verrichteten nicht einzelne, sondern Kollektive von Menschen, deren Tätigkeit nur in der Kooperation mannigfaltig erschien. Der einzelne arbeitete bis zum Überdruß Einzelnes, eng Begrenztes, in steter Wiederholung. Dieses Phänomen, versehen mit dem Siegel des organisierenden Mißtrauens gegen alles, was unberechenbar ist – Zufall, Persönlichkeit, Tradition – war freilich nur dort anzutreffen, wo die verwaltende oder die distributive Tätigkeit sehr umfangreich war und große Quanten gleichförmiger, spezialisierter Arbeitsleistungen regelmäßig bewältigt werden mußten: also besonders in statistischen Ämtern, in Großbanken, in den Büros industrieller Großbetriebe. Nur hier fanden sich auch die Maschinenangestellten, wenn man von den Stenotypistinnen absieht.

Interessant ist ein Vergleich zwischen den Bank- und Versicherungsangestellten. Wenn die Bankbeamten vor dem Ersten Weltkrieg die ›Aristokratie‹ der Angestelltenschaft bildeten, so waren die schlecht bezahlten Versicherungsangestellten – wenn man von Verkäuferinnen absieht – die ›Parias‹. Infolgedessen hatten die Versicherungsangestellten einen starken Hang zu gewerkschaftlichem Handeln. Der ›Münchener Verband‹ (Verband der deutschen Versicherungsbeamten) war Mitgründer des ZdA, dem er sechs Monate als Reichsfachgruppe angeschlossen war; wegen unzulänglicher Interessenvertretung der Versicherungsangestellten durch den ZdA wurde im April 1920 der Allgemeine Verband der Versicherungsangestellten gegründet, der den freiheitlich-nationalen Verbänden angehörte. Bei den ›Bankbeamten‹ war dagegen die Neigung, sich als Beamtenschaft anzusehen, besonders deutlich. Der radikale Allgemeine Verband der Bankangestellten hat niemals erhebliche organisatorische Erfolge errungen und die Vorherrschaft des freiheitlich-nationalen Deutschen Bankbeamtenvereins (DBV) nicht gebrochen.

Nach dem Ersten Weltkrieg hat sich das Verhältnis zwischen Bank- und Versicherungsangestellten fast umgekehrt. Die Bankangestellten sind besonders heftig von der Rationalisierung des Büros und von den Fusionen betroffen worden; als im Jahre 1929 die Verschmelzung der Deutschen Bank mit der Diskontogesellschaft stattfand, erklärte ein Direktionsmitglied, wenn kein Abbau erfolgen könnte, wäre die ganze Fusion zwecklos. Die Versicherungsangestellten haben sich besser gehalten als alle anderen Angestelltenarten. Abgesehen von der Gehaltssenkung aufgrund der Notversorgung vom Dezember 1931 sind bis zum Höhepunkt der Krise keine Senkungen ihrer Tarifgehälter erfolgt, was sich zum Teil aus der relativen Krisenfestigkeit des Versicherungsgewerbes, zum Teil aus der Achtsamkeit der Unternehmer erklärt, das Prestige ihrer Firmen bei den Versicherungsnehmern möglichst nicht zu gefährden. Dessenungeachtet erhielt sich die alte, früheren Verhältnissen entsprechende Verbandsstruktur bei den beiden Angestelltenschichten. Bei den ›Bankbeamten‹ waren gesellige Abende noch immer stärker besucht als Gewerkschaftsversammlungen, während die Versicherungsangestellten sich ihre gewerkschaftliche Tradition bewahrten. Bei den Betriebsrätewahlen in den Großbanken war allerdings zeitweise zu beobachten, daß der linksradikale Allgemeine Verband weit größere Erfolge hatte, als es seiner Mitgliederzahl im Verhältnis zu der des DBV entsprach.

c) Die Stenotypistinnen

Schreibkräfte sind über alle Betriebsgrößen verteilt. Die untergeordneten Büroangestellten wurden seit je in besonderem Maße mit Mädchen besetzt. Der Zustrom der Frauen in die Kontore und Büros hat nicht erst während des Ersten Weltkrieges eingesetzt. Rationalisierung der Schrift (Stenographie), Maschinisierung des Schreibens (Schreibmaschine) und die Einführung des Telefons hatten ihn schon lange vor dem Weltkrieg entfesselt. Die Ausbreitung der weiblichen Kräfte, die das Wachstum der Angestelltenschaft so stark gefördert hat, geht also auf Kenntnisse zurück, die, nach dem Urteil des mit dem DHV verbundenen christlich-nationalen VwA, »der männliche Lehrling und Gehilfe anzueignen sich dünkelhaft weigerten«[40].

Bei sehr leichter Ersetzbarkeit und der großen Möglichkeit des Branchenwechsels bestand für Stenotypistinnen steter Umgang mit Angestellten höheren Rangs. Stenotypistinnen waren die Hände von Vorgesetzten. Nicht nur die Art der Tätigkeit, sondern insbesondere der Kontakt mit Menschen höherer betrieblicher Geltung beeinflußte Haltung und Bewußtsein. Diese Menschen höherer Geltung waren in der Regel Männer. Der Geschlechtsunterschied, welcher der rationalen Betriebsatmosphäre einen Einschlag des ›Lebens‹ gab, minderte die Spannung zum Vorgesetzten: bestand sie kraft Organisation, so wurde sie oft auf erotische Weise kompensiert.

Die Arbeit der Stenotypistin an sich war bereits geistlos, mechanisch und sehr anstrengend. Sie konnte nach dem Urteil von Fuykschot im Akkord bezahlt werden, da sie »zwar Aufmerksamkeit, aber gar keine Denkarbeit erfordert«[41]. Trotz dieser Sinnentleerung der Arbeit und trotz ihrer weitgehenden Gleichartigkeit konnten Stenotypistinnen nach der Ansicht von Schreibmaschinenlehrern nicht länger als zehn Jahre ihren Beruf ausüben[42]. Nach einer Erhebung des Afa-Bundes waren »die nervösen Beschwerden durch Überreizung des Nervensystems charakteristisch für den Beruf der Maschinenschreiberin«. Bei rund der Hälfte aller Befragten wurden gesundheitliche Schädigungen durch den Beruf festgestellt[43]. Nach einer Umfrage des ZdA aus dem Jahre 1930 arbeitete rund die Hälfte von 5630 weiblichen Angestellten länger als die normale Arbeitszeit von 48 Stunden; von denen, die Überstunden leisteten, waren 42% weniger als 20 Jahre alt[44]. Dies sind einige objektive Daten aus dem damaligen Berufsleben der Stenotypistinnen. Man ermesse an ihnen die unter Stenotypistinnen aller Betriebsgrößen sehr weit verbreitete und von der Reichsanstalt für Arbeitsvermittlung und Arbeitslosenversicherung propagierte Ideologie, daß die Stenotypistin »die Gehilfin des Kaufmanns« sei, die es »so interessant« findet, »mit dem Vorgesetzten mitzuarbeiten«, und der bei der Arbeit »die Zeit verfliegt, daß man fast ärgerlich wird, wenn wieder der Tag um ist, man möchte noch viel mehr schaffen an einem Tage«[45].

d) Die Maschinenangestellten

Während die Stenotypistin durch ihre Bindung an die Person des Vorgesetzten und durch die Tatsache, daß der Beruf oft nur ein Provisorium (vor der Eheschließung) war, gewisse aproletarische Züge trug, war in dem Typ des eigentlichen unteren Maschinenangestellten, der an der modernen Büromaschine saß, der Unterschied zwischen Arbeitern und Angestellten wirklich verwischt. Er glich dem ungelernten oder angelernten Arbeiter in der Werkstatt.

Der Begriff des ungelernten Angestellten ist weiter als der des Maschinenangestellten. So wurde z. B. von Arbeitgeberseite die Zusammensetzung der Angestelltenbelegschaften in der Berliner Metallindustrie wie folgt geschildert: »Neben den ›gelernten Kaufleuten‹ steht das große Heer der ungelernten, das sich ebenfalls ›Kaufmann‹ nennt, eigentlich aber gar keine kaufmännische Tätigkeit auszuüben hat. Ein Teil davon hat sich durch besonderen Fleiß und Intelligenz gute kaufmännische Kenntnisse angeeignet. Dieser hat auch die Möglichkeit, im kaufmännischen Beruf vorwärts zu kommen. Viele dieser ungelernten Kräfte aber werden mit Arbeiten beschäftigt, die eigentlich eine reine Verwaltungstätigkeit darstellen. Hierzu rechnet die große Zahl der Werkstatt-Schreiber und Schreiberinnen, der Stenotypistinnen, der Führer von Kartotheken, der Angestellten der Lohn- und Personalbüros, der Krankenkasse, der Statistiker, der Registratoren und sonstiger Verwaltungsschreiber. Die in den heutigen Großbetrieben herrschenden Arbeitsmethoden dieser Angestellten sind fast manuelle.«[46]

In Betrieben mit einem großen Kunden- oder Personenkreis, an den in gewisser Regelmäßigkeit Benachrichtigungen erfolgen müssen (Konsumvereine, Versicherungen, Krankenkassen, Finanz- und Postämter, Stadtverwaltungen, Zeitschriftenverlage u. a.), bestand die Möglichkeit, die alte, relativ kostspielige, langsame und mit Fehlerrisiken belastete Methode, mittels Schreibmaschine Vervielfältigungen auszuführen, durch die Adrema-Prägemaschine zu ersetzen. Da sie, gesetzt auf eine »ewige Kartei«, schnell und genau arbeitet, hat sich die Maschine rasch eingeführt. In Köln waren z. B. Anfang 1930 bereits 100 derartige Maschinen in Gebrauch. Die Adrema-Prägerin wurde in vierzehn Tagen ausgebildet, meist von der liefernden Firma, wie überhaupt viele moderne Büromaschinen zugleich mit dem Personal, das sie bedienen konnte, geliefert wurden. Die Tätigkeit war ebenso einfach wie einförmig, strengte weniger an als Arbeit an der Schreibmaschine, setzte keine ›Allgemeinbildung‹ voraus und ließ Akkordbezahlung zu, »so daß man zu der Vermutung kommt, daß sich im Laufe der Zeit hieraus eine Lohnarbeit entwickelt«[47].

Das Beispiel lehrt, was die Erfahrung bestätigt: Die Maschinisierung und Automatisierung des Büros hatte eine unmittelbare Umschichtung der Angestelltenbelegschaft dort zur Folge, wo die Arbeit an den eingeführten Büromaschinen nicht nebenbei, wie in manchen mittleren Betrieben, sondern von bestimmten Kräften ausschließlich geleistet wurde. Gelernte Angestellte wurden durch angelernte Kräfte, die häufig junge Mädchen waren, verdrängt.

Aber durch die Maschinisierung des Büros wurden nicht alle qualifizierten Angestellten entbehrlich. In der Regel verminderte sich nur ihre Zahl relativ zu den angelernten und ungelernten Kräften, für die neue Arbeitsplätze entstanden waren. Ein instruktives Beispiel bietet die Zusammensetzung des Personals, das für die Bedienung der viel verwendeten Lochkartenmaschinen erforderlich war. Es wurden benötigt eine Locherin (eine Lochprüferin), eine Sortiererin und ein Tabellierer. Für den Tabellierer blieben buchhalterische oder entsprechende Sachkenntnisse unentbehrlich, aber er allein genügte nun dort, wo vor Einführung der Maschine mehrere qualifizierte Angestellte gearbeitet hatten. Seine neuen Kolleginnen waren dagegen angelernte Kräfte; die Locherin »wird häufig von dem Nachweis für ungelernte Jugendliche angefordert, mit der näheren Erklärung: ›Sie braucht keinerlei Vorkenntnisse, muß nur eine sechsstellige Zahl lesen können.‹«[48]

Die Angestelltenverbände sind durch die Entstehung des Maschinenangestellten vor ganz neue sozialpolitische Aufgaben gestellt worden: Auch der DHV, der gelegentlich die Ansicht vertrat, der Maschinenbuchhalter sei Herr, nicht, wie der Arbeiter, Knecht seiner Maschine, betonte, daß durch die Rationalisierung neue Proletarisierungsgefahren aufgetaucht seien, »die besonders stark die Angestellten treffen«[49]. Alle Verbände haben sich gegen diese Auswirkungen der Rationalisierung – nicht gegen die Rationalisierung als solche – gewehrt.

6. Die Behördenangestellten

In den bisherigen Erörterungen wurden Behördenangestellte übergangen. Gleichwohl bildeten sie zahlenmäßig eine wichtige und in soziologischer Hinsicht interessante Gruppe der Angestelltenschaft, die wegen ihrer Nähe zur echten Bürokratie einmal für sich genauer untersucht werden sollte. Hier mögen folgende Andeutungen genügen.

Die Behördenangestellten standen in sozialen Konflikt- und Kontaktsituationen, die keine andere Angestelltengruppe kannte. Ihre typischen Gegner waren – erstens – die Beamten, die ihnen gegenüber in der Regel Vorgesetztenbefugnis hatten, da die Angestellten bei den Behörden die untergeordneten Posten innerhalb der Hierarchie innehatten. Die Durchsetzung der Behördenapparate mit Angestellten, die in den einzelnen Ländern verschieden stark fortgeschritten war –

in den kleineren Ländern stärker als in den großen –, schuf einen besonderen Interessengegensatz innerhalb der im öffentlichen Dienst stehenden Personen. Die Beamten und ihre Verbände sprachen von einem »kalten Abbau des Berufsbeamtentums« und betrachteten die Angestellten als Eindringlinge, welche ihre ›wohlerworbenen Rechte‹ bedrohten. Sie wiesen auf die Versicherungsbeiträge für Angestellte hin, welche Staat und Gemeinden belasteten, die Angestellten ihrerseits auf die Verteuerung des Apparates durch die Pensionen. Die Fürsprecher der Angestellten waren die Gegner der Bürokratie. Sie stellten eine prinzipielle Gleichartigkeit der technischen Funktionen in Verwaltungsbehörde und Privatunternehmen fest und spielten den Angestellten als Träger des modernen rationalistischen Geistes gegen den Beamten als Träger bürokratischer Zöpfe aus. Zuweilen forderten sie sogar mit dem Hinweis auf die Organisation der großen Privatbetriebe die Opferung der wohlerworbenen Beamtenrechte, um das der Leistung angeblich abträgliche Pfründengefühl des gesicherten Beamten abzutöten[50].

Entgegen einer weitverbreiteten Meinung, die Behördenangestellten seien in der Regel als Aushilfen tätig, muß betont werden, daß sie in einem Dauerbeschäftigungsverhältnis standen. Nach der Erhebung des GdA von 1929 waren im Behördendienst 13 % männliche (15 % weibliche) Angestellte bis zu 2 Jahren tätig, 22 (16) % bis zu 4 Jahren, der Rest länger. Nicht weniger als 41 (36) % waren über 8 Jahre tätig[51]. Durch dieses Dauerverhältnis war ihre Position günstiger als die des Angestellten in der Privatwirtschaft: Die Lage der Beamten griff gleichsam in dieser Hinsicht auf die Behördenangestellten über, ohne daß sie etwa Beamtenrechte gehabt hätten. Dies geht auch daraus hervor, daß ein verhältnismäßig hoher Prozentsatz der im ganzen schlecht organisierten Behördenangestellten Beamtenorganisationen angehörte. Auch die geringe Beitragshöhe der Beamtenverbände, gemessen an den Beiträgen der Angestelltengewerkschaften, bot einen gewissen Anreiz für Angestellte, Mitglied von Beamtenverbänden zu werden. Besonders bei den Kommunalverwaltungen wurde außerdem von der Beamtenschaft ein gewisser Druck auf die Angestellten ausgeübt, den Beamtenorganisationen beizutreten, und umgekehrt wurde die Zugehörigkeit zu Angestelltenverbänden ihnen häufig als Beamtenfeindlichkeit ausgelegt.

Der zweite typische und besondere Gegner des Behördenangestellten war der Zivildienstberechtigte, der wegen seines zwölfjährigen Militärdienstes sogenannte ›Zwölfender‹. Ihm gegenüber war der Angestellte negativ privilegiert, weil der ›Zwölfender‹, der übrigens die Militarisierung der unteren Bürokratie garantierte, bei der Stellenbesetzung stark bevorzugt wurde. Nach einer Erhebung des Reichsverbands der Zivildienstberechtigten aus dem Jahre 1931 befanden sich die 130000 Mitglieder des Verbands in folgenden Positionen: 66% waren planmäßige Beamte, 12% Ruhe- und Wartestandsbeamte, 3% Beamte im Vorbereitungsdienst, 10% Angestellte im öffentlichen Dienst, 1% Rentner. Nur 3% waren in der freien Wirtschaft angestellt und nur 5% waren Versorgungsanwärter[52]! Man vergleiche diese Zahlen mit der großen Erwerbslosigkeit unter den Angestellten, um das Versorgungsprivileg der Zivildienstberechtigten, die mit Angestellten um die Erlangung von Stellen konkurrierten, in seiner Ausdehnung und Bedeutung zu ermessen.

Kapitel II

Die soziale Herkunft

Die Angestelltenschaft hatte sich in den letzten Jahrzehnten sehr stark ausgedehnt. Sie war nicht im Stande, sich aus eigener Kraft zu ergänzen, sich aus sich selbst zu rekrutieren und anzuwachsen [1]. Kaum ⅕ der Personen, die um 1930 in Angestelltenberufen standen, stammten von Vätern ab, die ebenfalls Angestellte waren. Der Rest, d. h. eine sehr erhebliche Mehrheit, rekrutierte sich aus anderen – in der Hauptsache aus mittleren – Schichten. In der statistisch umfangreichsten Erhebung über die soziale Herkunft der Angestellten [2] stellte der GdA 1929 fest, daß einschließlich der Angestellten, die ihren Beruf in Generationenfolge ausübten, 71,7 % aus den mittleren Schichten stammten und nur 3,3 % aus höheren Kreisen. 25 % entstammten der Arbeiterschaft [3]. Angestellte waren Menschen mit ausgeprägt städtischer Herkunft; nur 4 % aller Angestellten hatten Landwirte als Väter. In der Arbeiterschaft dürfte der Anteil derer, die vom Lande stammten, noch immer erheblich größer gewesen sein als in der Angestelltenschaft, obwohl dem Lande als Rekrutierungsgebiet des Arbeiterproletariats nicht mehr die hervorragende Bedeutung zukam wie um die Mitte des vorigen Jahrhunderts und auch nicht mehr die verhältnismäßig große wie noch vor dem Ersten Weltkrieg.

Während die Entstehung des Arbeiterproletariats als massenhafter Abstieg von Bauern- und Handwerkersöhnen in Erscheinung trat, war die Entstehung der Angestelltenschaft gekennzeichnet durch eine anteilmäßig erhebliche Umschichtung von Söhnen selbständiger Gewerbetreibender, Kaufleute und Beamter; dieser ›Abstieg‹ hatte jedoch mit fortschreitender Proletarisierung zugunsten eines massenhaften ›Aufstiegs‹ von Arbeiterkindern in die Angestelltenberufe an Bedeutung verloren. Hierin drückte sich die Angleichung vieler Angestelltentätigkeiten an die Tätigkeit des Arbeiters aus und eine entsprechende Senkung ihres durchschnittlichen Rangs: Die Tätigkeit des Angestellten wurde von dem ›bürgerlichen‹ Nachwuchs nicht mehr so sehr geschätzt, daß er dem Vordringen der proletarischen Jugend Einhalt geboten hätte. Er überließ ihr die schlechtesten Posten, unterhalb jener Positionen, die er selber besetzte, und legte erhöhten Wert auf Distanz. Je mehr die mechanische Tätigkeit zunahm, desto mehr Angestellte gingen aus der Arbeiterschaft hervor. Von dieser aus gesehen bedeutete dies: Je größer die Chance für die Arbeiterschaft wurde, den Kindern einen Aufstieg in die Angestelltenschaft zu ermöglichen, desto mehr verlor dieser Wechsel aus einer Schicht in die andere den Charakter des Aufstiegs. Der massenhafte Aufstieg in die höhere Schicht wurde der Arbeiterschaft in dem Stadium der Entwicklung leichter, in dem das Ziel dieses Aufstiegs an Wert verlor.

Bereits vor dem Ersten Weltkrieg war der Anteil der Angestellten mit Herkunft aus der Arbeiterschaft nicht unbeträchtlich (vgl. Tabelle 2). Nach den größeren Erhebungen lag er bei den männlichen Technikern und Kaufmannsgehilfen zwischen 8 und 19%. In die kaufmännische Angestelltenschaft strömten in stärkerem Maße Arbeiterkinder ein als in die technischen Berufe. Der Anteil derer, die aus den Kreisen der freien Berufe, der öffentlichen Beamten und der Angestellten kamen, also aus Schichten mit einer deutlicher ausgeprägten Bildungsphysiognomie, lag bei den Technikern höher als bei den Kaufmannsgehilfen. Nach der Erhebung von Jaeckel stammten 42%, nach der Erhebung von Günther allerdings nur 29,5% der Techniker[4], nach der Erhebung des DHV nur 31% seiner Mitglieder aus diesen Schichten. Dies ist ein Hinweis darauf, daß auf die Ideologie eines Verbandes nicht ohne weiteres von der sozialen Herkunft ihrer Mitglieder aus zu schließen ist: Der DHV mit der höchsten Arbeiterherkunftsquote war der konservativste, der Butib, durch den Jaeckel bei seiner Untersuchung unterstützt wurde, der radikalste der drei Verbände.

Die weiblichen Angestellten wiesen schon vor dem Kriege größere Quoten von Personen, die aus der Arbeiterschaft stammten, auf als die männlichen Kräfte. Tabelle 2 zeigt, daß das weibliche technische Personal die höchste soziale Position einnahm und die Büroangestellten eine höhere als die Verkäuferinnen. Schon vor dem Kriege gab die Arbeiterschaft in zunehmendem Maße Mädchen an die weiblichen Angestelltenberufe ab[5].

Diese Tendenz setzte sich nach dem Ersten Weltkrieg fort und war nunmehr, wie Tabelle 3 zeigt, für die gesamte Angestelltenschaft nachweisbar. Unter den Lehrlingen des GdA war Arbeiterherkunft viel häufiger als unter den Gehilfen. Stammte von diesen ein Viertel

Tab. 2: Die Angestellten mit Herkunft aus der Arbeiterschaft (nach Erhebungen aus der Zeit vor dem Ersten Weltkrieg)

Zahl der Erfaßten	im Jahre	von 100 ... stammten	aus der Arbeiterschaft
32741	1908	männl. Kaufmannsgehilfen im DHV[a]	18,96
53	1914	gelernte Bankbeamte[b]	4,2
21	1914	ungelernte Bankbeamte[b]	11,7
494	1897	weibl. Verkäuferinnen[c]	13,1
137	1897	weibl. Expeditions- und Lagerpers.[d]	13,6
109	1897	weibl. technisches Personal[d]	9,1
	1902/3	Verkäuferinnen in Berlin[e]	33,6
549	1906	Verkäuferinnen in Karlsruhe[f]	44,7
364	1909/11	ältere Verkäuferinnen in München[g]	40,3[n]
717	1909/11	jugendl. Verkäuferinnen in München[h]	66,9[o]
697	1898	weibl. Büroangestellte[i]	4,4
1512	1902/3	weibl. Büroangestellte[e]	10,1
400	1907	Kontoristinnen in Leipzig[j]	27,0[p]
998	1913	kaufm. Schülerinnen in Berlin[k]	11,7[q]
3265	1907	techn. Angestellte in Großberlin[l]	7,96
2403	1907	davon: Mittelschultechniker[l]	10,36
862	1907	davon: Hochschultechniker[l]	1,28
11145	1910	techn. Angestellte im DTV mit abgeschlossener Mittelschulbildung[m]	15,15

[a] Die wirtschaftl. Lage der deutschen Handlungsgehilfen, Hamburg 1910, S. 6ff. u. Tab. 4.
[b] O. Stillich, Die Herkunft der Bankbeamten, in: ZfGS, Bd. 72, Jg. 1916, S. 401.
[c] J. Silbermann, Zur Entlohnung der Frauenarbeit, in: Schm. Jb., Bd. 23, 1899, S. 1424.
[d] Vgl. ebd., S. 1429.
[e] J. Silbermann, Die soziale Herkunft der Berliner Handlungsgehilfen, in: Soziale Praxis, 12. Jg., 1903, S. 1305.
[f] M. Baum, Drei Klassen von Lohnarbeiterinnen in Industrie und Handel der Stadt Karlsruhe, Karlsruhe 1906.
[g] K. Mende, Münchener jugendliche Ladnerinnen zu Hause und im Beruf, München 1912, S. 14.
[h] Ebd., S. 12.
[i] Silbermann, Entlohnung, S. 1413.
[j] I. Kisker, Die Frauenarbeit in den Kontoren einer Großstadt, Tübingen 1911, S. 56.
[k] Die Schülerinnen der Mädchenhandelsschule der Korporation der Kaufmannschaft von Berlin, in: Archiv f. Frauenarbeit, Bd. I, S. 76.
[l] R. Jaeckel, Statistik über die Lage der technischen Privatbeamten in Großberlin, Jena 1908, S. 26ff.
[m] A. Günther, Die deutschen Techniker, Leipzig 1912, S. 55.
[n] Davon 36,5 % aus der ›höheren‹ Arbeiterschicht (einschl. Briefträger, Schaffner u. a. untere Beamte, Kutscher, Diener, Hausmeister) und 3,8 % aus der ›niederen‹ Arbeiterschicht (einschl. Hausierer).
[o] Davon 52,7 % aus der ›höheren‹, 14,2 % aus der ›niederen‹ Arbeiterschicht.
[p] Einschl. Werkmeister; auf ungelernte Arbeiter entfiel nur 1 %.
[q] Werkmeister und gelernte Arbeiter.

aus der Arbeiterschaft, so verschob sich der Anteil bei den Lehrlingen, die ihren Beruf später, also in einem weiter fortgeschrittenen Stadium der Proletarisierung ergriffen hatten, auf rund zwei Fünftel. (Im sächsischen Industriegebiet wuchs er auf 50 %, im Rheingau schrumpfte er auf 28 %.) Berücksichtigt man, daß unter den Lehrlingen eben die gleichaltrigen ungelernten Angestellten fehlten, so vergrößert sich der Abstand zwischen den Generationen noch mehr. Vergleicht man die kaufmännischen Angestellten derselben sozialen Herkunft in ihrer Verteilung auf die niedrigsten und höchsten Altersklassen, so zeigt sich, daß sich innerhalb von 25 Jahren die Rangordnung der Herkunftsschichten genau umgekehrt hatte (vgl. Tabelle 4).

In der höchsten und mittleren Altersklasse waren die drei wichtigsten Herkunftsbereiche Arbeitgeberschichten, in der jüngsten Generation führten die Arbeitnehmerschichten. In der ältesten Gruppe standen die Selbständigen als Väter an der Spitze, in der jüngsten die Arbeiter.

Aus Tabelle 3 geht ferner hervor, daß in bestimmten Angestelltenberufen die Herkunft aus Arbeiterkreisen noch immer selten war. Es sind diejenigen, deren Tätigkeit am wenigsten der des Arbeiters glich. Nur 8 % der im GdA organisierten Vertreter, die dem selbständigen Kaufmann alten Stils noch relativ nahestanden, nur 1 % der Apotheker, die als Akademiker höhere Ausbildungskosten aufbringen mußten, waren proletarischer Herkunft. In der Vorkriegszeit war auch bei den Bankangestellten proletarische Herkunft relativ selten, weil die Banken meist Abitursreife forderten. Die Banken führten außerdem die Schreibmaschine langsamer und später ein als die Industriebetriebe, von denen sie sich als Betrieb mit älterer Tradition scharf distanzierten. Infolgedessen waren die Bankbeamten vor dem Kriege auch die Elite der Angestelltenschaft. Erst der Krieg und vor allem die Inflation brachten die Erkenntnis der Rentabilitätserhöhung durch Maschinisierung und schufen radikal Wandel. Durch den Einbruch der ungelernten Angestellten in die nunmehr besonders stark maschinisierten Bankbetriebe dürfte sich die soziale Herkunft der Bankangestellten stark geändert haben.

Drittens gibt die Tabelle 3 auch einen gewissen Einblick in die soziale Zusammensetzung der Verbände. Im DHV wurden schon vor dem Kriege 19 % Mitglieder proletarischer Herkunft gezählt. Die 1927 durchgeführte Teilerhebung des Verbandes über die soziale Herkunft der Lehrlinge im Gau Schwaben ergab den gleichen Satz. Da die Quote der Angestellten mit proletarischer Herkunft allgemein gestiegen war, bedeutete dies wahrscheinlich eine gewisse Abkehr der Angestellten mit Arbeiterherkunft vom DHV. Jedenfalls waren in den übrigen bis 1933 weiter links stehenden Verbänden relativ mehr Angestellte dieser Herkunft organisiert. Unter den regional vergleichbaren

Tab. 3: Die Angestellten mit Herkunft aus der Arbeiterschaft (nach Erhebungen aus der Zeit nach dem Ersten Weltkrieg)

Zahl der Erfaßten	im Jahre	von 100 ... stammten	aus der Arbeiterschaft
99695	1929	GdA Angestellte überhaupt [a]	25,0
76381	1929	männl. GdA Angestellte [a]	23,9
23314	1929	weibl. GdA Angestellte [a]	28,4
	1929	männl. kaufm. Angestellte [b]	24,1
	1929	weibl. kaufm. Angestellte [b]	28,6
904	1925	ehrenamtl. ZdA Funktionäre [c]	50
139	1925	festangest. ZdA Funktionäre [c]	37
500	1931	weibl. Lebensmittelverkäuferin in Köln [d]	62,5
318	1932 (?)	Verkäuferinnen in Köln [e]	51,5
1555	1927	männl. Lehrlinge im DHV Gau Schwaben [f]	18,8
	1929	männl. Lehrl. im GdA, Württemberg [g]	35,6
5164	1929	männl. Lehrl. im GdA, Reichsdurchschnitt [h]	33,6
2560	1929	weibl. Lehrl. im GdA, Reichsdurchschnitt [h]	42,9
7724		alle Lehrl. im GdA, Reichsdurchschnitt [h]	36,7
	1929	männl. techn. Angest. im GdA [i]	23,9
	1929	männl. Meister im GdA [i]	33,8
	1929	männl. Apotheker im GdA [i]	1,0
1492	1929	männl. Vertreter im GdA [j]	7,7

[a] GdA (Hg.), Die wirtschaftliche Lage, S. 43.
[b] Ebd., S. 45.
[c] K. Stehr, Der Zentralverband der Angestellten, Diss. Halle 1929, S. 89/90.
[d] A. Wissdorff, Die Verkäuferin im Lebensmittelhandel, in: Kölner Vjh. f. Sozialpolitik, 1931, S. 4. – Von den 62,5 % entfielen 47,5 % auf gelernte, 15,5 % auf ungelernte Arbeiter.
[e] Nach einer Erhebung unter den Schülerinnen der Verkäuferinnenklassen an der Berufsschule der Stadt Köln; (das genaue Datum ist nicht angegeben): H. Schröder, Die betriebliche Ausbildung des Verkaufspersonals im Einzelhandel, Stuttgart 1933, S. 61. – Von den 51,5 % entfielen 8,8 % auf ungelernte, 42,7 % auf gelernte Arbeiter und Handwerker, untere Beamte und kaufmännische Angestellte unteren Grades (Lageristen, Kontoristen).
[f] F. Behringer, Herkunft, Vorbildung und Berufsbildung der Kaufmannslehrlinge, Hamburg 1928, S. 19.
[g] GdA (Hg.), Die kommende Angestelltengeneration, Berlin 1933, S. 23.
[h] Ebd., S. 22.
[i] Ebd., S. 45.
[j] Ebd., S. 46.

Lehrlingen des GdA in Württemberg war die betreffende Quote fast doppelt so groß. Leider fehlen ausreichende Erhebungen über die soziale Herkunft der ZdA-Mitglieder, die zweifellos in noch höherem Grade aus Arbeiterkreisen stammten als die Mitglieder des GdA[6]. Einen wichtigen Anhaltspunkt gibt jedoch die Erhebung von Stehr über die Herkunft der ZdA-*Funktionäre*. Bei nicht weniger als der Hälfte der ehrenamtlichen Funktionäre wurde Arbeiterherkunft festgestellt. Nebenbei sei auf die interessante Tatsache aufmerksam ge-

Tab. 4: Soziale Herkunft nach Altersgruppen 1929 (in %)[7]

1. Weibliche kaufmännische Angestellte

Soziale Herkunft	bis unter 25 Jahre	25–49 Jahre	50 Jahre und darüber	
Arbeiter	66,7	32,7	0,6	100
Angestellte	60,8	38,4	0,8	100
Beamte	58,6	39,9	1,5	100
Handel- und Gewerbetreibende	48,2	49,0	2,8	100
Landwirte	31,0	65,3	3,7	100
Selbständige	29,2	65,2	5,7	100

2. Männliche kaufmännische Angestellte

Soziale Herkunft	bis unter 25 Jahre	25–49 Jahre	50 Jahre und darüber	
Arbeiter	34,7	50,9	6,3	100
Angestellte	31,7	60,9	7,4	100
Beamte	29,1	60,4	10,5	100
Handel- und Gewerbetreibende	22,3	63,4	14,3	100
Landwirte	16,3	67,8	15,9	100
Selbständige	17,0	63,2	19,8	100

macht, daß bei den festangestellten Funktionären Arbeiterherkunft seltener erwiesen wurde als bei den ehrenamtlichen[8]. Wenn man annehmen darf, daß die gesamte Mitgliederschaft keine niedrigere Quote aufwies als diese Elite des Verbandes, ergibt sich, daß der ZdA mit etwa 40 bis 50 % die höchste, der DHV mit rund 20 % die niedrigste, der GdA mit rund 25 % eine mittlere Quote von Mitgliedern proletarischer Herkunft aufwies[9]. Dies entsprach im großen und ganzen der politischen und ideologischen Haltung der drei Verbände bis zum März 1933.

Die soziale Herkunft der Angestellten schwankte mit der Ortsgröße. Je kleiner die Stadt, desto stärker erfolgte die Ergänzung aus agrarischen Schichten, doch betrug der Anteil der männlichen Angestellten, deren Väter Landarbeiter waren, selbst in der niedrigsten Ortsgrößenklasse bis zu 5000 Einwohnern nicht mehr als 9,7 % (GdA). Dagegen vergrößerten sich mit steigender Ortsgröße die Anteile, die auf die Selbständigen, die Handel- und Gewerbetreibenden und die Angestellten selbst entfielen (bei den Beamten war die Bewe-

Tab. 5: Berufswünsche und Arbeitsvermittlungen von Mädchen 1925–31[10]

	1925/26	1926/27	1927/28	1928/29	1929/30	1930/31
Zahl der ratsuchenden Mädchen	152000	173000	176000	167000	172000	178000
Davon wollten Angestellte werden (in %)	27	29	33	37	37	37
Vermittlungen von Angestelltenposten in % der Berufswünsche	36	42	46	44	36	30

gung nicht eindeutig). In den Großstädten befanden sich demnach auch die meisten Angestellten, die in Generationenfolge Angestellte waren, wie ja auch in den Großstädten die Verselbständigungschance am geringsten war. Dagegen verblüfft es zunächst, in welcher Weise sich die Anteile der Angestellten, die aus der Arbeiterschaft herkamen, von Stadtgröße zu Stadtgröße verschoben. Die Vermutung, daß auch diese Quote mit steigender Ortsgrößenklasse wuchs, bewahrheitet sich nur für die weiblichen Kräfte; in den Großstädten wurden relativ mehr Arbeitertöchter Angestellte als in den kleineren Städten[11]. Dagegen stammten in den Großstädten relativ weniger männliche Angestellte aus der Arbeiterschaft als in den übrigen Städten. Man kann dies vom Berufswunsch aus deuten, wonach die männlichen Jugendlichen sich weniger häufig Illusionen hingaben als die Mädchen und die handwerkliche der kaufmännischen Lehre vorzogen. Man kann es auch von den zugänglichen Arbeitsstellen aus deuten: Für die Mädchen war die Chance größer, eine (unqualifizierte) Angestelltenposition im Laden, Warenhaus, Kontor oder Büro zu erlangen, als für die Arbeitersöhne der Großstadt. Einen gewissen Anhaltspunkt gibt, für die Mädchen, Tabelle 5 über die Entwicklung von Berufswünschen im Verhältnis zu der von Arbeitsvermittlungen. Sie zeigt, daß der Andrang zu den Angestelltenberufen seit 1925/26 absolut und relativ zugenommen hat; der Prozentsatz der tatsächlichen Vermittlungen bewegte sich seit 1928/29 in umgekehrter Richtung.

Die Arbeiterschaft war in der Weimarer Republik die wichtigste Ergänzungsschicht für die Angestellten. Aber der Aufstieg erfolgte vorwiegend von den qualifizierten Arbeiterschichten aus. Kinder von ungelernten Arbeitern hatten verhältnismäßig geringe Chancen, in die Angestelltenschaft aufzurücken[12]. Wie allerorten in der Gesellschaft vollzog sich der Aufstieg regelmäßig in die sozial eng benachbarte Schicht; Überspringung von angrenzenden Schichten war selten. Abkömmlinge ungelernter Arbeiter konnten schwerlich Angestelltenberufe erreichen, weil sie den verhältnismäßig hohen materiellen Anforderungen (Handelsschulkosten, Kleidung usw.) nicht zu genügen vermochten, die bereits am Start des sozialen Aufstiegs gestellt wurden. Die Verschärfung der Konkurrenz bei großer Arbeitslosigkeit, die Herkunft und Vorbildung von Angehörigen höherer Schichten entwertete, erleichterte es überdies den Unternehmern, ihrem Bestreben, Angestellte möglichst ›guter‹ Herkunft einzustellen, auf wohlfeile Art zu genügen. Diejenigen Posten, die Arbeiterkindern in kaufmännischen Büros und in Verkaufsstellen erreichbar waren, hatten besonders geringe Geltung: Die Sicherheit, die sie ihren Inhabern boten, lag unter derjenigen, die für den durchschnittlichen Angestellten bestand; die von der Arbeiterschaft bekämpften und ersehnten Privilegien waren gerade hier am stärksten gefährdet (zum Teil wöchentliche Entlohnung und entsprechende Kündigungsfristen), das Einkommen lag häufig unter dem Lohn von Fabrikarbeiterinnen. Diese Tatsachen hemmten die Angestelltenschaft nicht unerheblich bei der Ausübung der »Kulturmission«, die sie nach der mittelständischen Auffassung »als Bindeglied zwischen Arbeiterproletariat und industrieller Führerschicht zu erfüllen hat«[13]. Sie stellten damit einen wichtigen Satz der mittelständischen Theorie nachdrücklich in Frage, daß nämlich der Mittelstand die Funktion habe, die sozialen Spannungen auszugleichen, indem er dem ›Proletarier‹ eine friedliche und individuell zu erreichende Möglichkeit eröffnet, dem proletarischen Dasein zu entrinnen.

Die Übersicht über die sozialen Herkunftsverhältnisse ergibt also zusammenfassend folgendes schematische Bild: Arbeiterherkunft war relativ seltener bzw. häufiger anzutreffen:

Seltener						
Vor dem Ersten Weltkrieg	bei Männern	bei Älteren (Gehilfen)	Apothekern, Vertretern (techn. Angest.)	im DHV	bei Frauen in Klein- und Mittelstädten	bei Männern in Großstädten
Häufiger						
Nach dem Ersten Weltkrieg	bei Frauen	bei Jugendlichen (Lehrlingen)	bei Meistern, Büroangest., Verkäufern, kaufm. Angestellten	im GdA und ZdA	bei Frauen in Großstädten	bei Männern in Klein- und Mittelstädten

Kapitel III
Der Aufstieg im Beruf

Die Ideologen des Mittelstands haben oft versucht, einen soziologischen Unterschied zwischen Angestellten und Arbeitern darin zu sehen, daß der Angestellte im Gegensatz zum Arbeiter individuelle Aufstiegschancen habe. Sie neigten auch deshalb dieser Ansicht zu, weil der ›neue Mittelstand‹ seine Ausgleichsfunktion ja nur ausüben konnte, wenn er Durchgangsschicht war und dem Tüchtigen freie Bahn ließ.

Die allgemeine und typische Aufstiegschance des Angestellten früherer Zeiten war die Verselbständigung. In dem Maße, in dem das Schwergewicht der Angestelltenschaft vom Handel auf die Industrie hinüberrückte und in dem – auch im Handel – der Großbetrieb an Bedeutung gewann, wurde diese Chance verdrängt durch die des Aufrückens innerhalb der Betriebshierarchie. Zwar war in der Weimarer Republik, besonders in den Kleinbetrieben des kleinstädtischen Einzelhandels, der alte Aufstiegsweg nicht völlig versperrt; mitunter erschloß er sich auch durch eine Heirat. Aber das eigentliche Problem lautete nicht mehr, in welchem Umfang Arbeitnehmer zu Arbeitgebern (innerhalb des alten Mittelstandes) werden konnten, sondern in welchem Maße es Angestellten niedrigen Ranges möglich war, im ›neuen Mittelstand‹ Angestelltenpositionen höheren Rangs zu erreichen. Nicht das Hinausrücken aus der Arbeitnehmerlage, sondern das Hinaufrücken in eine höhere Arbeitnehmerstellung war problematisch; nicht die Umschichtung durch Verlassen der Schicht, sondern die ›Laufbahn‹ innerhalb der Schicht; man hätte das ›bürokratischen Aufstieg‹ nennen dürfen, wenn der Wunsch nach »möglichst mechanischer Fixierung der Bedingungen des Aufrückens«[1], den nach Max Weber typischerweise der Beamte hegt, hier irgend eine Aussicht auf Erfüllung gehabt hätte.

In dieser Veränderung der Frage spiegelte sich der Wandel des liberalen Kapitalismus in den Monopolkapitalismus, ein Wandel der Wirtschaftsverfassung, dem in den höheren Sphären die teilweise und in bestimmten Industriezweigen besonders energische Verdrängung des Kaufmanns durch den Organisator, des Unternehmers durch den leitenden ›Wirtschaftsbeamten‹ entsprach[2].

Wie sehr die Verhältnisse die alten Vorstellungen von den Aufstiegschancen überholten, wie sehr der Angestellte mit ihr zu rechnen verlernt hatte, ging z. B. daraus hervor, daß der Wechsel eines Angestellten von einem kleineren oder mittleren Betrieb zu einem Großbetrieb häufig als ›Aufstieg‹ galt und insofern auch in der Tat Aufstieg war, als die Arbeitsbedingungen im Großbetrieb in mancher Hinsicht weniger schlecht und die Gehälter dort höher waren. Wichtiger aber als dies war der Umstand, daß in der Krise die Verselbständigungschance vollends ihren positiven Sinn verlor: denn eine atomisierte Masse von ›Selbständigen‹ entstand, die aus Deklassierten zusammengesetzt war; aus ›Abgebauten‹, die mit den letzten Ersparnissen eine Bäckerfiliale eröffnet hatten; aus Schwarzarbeitern; aus Kindern[3]; und nicht zuletzt aus der Unzahl völlig besitzloser ›Agenten‹, die von Haus zu Haus gingen und ein Hungerdasein führten. In vielen Fällen, in denen ›Verselbständigung‹ in der Krise stattgefunden hat, ist nicht mehr Aufstieg, sondern Abstieg erfolgt. Die erwähnten ›Agenten‹, mit denen die Angestelltenschaft bis unter das ›Proletariat‹ hinabreichte, waren ›Selbständige‹, aber der Inhalt ihrer Selbständigkeit bestand in der Notwendigkeit, das Elend selbständig zu ertragen, ohne den sozialen Schutz, den die Arbeitnehmer genossen. Aus der Masse der entlassenen Angestellten und Beamten wurden dauernd neue Elemente zu dieser parasitären Selbständigkeit verurteilt: Der Arbeitsmarkt der Provisionsvertreter wich von dem Arbeitsmarkt aller anderen Angestellten-Gruppen ab. Ein offizieller Bericht[4] lautete: »Nachfrage nach Provisionsvertretern war wie in den Vormonaten wiederum stark. Fast durchweg handelte es sich aber um Hausierer-Tätigkeit und um Provisionsvertretungen. Nicht selten ist von Auftraggebern versucht worden, durch die Arbeitsämter geeignete Kräfte unter Weiterzahlung der Unterstützung zu erhalten ... Bei Nachprüfung der einzelnen Angebote handelte es sich einfach um Auftraggeber, die zum Teil selbst Unterstützungsempfänger waren.«

Bereits seit der Inflation suchten die Unternehmer die Stellung der festangestellten Vertreter mehr und mehr in die eines selbständigen »Handlungsagenten« (nach § 84 HGB) umzuwandeln[5], der wie der Vollkaufmann das Risiko seines Geschäfts selber trägt und nur Provision erhält. Diese Entwicklung war paradox: Je mehr für den Vertreter die Chance der Verselbständigung sank, desto mehr trachteten die Unternehmer danach, den Angestellten auf das Recht festzulegen, das nur mit Rücksicht auf diese Chance einen Sinn hatte. In der Zeit, als die Umwandlung eines festangestellten Reisenden in einen selbständigen »Agenten« für den Reisenden nicht von Schaden zu sein brauchte, da er aus Provisionen höhere Einnahmen beziehen konnte als bei festem Gehalt, fanden die Umwandlungen seltener statt als später, wo sie in den meisten Fällen eine Verschlechterung bedeuteten. Dabei ist freilich zu bemerken, daß diese Umwandlung in mittleren Orten und bei mittleren Unternehmen, wo sich der Kontakt zwischen Chef und Vertreter erhalten hatte, seltener stattfand als in Großstädten und von seiten großer Unternehmen: ein weiteres Paradox, denn gerade vom Großbetrieb geht i. d. R. die Verbeamtungstendenz auf Kosten der persönlichen Freiheit aus. Auch hier entschied das wirtschaftliche Kalkül: Wo die formale Freiheit des wirtschaftlich Abhängigen billiger war, wurde sie vom Brotgeber zu einem kümmerlichen Leben erweckt.

In der mittelständischen Literatur war von derartigen Erscheinungen nicht die Rede, wie überhaupt die Deformierung der bürgerlichen Gesellschaft durch Millionen von Arbeitslosen nicht systematisch untersucht wurde. Die Theorie zeigte vielmehr an den Bildern einer ›normalen‹ Gesellschaft und einer ›normalen‹ Angestelltenschaft die Chancen der Laufbahn auf. Da sie die Gegentendenzen und Hemmungen übersah, die nicht nur in der Gefahr der Arbeitslosigkeit, sondern auch in der unverhältnismäßigen Zunahme unqualifizierter Kräfte, in der Bürokratisierung der großen Betriebe und in der Monopolisierung der verbliebenen Aufstiegschancen für Angestellte höherer Schichten bestanden, bot sie nicht eigentlich eine Erfassung der Wirklichkeit, sondern einen Beweis für die Beständigkeit einer Aufstiegsvorstellung, in der liberale und beamtenhafte Ideale verschmolzen waren. Die Aufstiegsideologie wurde auch in der Rationalisierungsperiode und während der großen Krise nicht aufgegeben. Einige Beispiele: Vom DHV wurde 1921 die Erörterung des Themas »Über die Behandlung Untergebener« damit begründet, »daß unter den Gehilfen von heute Prinzipale, Direktoren und Prokuristen von morgen leben«[6]. Mochte dies noch angehen, so war die Art recht bedenklich, in welcher der GdA für die Teilnahme an seiner ›Scheinfirmenarbeit‹ warb. In einer Werbeschrift hieß es: »Tagsüber Lehrling – und abends Direktor einer Weltfirma... Die Leiter deines beruflichen Aufstiegs hat noch mehr Sprossen, und alle wollen erstiegen sein, bezwungen werden. Dabei kommt es allein auf den Willen an.« – Ein Funktionär des VwA schrieb: »Die Möglichkeit stufenweisen Emporsteigens zu immer höher bewerteter Arbeit ist kennzeichnend für die Eigenart der Angestelltentätigkeit... Diese Möglichkeit unterscheidet den Angestellten grundsätzlich vom Arbeiter... Der allmähliche Aufstieg ist das Übliche, und jeder Angestellte hofft in normalen Zeiten auf ihn.«[7]

Besonders interessant war es, daß die Funktionäre der mittelständischen Verbände immer noch dazu neigten, auch die Posten, auf denen schematische Tätigkeit zu leisten war, als Ausgangspositionen für höhere Stellungen zu betrachten[8] oder sich mit Forderungen zu begnügen, »daß die Arbeit an Maschinen nur ein Übergang für höhere Posten im kaufmännischen Leben sein darf«[9].

In einem Referat, das der Holländer H. Fuykschot 1929 auf dem 4. internationalen Kongreß des internationalen Bundes christlicher Angestelltenverbände über »Die Rückwirkungen der Verwendung von Büromaschinen« hielt, lautete es erheblich sachlicher: »Es wäre selbstverständlich empfehlenswert, daß die... rein schematische Arbeit während einer kurzen Zeit von jungen Angestellten geleistet würde, die alsdann allmählich zu wertvollerer Tätigkeit herangezogen würden. Die Schwierigkeit besteht aber darin, daß für die größte Zahl dieser Angestellten keine Aufstiegsmöglichkeit vorhanden ist, so daß diese jungen Leute längere Jahre, vielleicht ihr ganzes Leben hindurch auf jene Arbeit angewiesen sind. Die Entwicklung ist die gleiche wie jene, die seinerzeit vom gelernten Handwerker, der sein Handwerk vollkommen beherrschte, zu dem zu einer Teilarbeit verurteilten Industriearbeiter geführt hat.«[10] Dieses Urteil von Fuykschot, das auf einem außerordentlich umfangreichen internationalen Material beruhte, widersprach völlig den Auffassungen der deutschen Schriftsteller aus dem gleichen Gewerkschaftslager.

In der deutschen mittelständischen Theorie wurden die Hemmungen, welche die Möglichkeiten des Aufstiegs für den einzelnen unausweichlich verringerten, kaum berücksichtigt. Nichtsdestoweniger waren neben der krisenhaften Ausschaltung großer Angestelltenmassen aus dem Produktionsprozeß, besonders infolge von Ersetzung älterer durch jüngere Kräfte, auch die von der Konjunktur unabhängigen Erscheinungen deutlich genug sichtbar: Die Vermassung der Schicht und die Bürokratisierung der großen Betriebe verbot es, von einem ›normalen‹ Aufstieg zu reden.

Die unteren, mühelos auswechselbaren Angestellten wuchsen in stärkerem Maße als die oberen Schichten. Wenn aber die Zahl der

Lose sich schneller erhöht als die der Gewinne, so sinken die durchschnittlichen Gewinnchancen des einzelnen Spielers. Auch für die Tüchtigsten, gesetzt den Fall, daß sie Gelegenheit haben, ihre Tüchtigkeit zu beweisen, sind nicht genügend höhere Plätze frei. Und wie oft können sie nicht einmal zeigen, daß sie eine Beförderung verdienen! Während sie darauf warten, vergeht die Zeit, in der sie älter und reifer für den Abbau werden. Das Kündigungsschutzgesetz vom Juli 1926 schrieb für die über dreißig Jahre alten Angestellten nach fünfjähriger Beschäftigung eine Kündigungsfrist von mindestens drei Monaten vor. Diese Frist erhöhte sich bei längerer Beschäftigung und erreichte sechs Monate bei zwölfjähriger Beschäftigung.

Im kleinen und mittleren Betrieb wirkte sich das Kündigungsschutzgesetz für ältere Angestellte besonders ungünstig aus, insofern hier aus wirtschaftlichen Gründen die Ersetzung älterer ›aufstiegsberechtigter‹ Angestellter durch billige jüngere, nicht geschützte Kräfte relativ am stärksten erfolgte. Im Großbetrieb aber wurden die höheren leitenden Posten in zunehmendem Maße von außen besetzt. Der Aufstiegswille derer, die sich im Betrieb verdient gemacht hatten, blieb zunehmend unberücksichtigt[11]. Aber auch den mittleren Kräften wurde durch die Organisation der großen Betriebe der Aufstieg zusätzlich erschwert bzw. von Voraussetzungen abhängig, die unberechenbar waren.

In vielen großen Betrieben waren die einzelnen Abteilungen voneinander so stark abgeschlossen, daß die Angestellten der einen Abteilung nicht selten, trotz jahrelanger Beschäftigung im gleichen Haus, auch nur von der Existenz mancher anderer Abteilungen kaum etwas wußten, geschweige denn persönliche Berührung mit den dort beschäftigten Kollegen hatten. Die Trennung konnte sich bis in das Kasino und die verschiedenen Werksportvereine fortsetzen, wo die Angestellten einer Abteilung nur an ›ihrem‹ Tisch Platz nahmen, bzw. nur ›ihren‹ Sport trieben. Die einzelnen Ressorts bildeten einen eigenen Egoismus aus, den die Abteilungsleiter gegeneinander eifersüchtig wahrten. Jede Abteilung legte Wert darauf, möglichst billig zu arbeiten, die anderen auszustechen und jede Störung ihres Kompetenzkreises zu unterbinden. Diese innerbetrieblichen Rivalitäten, von jener »organisierten Unwirtschaftlichkeit« hervorgebracht, der H. Bente eine anregende Untersuchung gewidmet hat[12], beeinflußten das Berufsschicksal des einzelnen Angestellten. War er tüchtig, suchte ihn sein Vorgesetzter zu halten, unbeschadet dessen, daß er an anderer Stelle Besseres leisten und leichter vorwärts hätte kommen könnte.

War er untüchtig, hatte aber ›Beziehungen‹, nicht einmal zu den obersten Spitzen, sondern zu irgendeinem anderen Angestellten, der irgendeinen Einfluß ausüben konnte auf irgendeinen maßgeblicheren Herrn, auf den der Vorgesetzte irgendwelche Rücksichten aus irgendwelchen Gründen nehmen mußte, so versuchte sein Vorgesetzter, ihn trotz mangelhafter Leistungen zu halten oder in eine andere Abteilung ›weg zu loben‹, statt die Entlassung zu betreiben. Wer die Verhältnisse in Großbetrieben kannte, wußte, wie oft aus derartigen Gründen der Ausleseprozeß anderen Gesetzen folgte als denen, die eine liberale Soziologie die natürlichen nennt[13].

Trotz der Diskrepanz zwischen der Wirklichkeit und den mittelständischen Auffassungen ist es aus einem besonderen Grunde verständlich, daß an der Aufstiegsideologie so zäh festgehalten wurde. Die Aufstiegschancen waren nämlich für die Angestellten bürgerlicher Herkunft, die, wie im vorigen Kapitel gezeigt worden ist, vorwiegend den Verbänden mit mittelständischen Ideologien angehörten, relativ größer als für die Angestellten, die aus der Arbeiterschaft stammten.

Nach der GdA-Erhebung stammten von den männlichen kaufmännischen Angestellten mit verantwortlicher Tätigkeit 15,1% aus den Kreisen der Selbständigen, 12,9 bzw. 12,4% aus den Kreisen der Landwirte bzw. der Handel- und Gewerbetreibenden; 10,2% hatten Beamte, 9,6% Angestellte, aber nur 7,3% Arbeiter als Väter. Proletarische Herkunft war im Durchschnitt gleichbedeutend mit schlechterer Schulbildung. Nach der gleichen Erhebung hatten von den männlichen Angestellten, deren Väter Arbeiter waren, 79,8% nur die Volksschule besucht; die entsprechende Quote betrug bei den Beamtensöhnen 44,3%, bei den Söhnen von Selbständigen 15,4%. Wie es in einer Gesellschaft, in der trotz Beseitigung des förmlichen Bildungsprivilegs das tatsächliche Bildungsmonopol des Bürgertums ungebrochen war, nicht anders sein konnte, wurde für die Angestellten mit Arbeiter-Herkunft ihre Herkunft zu einem zusätzlichen Unsicherheitsfaktor: Dadurch fiel es den Bürgersöhnen objektiv leichter, die Bedeutung der sozialökonomischen Lage der Angestelltenschaft zu verkleinern oder doch ihre geistigen Konsequenzen zu bestreiten. Ihnen fiel es leichter aufzusteigen, sie waren den Konsequenzen wirtschaftlicher Abhängigkeit etwas weniger ausgesetzt. Vergleicht man die Angestellten, die im Alter von 30–49 Jahren bis zu einem Posten mit selbständiger und verantwortlicher Tätigkeit (Gruppe IV–V) aufgerückt waren und dieselbe fachliche Vorbildung aufzuweisen hatten, so zeigt sich, daß die Art des Schulbesuchs noch Jahrzehnte nach dem

Tab. 6: Stellung, Schul- und Vorbildung von Angestellten (24546) GdA-Mitglieder im Alter von 30–49 Jahren (in %)[14]

Tätigkeitsgruppen[c]	Volksschüler Vorbildung a	b	Mittelschüler Vorbildung a	b	höhere Schüler Vorbildung a	b
untere (I–III)	80,3	63,1	81,3	60,1	55,5	48,4
obere (IV–V)	19,7	36,9	18,7	39,9	44,5	51,6
	100	100	100	100	100	100

[a] Nur Fachschule.
[b] Fachschule und 3 Jahre Lehrzeit.
[c] Vgl. S. 59.

Abgang aus der Schule Bedeutung hatte. Die gleiche Berufssausbildung auf der Fachschule und die gleiche Dauer der Lehrzeit, die höhere Zahl der Berufsjahre vermochte bei den Volks- und Mittelschülern das Manko an Schulbildung nicht auszugleichen.

Es ist zunächst bemerkenswert und fast rätselhaft, daß der ehemalige Mittelschüler unter den dreißig- bis fünfzigjährigen Angestellten kaum einen Vorteil vor den ehemaligen Volksschülern genoß: Nur der Besuch einer höheren Schule fiel ins Gewicht. Zwar erwies die GdA-Erhebung, daß die berufliche Vorbildung für das Fortkommen von Volks- und Mittelschülern von größerer Wichtigkeit war als der Unterschied ihrer Schulbildung; aber höhere Schulbildung war jedenfalls wichtiger als berufliche Vorbildung; und da, wie gesagt, die Quote höherer Schulbildung bei den Angestellten bürgerlicher Herkunft größer war als bei den Angestellten, die aus der Arbeiterschaft stammten, so kamen diese beträchtlich schlechter voran als jene.

Im übrigen waren die Aufstiegschancen für die Angestellten der einzelnen Berufsgruppen verschieden groß. Für Werkmeister bestanden sie nicht, für Kontoristinnen und für Behördenangestellte waren sie besonders gering. Für weibliches Verkaufspersonal, von dem ein geringer Teil Aufsichtsbefugnis erlangen, d. h. Filialleiterin, Instruktorin[15] u. a. werden konnte, waren sie größer als für weibliche Angestellte im Büro. Umgekehrt lag es bei den männlichen Angestellten dieser beiden Gruppen. Für die Stenotypistin bürgerlicher Herkunft bestand eine gewisse Chance, Privatsekretärin zu werden.

Bei den technischen Angestellten scheint die höhere Quote qualifizierter Kräfte darauf zu verweisen, daß ihnen Aufstieg leichter fiel als den Handlungsgehilfen. Dagegen spricht jedoch die besonders große

Arbeitslosigkeit unter den technischen Angestellten, ferner die Tatsache, daß Akademiker den Aufstieg versperrten und infolge der zunehmenden Verwissenschaftlichung der Betriebe einerseits, der Überfüllung der technischen Berufe andererseits sogar um die Erlangung mittlerer Posten mit den nicht-akademischen Technikern konkurrierten. Besonders schlecht waren die Aufstiegsmöglichkeiten des in der Zucker-, Farben-, Seifen- und Ölindustrie usw. tätigen mittleren Chemotechnikers, der den Akademiker nicht aus dem Feld schlagen konnte[16]. Aber auch in den vorherrschenden Großbetrieben der Maschinen- und elektrotechnischen Industrie konnte der Mittelschultechniker nicht damit rechnen, die Leiter empor zu klimmen. In den Ausnahmefällen »wo dem Konstrukteur oder Berufsingenieur mit akademischer oder mit Mittelschulbildung grundsätzlich dieselben Aufstiegsmöglichkeiten geboten sind, wird das Tempo meistens verschieden sein. Dem Akademiker ist der Wechsel von Werk zu Werk leichter dank seinen Beziehungen und dank seinem gesellschaftlichen Auftreten... Für den Mittelschultechniker gilt dagegen die ›Ochsentour‹...«[17] Etwas günstiger lagen die Beförderungschancen für mittlere Techniker im Außendienst und in kleineren Betrieben.

Für die weiblichen Angestellten hatte der berufliche Aufstieg geringere Bedeutung als für die Männer. Wichtigste Aufstiegschance für das Mädchen war die der Einheirat in eine höhere soziale Schicht. Das statistische Material auf diesem Gebiet ist gering. Durch eine bayerische Erhebung (1927) ist immerhin festgestellt, daß 60,5% der Männer, die Angestellte und Beamtinnen geheiratet haben, Selbständige, höhere und mittlere Beamte und Angestellte waren; nicht weniger als 38,3% der Ehemänner waren Arbeiter, Gesinde, Dienstboten oder Lohnarbeiter wechselnder Art. Die männlichen Angestellten im Gewerbe heirateten zu rund einem Viertel, die Handels- und Verkehrsangestellten zu rund 30% Arbeiterinnen[18]. Auch in diesen Zahlen zeigt sich, daß die Unsicherheit der weiblichen Kräfte größer war als die der Männer.

Kapitel IV

Die Schichtung nach Tätigkeitsgruppen

Der GdA wie der DHV haben aufgrund ihrer großen Erhebungen versucht, die Schichtung der Angestellten nach Tätigkeitsgruppen zu ermitteln. Beide Male sind fünf solcher Gruppen gebildet worden und zwar

	nach DHV[1]	nach GdA[2]
I	rein schematische	schematische Arbeit
II	einfache	qualifizierte Arbeit
III	qualifizierte	teilweise selbständige Arbeit
IV	selbständige	selbständige Arbeit
V	schwierig verantwortliche	leitende Arbeit

Die Einteilung des DHV galt für männliche Kaufmannsgehilfen, die des GdA für (männliches und weibliches) kaufmännisches- und Büropersonal. Bei den Rechtsanwalts- und Notariatsangestellten unterschied der GdA nur vier Tätigkeitsgruppen; die Bürovorsteher waren in Gruppe IV eingeordnet. Für die Techniker des GdA lauteten die Bezeichnungen bei den Gruppen III und IV anders, nämlich III: selbständige Tätigkeit, IV: selbständige verantwortliche Tätigkeit. Mithin leisteten die Techniker der Gruppen III–IV nach Ansicht des GdA höher qualifizierte Arbeit als die kaufmännischen Angestellten der gleichen Gruppen. Auch die Meister wurden in fünf Gruppen eingeteilt: Aufseher, Hilfsmeister, Meister, Fachmeister, Obermeister.

Die Aufteilung der erfaßten Personen auf diese Gruppen ergibt folgendes Bild:

Der DHV zog aus seiner Aufteilung den Schluß, daß bei den Kaufmannsgehilfen die schematische Arbeit »gar keine Rolle« spiele, und der Schwerpunkt bei der qualifizierten Tätigkeit der Gruppen III und IV liege. Dort erschienen in der Tat nicht weniger als zwei Drittel aller

Tab. 7: Die Angestellten nach Tätigkeitsgruppen (in %)

		I	II	III	IV	V
Nach DHV[1]						
1. Kaufm. Angest.	m	0,27	25,06	41,19	24,53	8,90
Nach GdA[2]						
2. Kaufm. Angest.	m	2,7	30,9	38,3	17,6	10,5
3. Behördenangest.	m	1,2	28,3	67,1	2,3	1,1
4. Rechtsanw.-Angest.	m	12,6	37,8	7,5	42,1	–
5. Kaufm. Angest.	w	6,3	66,2	23,9	2,4	1,2
6. Behördenangest.	w	6,7	57,2	35,2	0,9	–
7. Rechtsanw.-Angest.	w	5,7	77,2	11,9	5,2	–
8. Techniker	m	2,8	27,1	37,1	20,4	12,6
9. Werkmeister	m	8,0	12,5	17,2	59,7	2,6

Erfaßten. Der GdA wies immerhin auch 55,9% in diesen höheren Gruppen aus. Das Ergebnis wäre also, daß rund 1/10 der männlichen kaufmännischen Angestellten hochqualifizierte Arbeit leistete, 5/10 bis 7/10 auf die mittleren Gruppen entfielen, und nur 2/10 bis 3/10 einfache und schematische Arbeit verrichteten. Die eigentlich schematischen Arbeiten wären seltene Ausnahmen.

Es ist tunlich, die Maßstäbe nachzuprüfen, mit denen die Zuordnung erfolgt ist, da es der Ideologie beider Verbände widersprochen hätte, wenn die unteren Gruppen eine stärkere Besetzung aufgewiesen hätten; auch Rücksichten auf die Tarifpolitik können einer unbefangenen Einordnung entgegengewirkt haben: die statistische Zuordnung bestimmter qualifizierter Angestellter in niedrigere Gruppen schwächt die gewerkschaftliche Argumentation im Kampf um die Einordnung der Angestellten in eine höhere Tarifgruppe. Stichproben ergeben, daß die Zurechnung nicht aufgrund soziologischer Urteile erfolgt ist: Abgesehen davon, daß in Zweifelsfällen nicht nach der Tätigkeit, sondern nach Gehaltshöhe und Alter zugeordnet worden sein dürfte[3], erscheinen viele Angestellte mit schematischer Tätigkeit in Gruppe II und III, die bei unbefangener Betrachtung in eine tiefere Gruppe gehören[4].

Die GdA-Erhebung ist überdies nicht schlüssig für die Verhältnisse in der gesamten Angestelltenschaft: Der GdA war »überaltert«, wenn seine Erhebung die für die Gesamtmitgliederschaft typische Altersgliederung wiedergab. Während nach der DHV-Erhebung nur 14,9% der männlichen kaufmännischen Angestellten älter als 40 Jahre wa-

Tab. 8: Altersgruppenverteilung der Mitglieder verschiedener Angestellten-Verbände

Von 1000 ... waren alt		unter 30 Jahre	über 40 Jahre
männl. kaufm. Angestellte			
nach amtl. Zählung 1925	a	56,3	23,1
im GdA	b	42,3	29,2
weibl. kaufm. Angestellte			
nach amtl. Zählung 1925	a	80,1	7,0
im GdA	b	63,2	8,7
im ZdA	c	84	5
Männl. techn. Angestellte			
nach amtl. Zählung 1925	a	38,9	34,4
im GdA	b	31,3	38,5

a G. Fürst, Die Altersgliederung der Angestellten nach den Ergebnissen der Berufszählung 1925, in: Afa-Bundeszeitung, Jg. 1929, S. 65.
b GdA (Hg.), Die wirtschaftliche und soziale Lage, S. 64.
c S. Suhr, Die weiblichen Angestellten, Berlin 1930, S. 8.

ren, standen nicht weniger als 29,2 % der männlichen kaufmännischen GdA-Mitglieder im Alter von 40 Jahren und darüber. Daher ist denn auch gerade die Spitzengruppe V im Schema des GdA so stark besetzt, stärker noch als beim DHV! Theodor Geiger, der aus GdA-Statistik die soziale Schichtung der Angestellten zu berechnen versucht hat, hat diese Momente übersehen. Übersieht man sie nicht, dann löst sich der oft beschworene ›Elitecharakter‹ des GdA weitgehend in seinem Alterscharakter auf, wie Tabelle 8 zeigt.

Die Zahlen der Tabelle 7 geben deshalb nicht mehr als Anhaltspunkte: Die unteren Gruppen sind in Wirklichkeit stärker, die oberen Gruppen schwächer besetzt, die soziale Pyramide hat eine breitere Basis, als die Schemata glauben machen. Die Sätze 4,2:4,2:1,6 für Unter-, Mittel- und Oberschicht, die Rössiger aufgrund der GdA-Erhebung angab[5], wird man zugunsten der unteren Gruppen verändern müssen, um ein wirklichkeitstreueres Bild zu erhalten.

Aus der Tabelle 7 sind wesentliche Unterschiede der einzelnen Berufsgruppen ersichtlich. Besonders ungünstig war der soziale Aufbau bei den Behördenangestellten. Die beiden oberen Tätigkeitsgruppen fielen fast ganz aus: Diese Posten waren mit Beamten besetzt; bereits aus der statistischen Übersicht ist zu schließen, daß ein starker sozialer Gegensatz zwischen den Behördenangestellten und den Beamten vorhanden war, insofern der Beamte dem Angestellten oft den Aufstieg versperrte. Der typische Vorgesetzte des Angestellten war der Beamte. Auch wenn man von der Einkommensschichtung auf die Qualifizierung schließt, ergibt sich, daß die Behördenangestellten geringer qualifiziert waren als die Beamten.

83,2 % der 186 000 Angestellten für dauernde Verwaltungszwecke des Reiches, der Länder, Gemeinden und Gemeindeverbände (einschließlich Hansestädte) waren im unteren oder »einfachen mittleren« Dienst tätig (31. 3. 1930). Bei den Beamten betrug die entsprechende Quote nur 46,5 %[6].

Die Rechtsanwalts- und Notariatsangestellten wiesen eine ungünstigere Besetzung der unteren Gruppen auf als die kaufmännischen Angestellten. Die qualifizierteste Berufsgruppe bildeten die technischen Angestellten, die ja auch die höchste Leistungsquote aufwiesen. Theodor Geiger hat berechnet, daß der Anteil an den leitenden Stellungen bei den männlichen Technikern 22 %, bei den Handels- und Büroangestellten jedoch nur 3 % betrug[7]. Die durchschnittliche Leistung des Technikers war höher qualifiziert als die des Kaufmannsgehilfen: Fast die Hälfte des technischen Personals entfiel auf die Architekten, Ingenieure und Chemiker.

Zu interessanten Ergebnissen führt die Betrachtung der Gliederung nach Tätigkeitsgruppen, getrennt nach Männern und Frauen. Die Vorstellung einer pyramidenartigen Form des sozialen Aufbaus, die für die Angestelltenschaft als ganze einigermaßen zutreffend war, galt weder für die Männer allein noch für die weiblichen Kräfte. Die unteren Tätigkeitsgruppen waren bei den Frauen ungleich stärker besetzt als bei den Männern. Von diesen entfiel auf die mittleren und höheren Stufen ein größerer Anteil als auf die untere Stufe, während das Verhältnis bei den Frauen genau umgekehrt lag. Da es hier nur auf die Relationen ankommt, seien die Prozent-Zahlen, die Rössiger nennt, ohne Korrektur wiedergegeben.

Von zehn Männern standen also etwa sieben aus Oberschicht und Mittelschicht drei aus der Unterschicht gegenüber; von zehn

Angestellte	Insgesamt	Männliche	Weibliche
Oberschicht	15,76	20,29	2,51
Mittelschicht	41,90	47,53	25,44
Unterschicht	42,34	32,18	72,04
	100	100	100

Frauen gehörten dagegen sieben der Unterschicht und nur drei Ober- und Mittelschicht an. Bei den weiblichen Kräften standen auf den niedrigsten Stufen I–II rund 64% der behördlichen Angestellten, 85% der Rechtsanwaltsangestellten und 73% der kaufmännischen Kräfte!

Berücksichtigt man, daß gerade die schlechtest qualifizierten weiblichen Angestellten besonders schwer organisierbar waren, und die Frauen im ZdA relativ stärker vertreten waren als im GdA und im Gedag, so kommt man zu dem Ergebnis, daß etwa 80–85% der weiblichen Angestellten ganz untergeordnete Tätigkeit leisteten; nur rund ein Fünftel der weiblichen Angestellten stand in den mittleren und höheren Gruppen, wobei die Gruppe V fast völlig ausfiel, da sie fast ganz mit Männern besetzt war. Mit anderen Worten: Die Sperre, an der die Männer beim Aufstiegsversuch von den mittleren zu den höheren Positionen größtenteils scheiterten, lag bei den Frauen bereits tiefer: an der Grenze zwischen unteren und mittleren Stellungen. Freilich spricht dabei mit, daß die Frauen in der Regel den Beruf früher verließen (bei der Heirat). Aber in diesem Zusammenhang ist zunächst der Tatbestand als solcher von Bedeutung, daß die soziale Schichtung zugleich einer Schichtung der Geschlechter nahekam. So war es der Mann, der typischerweise die Vorgesetztenbefugnisse hatte, während das Mädchen typischerweise die Untergebene war. Dieser Umstand war eine objektive Stütze für die Standesideologie, die schon nach der Tradition, aus der sie sich entwickelt hat, eine antifeministische Männerideologie war. Zwar wurde die gesamte Angestelltenschaft von der Proletarisierung ergriffen, aber innerhalb der Betriebe verstärkten sich mit zunehmender Proletarisierung die Chancen für den Mann, Autorität kraft seiner Stellung und seines Geschlechts auszuüben.

Es ist kein Zufall, daß gerade der DHV die schärfsten Konsequenzen aus der für Männer und Frauen verschiedenartigen sozialen Schichtung gezogen hat. Er war ein reiner Männerverband und hatte um 1930 außerdem relativ weniger Mitglieder, die aus der Arbeiterschaft stammten als der GdA oder gar als der ZdA. Die Erfahrungen der Rationalisierungsperiode nach 1925 haben den DHV zu der Ansicht geführt, »daß die neuen Arbeitsmethoden keine neue Verproletarisierung der Kaufmannsgehilfen bringen. Zwar werden die männlichen Kaufmannsgehilfen in Zukunft weniger schnell anwachsen als die weiblichen Kaufmannsgehilfen. Dafür (!) bewahren sie aber ihre ›delegierte‹ Unternehmerfunktion, weil sie die in Auswirkung der Rationalisierung entstandenen neuen organisatorischen, statistischen und leitenden Funktionen übernehmen.«[8]

In der Tat dürfte in den Jahren nach 1925 der Zustrom weiblicher Angestellter in relativ stärkerem Maße und Umfang erfolgt sein als der ihrer männlichen Kollegen. S. Suhr schätzt den Zugang der weiblichen Angestellten während der Jahre 1925–1930 auf 200000 Personen. Da man für 1930 rund 3,9 Millionen Angestellte insgesamt annehmen kann, waren die männlichen Kräfte auch nur um höchstens 200000, also relativ schwächer angewachsen[9]. Es hatte sich also das Verhältnis von männlichen zu weiblichen Kräften quantitativ zugunsten der Mädchen und Frauen, qualitativ zugunsten der Männer weiter verschoben. Der Schichtungsunterschied zwischen beiden Geschlechtern war größer geworden. Gerade die untergeordneten Posten waren noch stärker mit jungen, billigeren weiblichen Kräften, seit der Krise zum Teil mit Aushilfen, besetzt als im Jahre 1925.

Der DHV hat schon um die Jahrhundertwende die Ansicht vertreten, daß für bestimmte untergeordnete Tätigkeiten die Frau sich durchaus eigne, z. B. für die »mechanische Maschinenschreiberei«, wie man ja auch z. B. im Buchdruckergewerbe für das Falzen und ähnliche Arbeiten männliche Kräfte auf die Dauer nicht heranzuziehen vermöge. Die Art, wie der Verband damals, als er noch gegen die Frauenarbeit einen scharfen Kampf führte, diese Stellungnahme begründete, ist recht beachtlich: »Solche Arbeiten [nämlich mechanische, H. S.] können immer nur von Personen verrichtet werden, die ihre Tätigkeit nicht als Beruf auffassen und sie deshalb nur gleichgültig, gewissermaßen widerwillig verrichten.«[10] In der Weimarer Republik stellte der DHV seinen Kampf gegen die Frauenarbeit ein. Manche der untergeordneten Arbeiten, die er ehemals der an sich als Lohndrückerin bekämpften Frau vorbehalten wissen wollte, waren inzwischen auch von Männern übernommen worden, die, sofern sie Mitglieder des DHV waren, ihre Tätigkeit als Beruf auffassen und sie nicht gleichgültig, nicht widerwillig, sondern standesbewußt als delegierte Unternehmertätigkeit verrichten sollten. So leisteten z. B. männliche Angestellte, die mehr als 150 Silben schrieben, an der Schreibmaschine, nach der neuen Ansicht des DHV, keine mechanische, sondern »qualifizierte kaufmännische Arbeit« in der Tätigkeitsgruppe III. Ideologien sind wandelbar.

Der soziale Unterschied zwischen männlichen und weiblichen Angestellten drückte sich auch im Durchschnittsgehalt der verschiedenen Altersklassen deutlich aus (vgl. Tabelle 9). Nach der GdA-Erhebung erreichten Frauen die höheren Gehälter über 250 RM im Monat überhaupt nicht. Bei den Männern, die 29 Jahre und älter waren, lag das Gehalt dagegen über dem Maximalgehalt für Frauen jeden Alters; es stieg bis zu 351 RM für die männliche Altersklasse von 46–50 Jahren, um im höheren Alter allmählich bis auf etwa 300 RM abzusinken. Der Gehaltsunterschied zwischen Männern und Frauen traf übrigens auf alle, selbst die niedrigsten Altersklassen zu. Außerdem erhöhte sich die ökonomische Bedeutung des Gehaltsunterschieds zwischen männlichen und weiblichen Angestellten durch die Tatsache, daß Mädchen relativ zahlreich, Männer aber relativ spärlich in den jüngeren Jahrgängen vertreten waren, während in den höheren Altersklassen die Quoten umgekehrt waren.

Auch die Statistik über tarifliche Anfangs- und Endgehälter zeigt die Benachteiligung der weiblichen Angestellten. Dies trifft für alle

Tab. 9: Durchschnittsgehalt und Lebensalter[11]

Lebensalter	männlich		weiblich	
	% der erf. Angestellten	Durchschnitts-gehalt RM	% der erf. Angestellten	Durchschnitts-gehalt RM
bis 18 Jahre	2,5	97	9,0	81
bis 19 Jahre	3,7	113	7,9	100
bis 20 Jahre	4,4	129	9,1	115
bis 21 Jahre	4,0	145	8,6	126
bis 22 Jahre	3,4	162	7,4	137
bis 23 Jahre	3,2	177	6,4	146
bis 24 Jahre	2,9	191	5,3	156
bis 25 Jahre	2,9	206	4,9	163
26–28 Jahre	9,0	239	11,3	179
29–30 Jahre	6,5	272	5,8	195
31–32 Jahre	5,9	290	4,4	203
33–35 Jahre	8,8	308	5,4	208
36–40 Jahre	12,7	330	6,4	221
41–45 Jahre	9,5	346	4,1	233
46–50 Jahre	7,8	351	2,1	239
51–55 Jahre	5,8	338	1,2	254
56–60 Jahre	3,8	330	0,5	237
61–65 Jahre	2,2	317	0,2	214
über 65 Jahre	1,0	299	...	205
	100		100	

Berufe zu, selbst für die mit den niedrigsten Tarifgehältern, wie den Einzelhandel und den Großhandel. Im allgemeinen betrug der Unterschied der Anfangsgehälter in der niedrigsten Tarifgruppe 9 bis 13 RM pro Monat, d. h. etwa 10% des Gehalts für Männer. Er lag in den höheren Tarifgruppen, die ja von Frauen sowieso seltener erreicht wurden, zuweilen erheblich über diesem Prozentsatz, im Einzelhandel z. B. bei nahezu 20% [12].

Kapitel V

Angestellte und Arbeiter – Angestellte und Unternehmer

Der Status der Angestellten in der Weimarer Republik kann weder aus ihrer ökonomischen Lage auf dem Arbeitsmarkt noch aus ihren sehr verschiedenen Funktionen im Betrieb zufriedenstellend erklärt werden. Auch auf ihre rechtlichen Privilegien, die sie den Arbeitern gegenüber in Deutschland genossen, läßt er sich nicht zurückführen. Vielmehr muß die rechtliche Sonderstellung ihrerseits als das Resultat von Geltungsansprüchen und Geltungsgewährungen verstanden werden. Um uns dem Phänomen der sozialen Geltung der Angestellten zu nähern, werden wir zunächst so empirisch wie möglich die Beziehungen zwischen Angestellten und Arbeitern betrachten, und dann das Verhältnis von Angestellten und Unternehmern.

1. Angestellte und Arbeiter

a) Angestellte mit Herkunft aus der Arbeiterschaft bewerteten ihre Stellung als Ergebnis eines Aufstiegs. Dies traf nicht nur auf diejenigen zu, die persönlich in der Betriebshierarchie aufgerückt waren, wie in der Regel die Werkmeister und viele Mittelschultechniker, sondern auch auf viele kaufmännische Angestellte unteren Ranges, die infolge generationsmäßigen Aufstiegs ihre Stelle innehatten.

Umgekehrt war innerhalb der Arbeiterschaft die Kontoristin höher angesehen als die aus den gleichen Kreisen stammende Fabrikarbeiterin. Angestellten-Lehrlinge galten als ›feiner‹ als Arbeiter-Lehrlinge aus dem gleichen Milieu[1]. Berufswünsche der Arbeiter bestätigten diese sozialen Einschätzungen. Die Berufswünsche waren in der Regel nicht utopisch, d. h. auf wirtschaftliche Selbständigkeit gerichtet, sondern pragmatisch, d. h. bescheiden auf das sozial Nahe bezogen. Vom Referat für Frauenarbeit der Wiener Arbeiterkammer wurden Industriearbeiterinnen gefragt, ob sie sich einen anderen Beruf wünschten, was rund 40% bejahten. Vor allem die kaufmännischen Berufe (Büro- und Verkaufstätigkeit) wurden ersehnt. Abgesehen von den Arbeiterinnen, die besonders schwere Arbeit zu leisten hatten und sich nur allgemein »irgendeinen anderen Beruf« wünschten, wurde festgestellt, »daß die Hilfsarbeiterin zur gelernten Arbeit, die gelernte Arbeiterin zum Angestelltenberuf, die Arbeiterin auf gehobener Stufe zu den sozialen Berufen strebt«. In der Hierarchie dieser Wünsche drückte sich die gesellschaftlich erzwungene oder freiwillige Anerkennung einer sozialen Hierarchie durch die Arbeiterschaft sehr klar aus[2].

b) Tischgemeinschaft und Connubium zwischen kaufmännischen Angestellten und Arbeitern wurde von diesen gewünscht oder nur aus Trotz verschmäht, von Angestellten, die nicht aus der Arbeiterschaft stammten, dagegen nach einem ungeschriebenen Ehrenkodex oder aus Prestige-Gründen abgelehnt.

c) Bei den Angestellten bestanden noch Reste einer »spezifisch gearteten Lebensführung«, in deren Zumutung an die Angehörigen der Schicht soziale »Ehre« sich normalerweise vor allem ausdrückt[3]. Hierher gehörten der besondere, ökonomisch unangemessene Wert, den Angestellte auf die Befriedigung ihrer Wohnungs- und Kulturbedürfnisse legten, sowie die relative Einschränkung der Ausgaben für die Ernährung.

1927–28 entfielen 45,3% der Ausgaben des durchschnittlichen Arbeiterhaushalts auf Nahrungs- und Genußmittel und 16,5% auf Behausung (Miete, Einrichtung, Instandhaltung, Beleuchtung und Heizung). Im durchschnittlichen Angestelltenhaushalt waren die entsprechenden Prozentzahlen 34,5 bzw. 20,5[4]. Für ausgewählte niedrige bzw. hohe Einkommensgruppen von Arbeitern und Angestellten zeigten die Wirtschaftsrechnungen ähnliche Unterschiede (vgl. Tabelle 10).

Die vom Afa-Bund durchgeführten Erhebungen über die Lebenshaltung der Angestellten sind besonders aufschlußreich, weil sie – im Gegensatz zur Erhebung des DHV, die sich auf kaufmännische Angestellte beschränkt – nach kaufmännischen Angestellten, Technikern und Werkmeistern aufgeschlüsselt sind. Es zeigt sich dabei, daß die Lebenshaltung des Werkmeisters der des Arbeiters mehr ähnelte als der des Technikers oder des kaufmännischen Angestellten der gleichen Einkommensgruppe (vgl. Tabelle 11).

Bis zu einem gewissen Grade können wahrscheinlich die höheren Ausgaben der Werkmeister für Lebensmittel auf die etwas höhere

Tab. 10: Ausgaben für Nahrungsmittel und Wohnzwecke in % der Gesamtausgaben in niedrigen und hohen Einkommensgruppen von Arbeiter- und Angestelltenhaushalten[5]

	Arbeiter		Angestellte	
Einkommensgruppe	2500–3000 DM	4300 DM und mehr	unter 3000 DM	5100 DM und mehr
Kopfzahl	3,9	4,9	3,1	4
Nahrungs- und Genußmittel	47,3	41,5	41,6	30,5
Wohnzwecke	17,8	16,9	22,2	20,9

Kopfzahl per Haushalt zurückgeführt werden, aber trotz der höheren Kopfzahl lagen die Wohnungsausgaben der Werkmeister etwas niedriger als die der Techniker und kaufmännischen Angestellten. Ebenso gaben die Werkmeister für »Kulturbedürfnisse« erheblich weniger aus als die anderen Schichten der Angestelltenschaft. Auch in dieser Hinsicht ähnelte der Werkmeister den Arbeitern mehr als den anderen Angestellten[6].

Die Abbaumaßnahmen und die Gehaltssenkungen während der letzten Jahre der Weimarer Republik haben die gehobene Lebensführung der Angestellten, die in der Regel mit relativ später Eheschließung und scharfer Geburtenregelung erkauft worden ist, in sehr vielen Fällen wirtschaftlich erschwert (weil der Ernährungsbedarf weniger

Tab. 11: Der Angestelltenhaushalt nach Berufsgruppen[7]

Berufsgruppe	kaufm. Angestellte	Techniker	Werkmeister
Kopfzahl	3,1	3,3	3,6
Einnahmen	394,71 RM	424,60 RM	391,53 RM
Ausgaben in %			
Nahrungs- und Genußmittel	32,8	30,2	36,5
Wohnung	21,5	21,8	19,5
Bekleidung und Wäsche	10,9	10,2	10,7
Kulturbedarf	19,5	20,3	16,9
Zwangsausgaben	10,3	10,0	10,5
Ersparnis	2,5	3,9	2,1
Schuldentilgung	2,5	3,6	2,1
	100	100	100

elastisch ist) und unmöglich gemacht[8]. Sie haben dadurch disqualifizierend, d. h. ›ehrmindernd‹, gewirkt, den Anspruch auf ›standesgemäße‹ Lebensführung jedoch nicht zum Verstummen gebracht.

d) Die soziale Geltung der Angestelltenschaft ist ferner objektiv greifbar in der Monopolisierung bestimmter Chancen der Anstellung und der Laufbahn für Angehörige höherer Schichten. Diese besonders wichtige Erscheinung, bei der es sich um kein rechtliches, aber ein nicht weniger wirksames konventionelles Monopol handelt, wurde in den Kapiteln II und III behandelt.

e) Da die Rechtsordnung, um Max Weber nochmals zu zitieren, sowohl Macht wie Ehre garantieren kann, waren die rechtlichen Sondervorschriften für Angestellte Kennzeichen besonderer Geltung: monatliche Gehaltszahlung, Fortzahlung des Gehalts im Krankheitsfall, längere Kündigungsfristen für Angestellte als für Arbeiter und besonderer Kündigungsschutz für ältere Kräfte, Bevorzugung der Gehalts-, nicht der Lohnforderungen bei Konkurs, eigene Pensionsversicherung, besondere Betriebsvertretung im Angestelltenrat usw. Zum Teil waren diese Privilegien auf die berufsständische Vergangenheit der Angestelltenschaft zurückzuführen. Ihre Fixierung war kraft des Vorteils der kleinen Zahl, den die Angestellten den Arbeitern gegenüber besaßen, und im Hinblick auf die berufsständische Geltung der Gehilfen zu einer Zeit erfolgt, in der wegen einsetzenden Standesverfalls und beginnender Proletarisierung der Staat zum Schutz von Stellung und Geltung erfolgreich beansprucht wurde. So entsprachen z. B. die monatliche Gehaltszahlung, das Konkursvorrecht und die Fortzahlung des Gehalts im Fall der Krankheit einem besonderen beamtenähnlichen Geltungsanspruch von Dienstleistenden, der eine lohnmäßige Bemessung des Entgelts nach der Leistung verbot und im reinen Fall die Gewährung eines standesgemäßen ›Unterhalts‹ erheischte[9]. In dem Maße, in dem die sozialökonomische Lage der Angestellten sich mehr und mehr verschlechterte – durch Vermassung der Schicht, Zerstörung der beruflichen Laufbahn, Mechanisierung der Teilfunktionen, Einbeziehung des Angestelltenschicksals in die Phasen der Konjunktur –, in dem Maße hatten sich diese Vorrechte von Zeichen zu Garantien der Geltung gewandelt. Sie wurden verteidigt, weil bei ihrer Aufhebung nicht nur die ökonomische Unsicherheit größer, sondern auch der Geltungsverlust unabschätzbar geworden wäre. Sehr genau hat dies der DHV erkannt, als in der großen Krise das Privileg des festen Monatsgehalts beseitigt wurde. Die Kürzung der Gehälter aufgrund von Verkürzung der Arbeitszeit glich das ›Dienstverhältnis‹ der Angestellten dem des Arbeiters an. Die Unternehmer hatten ein Interesse daran, »die Zahl der Arbeitsstunden nach dem jeweiligen Bedarf zu bestimmen und nach diesem Stundenbedarf von Fall zu Fall den Lohn der Angestellten berechnen zu dürfen. Bei einer genauen Durchführung dieser Gehaltsbemessung würde man aus uns Gehaltsempfängern mit dem festumrissenen Monatsgehalt den Stundenlöhner mit der Ungewißheit seines Verdienstes machen. Damit würde einer der Hauptpfeiler stürzen, die unseren Stand als Stand bisher getragen haben.«[10]

f) Schließlich war die soziale Geltung der Angestellten daraus ersichtlich, daß die Legitimität ihrer Geltung von den ungünstiger gestellten Arbeitern bestritten wurde. Ebenso nämlich wie »der günstiger Situierte das nicht rastende Bedürfnis fühlt, den zu seinen Gunsten bestehenden Kontrast als ›legitim‹, seine eigene Lage als von ihm ›verdient‹ und die des anderen als von jenem irgendwie ›verschuldet‹ ansehen zu dürfen«[11], ebenso trachtet der ungünstiger Situierte danach, seine ›Schuld‹ und jenes ›Verdienst‹ zu leugnen. Arbeiter, nach ihrer Meinung über Angestellte gefragt, gaben in der Regel die Antwort, daß deren Tätigkeit sachlich weitgehend überflüssig und daher kostensteigernd, aber im Interesse des Unternehmers notwendig sei, weil sie lohndrückend wirke. Wenn man von Verkaufskräften absieht, kannte der Arbeiter in der Regel einerseits nur Werkmeister und das technische Betriebspersonal und andererseits Behörden-, Gewerkschafts- und Parteiangestellte, denen er außerhalb des Betriebes begegnete. Diese waren ihm wegen ihres bürokratischen und militärischen Wesens oft fremd, entfremdet oder sogar verhaßt; wegen ihrer relativ größeren Lebenssicherheit wurden sie beneidet. Jenen aber oblag nach seiner unmittelbaren Erfahrung die exakte Ausbeutung[12].

»Der Arbeiter handelt durchaus instinktmäßig, wenn er im Angestellten einen Gegner wittert, der unter Umständen dazu beitragen kann, daß seine ohnehin bedauernswerte wirtschaftliche Lage noch verschlechtert werden kann«[13], so urteilte der Betriebsratsvorsitzende eines Großwerks. Ein anderer Arbeiter schrieb: »Alle diese Aufseher, Antreiber, Kontroll- und Abbauminister wären überflüssig, und das Geld, das dafür verwandt wird, könnte zur Aufbesserung der Löhne verwandt werden, wenn man in der Behandlung des Arbeiters und seiner Arbeit von Grund auf sich anders einstellte.«[14] Ein Vorarbeiter fragte: »Warum gibt es Angestellte und Arbeiter? Ja warum? Warum wird der Handarbeiter stündlich, täglich, wöchentlich entlohnt, der

Kopfarbeiter monatlich? Um die kurzen Zahlungsfristen wurden doch die Arbeiter in der Inflation sehr beneidet! Warum bekommt der Handarbeiter nur die tatsächlich geleistete Arbeit bezahlt, der Angestellte auch die unverschuldet versäumte? Warum ist der Urlaub der Angestellten viel länger als der der Arbeiter? Warum ist der Angestellte gegen die Verluste der verkürzten Arbeitszeit geschützt[15], der Arbeiter dagegen nicht? Warum wird der Angestellte mit *Herr* Müller, der Arbeiter mit Müller angesprochen? Warum haben die Angestellten lange Kündigungsfristen, die Arbeiter aber kurze?«[16] – Ein besonders scharfes und teilweise ungerechtes Urteil des repräsentativen Organs der Christlichen Gewerkschaften[17]: »Die Angestellten stehen auf dem freien Arbeitsmarkt an den windgeschützten Stellen.« »Weil die Gehälter der Angestellten nicht abgebaut werden dürfen und überzählige Angestellte gegen Entlassung weitgehend gesichert sind, muß der Arbeiter ›bluten‹... Je mehr sich die Angestellten gegen Entlassung, Gehaltskürzungen usw. sichern, um so stärker wird der Arbeiter mit dem Betriebs- und Wirtschaftsrisiko belastet. Und alle Welt findet das so in Ordnung... Den Angestellten werden Sondervorteile gewährt, den Arbeitern bleibt das Vergnügen, diese Entlastungen der Angestellten mit zu tragen. Kein Gedanke daran, daß es jemals möglich wäre, für die Arbeiterschaft Gleiches zu erreichen.« Besonders aufschlußreich erweist sich in diesem Artikel auch der Unwille darüber, daß die Presse gegen die Entlassung von Angestellten stärker protestiere als gegen die von Arbeitern: der Grad, mit dem die öffentliche Meinung am Schicksal der einzelnen Schichten teilnahm, wurde hier zu einem Maßstab der öffentlichen Geltung.

Charakteristisch sind schließlich auch die Besserungsvorschläge, die von einem Arbeiter für die Änderung der Beziehungen zwischen Arbeitern und Angestellten gemacht wurden[18]: a) Alle Angestellten, kaufmännische wie auch technische, sollten von der Pike auf dienen. Der Arbeiter müßte das Gefühl haben, daß nicht Gunst und Studium den Angestellten an seinen Platz gebracht haben. b) Der Arbeiter müßte Aufstiegsmöglichkeiten im Betriebe haben. c) Versicherungsrechtlich müßten beide Arbeitnehmergruppen gleichgestellt werden. d) Der Kündigungsschutz des Arbeiters müßte dem des Angestellten angeglichen werden. e) Angestellten- und Arbeiterverbände müßten in den einzelnen Industrien engstens zusammenarbeiten. f) Die Gruppenrätegesetze müßten beseitigt werden.

Es ist nicht zu verkennen, daß alle diese Urteile von Arbeitern über Angestellte an der Tatsache vorbeisahen, daß die Masse der Angestellten in ungesicherten Verhältnissen lebte, daß sie aus Arbeitnehmern bestand, die Arbeitnehmerschicksale erlitten. Jedoch ähnlich wie ehemals das aufstrebende antifeudale Bürgertum das Bild des Adels eher nach den herrschenden Repräsentanten und nach den durch Fremdheit der Lebensführung provokatorisch wirkenden Libertinisten als nach den verarmten Existenzen sich zeichnete, veranschaulichte sich die Arbeiterschaft das Wesen des Angestellten an denjenigen Zügen der Schicht, die ihr selber fehlten. Damit urteilte sie eminent soziologisch, denn auf dem Unterschiedlichen, nicht auf dem Gleichen beruht in der Tat jegliche Geltung.

g) Trotz der Proletarisierung der Angestellten und ihrer akuten Verelendung in der Krise waren ja auch genügend Bevorzugungen übrig geblieben, kraft deren ihre Geltung sich erhielt. Übrigens verschärften sich während der Krise die Gegensätze innerhalb des Betriebes, weil der erbitterte Kampf um den Arbeitsplatz das moralische Niveau überhaupt senkte und im besonderen die Reibung zwischen Angestellten und Arbeitern, die miteinander Umgang hatten, erhöhte.

Die Krise traf, nimmt man alles in allem, die Arbeiterschaft härter als die Angestellten. Zwar gab es eine sehr große Reservearmee von arbeitslosen Angestellten, aber sie war, wie die Statistik der ausgenützten Arbeitsplatzkapazitäten beweist, relativ kleiner als die der Arbeiter, d.h. der durchschnittliche Angestellte konnte seinen Arbeitsplatz immer noch eher behaupten als der durchschnittliche Arbeiter. Wenn einige der erwähnten rechtlichen Privilegien der Angestellten auch stark bedroht waren, so wurden sie doch nicht sämtlich beseitigt. Die meisten der zitierten Angriffe von Arbeitern auf die bevorzugte Lage und Geltung der Angestellten waren mithin sachlich nicht gegenstandslos geworden.

Schließlich muß beachtet werden, daß die Angleichung der Arbeitsbedingungen von Angestellten an die der Arbeiter auf verschiedenen Stufen der Hierarchie in verschiedenem Grade erfolgt ist: Die Aushilfsverkäuferin in den Großbetrieben des Einzelhandels oder die Maschinenangestellte in den weiträumigen Bürosälen war in vielen Hinsichten, einschließlich der wöchentlichen Entlohnung, von ungelernten Arbeiterinnen kaum unterscheidbar, während relativ höhere Schichten der Angestelltenschaft an den alten Bevorzugungen noch stärker partizipierten. Dabei zeigte sich, daß die Geltung der besser gestellten Angestellten auf jene Grenzschicht, die der Lage nach mit der Arbeiterschaft verschmolz, nicht übergriff. So galt z.B. die Ehe zwischen einem Hilfsbuchhalter und einer Verkäuferin im Warenhaus

Tab. 12: Die Arbeitslosigkeit der Angestellten 1927–33[19]
(Gesamtzahlen in Tausend)

Stichtag (Monatsende)	Arbeitslose*		Sp. 3 zu Sp 2 in %
	Arbeiter und Angestellte	Angestellte	
1	3	2	4
März 1927	1331	119	9,0
Juni	736	91	12,4
Sept.	477	79	16,8
Dez.	2391	86	3,6
März 1928	1195	94	7,8
Juni	717	87	12,1
Sept.	664	80	12,0
Dez.	1830	93	5,1
März 1929	2091	113	5,4
Juni	930	115	12,4
Sept.	910	107	11,8
Dez.	1985	118	5,9
März 1930	3041	204	6,7
Juni	2641	224	8,5
Sept.	3004	261	8,7
Dez.	4384	296	6,8
März 1931	4744	339	7,2
Juni	3954	357	9,0
Sept.	4355	384	8,8
Dez.	5668	430	7,6
März 1932	6034	495	8,3
Juni	5476	520	9,5
Sept.	5103	511	10,0
Dez.	5773	522	9,0
Jan. 1933	6014	578	9,6

* 1927–29: Unterstützungsempfänger; 1930–33: Erwerbslose

in der Regel als Mesalliance; andererseits – und dies ist hier wichtiger – beurteilte der Arbeiter ›die‹ Angestellten nicht nach den Kräften, welche sein Schicksal vollständig teilten, sondern nach denen, die noch etwas mehr galten als er.

h) Die Arbeitslosigkeit der Angestellten im Verhältnis zu der der Arbeiter bedarf noch einer etwas genaueren Betrachtung. Tabelle 12 zeigt, daß die Zahl der Unterstützungsempfänger bei den Angestellten in den zwei Jahren 1927 und 1928 unter 100000 lag. Bis zu Hitlers

Tab. 13: Erwerbslose 1925–1933 nach Arbeitnehmerkategorien[20] (1925 = 100)

	insgesamt	männlich	weiblich
Angestellte in leitender Stellung	449,9	429,9	
Angestellte	424,2	401,8	475,0
Arbeiter	970,6	1042,8	674,7
Erwerbslose zus.*	—19,4	886,0	619,2

* Einschließlich der Hausangestellten.

Machtübernahme im Januar 1933 stieg die Erwerbslosigkeit ständig an: bis auf nahezu 600000. Vergleicht man diese Zahlen mit denen für alle Arbeitnehmer, d. h. Arbeiter *und* Angestellte (Spalte 2), und berücksichtigt man die Quote der Arbeitslosigkeit von Angestellten an der Gesamtzahl der Arbeitslosen (Spalte 4), so zeigt sich, daß diese Quote im Laufe der Jahre 1927–1933 keinen drastischen Veränderungen unterworfen war. Der Durchschnitt aller in Spalte 4 aufgeführten Prozentzahlen ist 8,9, d. h. etwa jeder zehnte arbeitslose Arbeitnehmer war ein arbeitsloser Angestellter. Nach der Berufszählung von 1925 aber war der Anteil der Angestellten an der Gesamtheit der Arbeitnehmer 19,5 %; d. h. etwa jeder fünfte Arbeitnehmer war ein Angestellter. Nach Maßgabe dieses groben Vergleichs war die Arbeitslosigkeit der gesamten Arbeitnehmerschaft doppelt so gewichtig wie die der Angestellten.

Ludwig Preller hat berechnet, daß im Jahre 1927 etwa 2,4 %, 1932 13,6 % aller Angestellten arbeitslos waren[21]. Aber die Krise traf die Arbeiter noch härter. Wenn die Arbeitslosigkeit im Jahre 1925 für jede Gruppe mit 100 gleichgesetzt wird, so war sie im Jahre 1933 nach der offiziellen Statistik bei den Arbeitern fast auf das Zehnfache, bei den Angestellten etwas mehr als auf das Vierfache angewachsen (vgl. Tabelle 13). Übrigens zeigt diese Statistik, daß die männlichen weit stärker als die weiblichen Arbeiter betroffen waren, während unter den Angestellten die Frauen mehr als die Männer in Mitleidenschaft gezogen waren. Schließlich ist zu beachten, daß die leitenden Angestellten keinesfalls von der Arbeitslosigkeit verschont waren.

Die saisonbedingten Schwankungen der Arbeitslosigkeit waren bei den Arbeitern sehr viel stärker als bei den Angestellten, bei denen die Arbeitslosigkeit seit September 1928 bis Januar 1933 (mit einer gering-

Tab. 14: Die Arbeitslosigkeit der Angestellten[22] nach Berufsgruppen in %

Stichtag (Monatsende)	Berufsgruppe *	arbeitslose Angestellte männlich	arbeitslose Angestellte weiblich
Dez. 1927	25	68,4	82,1
	26	16,4	16,0
	27	13,7	0,4
	28	1,5	1,5
		100	100
Dez. 1928	25	66,3	81,5
	26	11,9	17,0
	27	20,9	0,7
	28	0,9	0,8
		100	100
Dez. 1929	25	66,3	81,5
	26	11,9	17,0
	27	20,9	0,7
	28	0,9	0,8
		100	100
Dez. 1930	25	64,8	80,6
	26	9,8	17,1
	27	24,3	0,7
	28	1,1	1,6
		100	100
Dez. 1931	25	62,5	80,9
	26	8,7	16,1
	27	27,4	0,9
	28	1,4	2,1
		100	100
Dez. 1932	25	63,3	82,2
	26	8,9	14,3
	27	26,2	1,1
	28	1,6	2,4
		100	100

* 25: Kaufm. Angestellte; 26: Büroangestellte; 27: Technische Angestellte; 28: Angestellte der freien Berufe und Sonstige.

fügigen Ausnahme im September 1932) ständig anwuchs. Außerdem machte sich konjunkturell bedingte Arbeitslosigkeit bei den Angestellten wegen der längeren Kündigungsfristen etwas später bemerkbar als bei den Arbeitern. Umgekehrt wurden die Angestellten in den zwanziger Jahren Opfer technologischer Arbeitslosigkeit infolge der ›Rationalisierung‹ des Büros, von der die Arbeiter verschont blieben.

Tabelle 14, die die Arbeitslosigkeit der Angestellten nach Berufsgruppen aufschlüsselt, gewährt Einblicke in strukturelle Veränderungen, die von den Gesamtzahlen verschleiert werden. Bei einem Vergleich des Anteils der verschiedenen Berufsgruppen an der Arbeitslosigkeit der Angestellten in den Jahren 1927–1932 ergibt sich folgendes Bild. Der Anteil der kaufmännischen Angestellten und der Büroangestellten (Berufsgruppen 25 bzw. 26) dominierte besonders bei den weiblichen Angestellten, wo sie zusammen in keinem Jahr unter 96,5% lagen. Dies war eine Folge des Umstandes, daß diese Gruppen in der Kategorie angestellte Erwerbspersonen (Erwerbstätige plus Erwerbslose) dominierten.

Andererseits verringerte sich der Anteil der männlichen kaufmännischen und Büroangestellten an den erwerbslosen Angestellten von Jahr zu Jahr, während die Quote der männlichen technischen Angestellten an der Gesamtzahl der erwerbslosen Angestellten ständig zunahm. Im Jahre 1932 war sie fast doppelt so hoch (26,2%) wie im Jahre 1927 (13,7%). Der Anteil der männlichen Büroangestellten an der Gesamtzahl der arbeitslosen Angestellten in den gleichen Jahren schrumpfte dagegen auf die Hälfte[23].

2. Angestellte und Unternehmer

Der in Privilegien niedergeschlagene Geltungsvorsprung der Angestellten gegenüber den Arbeitern kostete diese nichts als Ärger und Neid, belastete die Unternehmer dagegen oft pekuniär. Der Unternehmer, nicht der Arbeiter, hatte Unkosten durch den längeren Urlaub der Angestellten, durch längere Kündigungsfristen, etc. Wenn sich im Zug einer wirtschaftlichen Krise die Profite verringern, so wächst das Unternehmerinteresse, im Angestellten lediglich den Arbeitnehmer zu sehen, der Arbeitskosten verursacht, und seine ›standesgemäßen‹ Privilegien zu vernachlässigen, zu vermindern oder zu umgehen.

Nur die symbolischen Auszeichnungen, die der Unternehmer vielen

Angestellten verlieh – bevorzugende Anredeform (»Herr Müller« statt »Müller«), Titelwesen u. dgl. – waren kostenlos. Ebenso stand es mit der Pflege des Glaubens an die Beförderungschancen durch Betriebszeitungen und Hausorgane, welche die Lebensläufe ›verdienter Mitarbeiter‹ ausführlich darstellten und sozusagen an die große Glocke hingen. Kleine Geschenke, besondere Dekorationen, lobende Erwähnungen und andere symbolische Auszeichnungen dienten dem gleichen Zweck. Der Erfindungsgabe der Vorgesetzten war dabei kaum eine Grenze gesetzt[24].

Zwischen bezahlten und kostenfreien Auszeichnungen lagen freiwillig gewährte Bevorzugungen, die trotz gewisser Unkosten aus betriebspolitischen oder allgemein-politischen Gründen gewährt wurden, um die Distanz zwischen Arbeitern und Angestellten aufrechtzuerhalten. So erstattete beispielsweise eines der größten Elektrizitätsunternehmen bei Reisen der Angestellten-Vertreter im Aufsichtsrat die Fahrkosten II. Klasse, während den Arbeiter-Vertretern nur die Kosten III. Klasse ersetzt wurden[25]. Viele Unternehmen veranstalteten gelegentlich Feste und Ausflüge für das Büropersonal, wo dann die wirtschaftliche und soziale Ungleichheit aufgehoben zu sein schien, wenn auch nur an einem Abend oder Nachmittag. Der Prokurist trank dann Kaffee mit dem kaufmännischen Lehrling, der Chef tanzte vor aller Augen mit Sekretärinnen, und die große Öde des Alltags löste sich in kleine Räusche auf. Arbeiter waren nicht miteingeladen. Es handelte sich dabei um ein Phänomen, das auf verbürgerlichte Weise den »Ventilsitten« (Thurnwald) entspricht, durch die starre gesellschaftliche Hierarchien in allen Zeitläufen und vielen Kulturen zeitweise ritualistisch aufgehoben oder umgekehrt werden: Betriebsveranstaltungen dieser Art waren sozusagen die Faschingsfeste des Büros. Andererseits trug die Abwesenheit von Arbeitern bei solchen Anlässen zur Festigung des sozialen Geltungsunterschieds bei. Die Betriebsleitungen gewährten den Angestellten Geltungsvorzüge, die den Arbeitern verwehrt waren. Alle diese Maßnahmen wurden von spezialisierten ›Psychotechnikern‹ erforscht und wegen ihrer vorzüglichen Wirkung auf das ›Betriebsklima‹ empfohlen[26].

Als die Kosten der Angestelltenpolitik gegenüber den Kosten der Arbeiterpolitik noch nicht so stark ins Gewicht fielen, wandte »mancher Unternehmer« diese Kosten »gern und freiwillig auf, um seine Position gegenüber der organisierten Arbeiterschaft durch die Betriebsbeamten zu stärken«. Hingegen zeigte sich sehr früh ein »Widerstand der selbständigen Kleinkaufleute gegen Angestelltenfürsorge«, denn diese alten Mittelständler beschäftigten ausschließlich Angestellte; für sie fielen daher die Kosten der Angestelltenpolitik seit je stark ins Gewicht[27].

Bei der Schaffung der Angestelltenversicherung im Jahre 1911 kam es in der Beurteilung und Zielsetzung der Sozialpolitik zu aufschlußreichen Konflikten, in die alle Schichten – Arbeiter, Angestellte und Unternehmer – und ihre parteipolitischen Vertreter ebenso wie die staatlichen Behörden verwickelt waren. Die grundsätzliche Frage war, ob die ursprünglich für die Arbeiter geschaffene Invalidenversicherung auf die Angestellten ausgedehnt, oder ob für diese eine Sonderversicherung geschaffen werden sollte[28].

Für die überwiegende Mehrzahl der Angestellten handelte es sich dabei um die rechtliche Anerkennung ihres ›Dienstcharakters‹; sie erstrebten eine selbständige Pensionsversicherung, die nicht nur ihr Arbeitnehmerschicksal erleichtern, sondern auch ihre Überlegenheit über die Arbeiter bestätigen sollte. Mit Ausnahme einer kleinen Minderheit, die hauptsächlich aus technischen Industrieangestellten bestand, lehnten sie daher die von den freien Arbeitergewerkschaften befürwortete Ausdehnung der Invalidenversicherung auf Angestellte ab.

Die Haltung der Unternehmer gegenüber den Angestellten war ebensowenig einheitlich wie die wirtschaftliche Interessenlage dieser Oberschicht. Die unterschiedlichen Zielsetzungen der Unternehmer den Angestellten gegenüber waren außerdem auch von allgemeinen politischen Erwägungen und Erwartungen beeinflußt. Von den Unternehmern hätte man erwarten sollen, daß sie ein Interesse an Spaltung und diskriminierender Behandlung der Arbeitnehmer hatten und daher die Sonderversicherung für die Mitglieder des ›neuen Mittelstandes‹ befürworteten. Dies traf aber zunächst eindeutig nur auf die mittelbetrieblichen Industriellen zu, die relativ liberalen Anschauungen huldigten. Geschäftsführer des Bundes der Industriellen war Gustav Stresemann, der eine Sammlungspolitik von Industrie, Handel und Mittelstand mit anti-agrarischer Stoßrichtung befürwortete. Gleichzeitig sollte die Sonderversicherung seinem Urteil nach für die Sammlungspolitik »einen Damm gegen den Sozialismus« abgeben[29]. Der Bund der Industriellen begründete seine Stellungnahme zugunsten einer Sonderversicherung für Angestellte ausdrücklich mit dem Argument, daß von ihr die Stärkung des Standesbewußtseins der Angestellten und ein Schutz gegen das Versinken der Angestellten in radikale politische und radikal-gewerkschaftliche Anschauungen zu erwarten sei.

Im Centralverband Deutscher Industrieller (CVDI) gab es dagegen Stimmen, besonders im Kreise der Großunternehmer, die mindestens zeitweise den Aufbau einer staatlichen Sonderversicherung für Angestellte verhindern wollten. Obwohl sie wie die im Bund der Industriellen zusammengeschlossenen Unternehmer daran interessiert waren, den Einfluß des 1906 gegründeten radikal-gewerkschaftlichen Butib einzudämmen, erwarteten sie von ihren betriebseigenen Kassen eine wirksamere Aufsplitterung der Arbeitnehmer. So antwortete die Deutsche Industriezeitung, das Organ des CVDI, im Jahre 1911 einmal auf die Argumente der Sammlungspolitiker, »... glaubt man, daß die im Bund der technischen und industriellen Beamten vereinigten Angestellten in den Sonderkassen ihr Bekenntnis ändern würden? ... könnte man nicht mehr wünschen, daß die noch besonnenen Angestellten durch ihre Berührung mit den Arbeitern in der allgemeinen Versicherung beruhigend auf diese einwirken? Das sind aber lediglich spekulative Erwägungen; für den Centralverband waren nur technisch-administrative Erwägungen bestimmend für seine Stellung zu den Sonderkassen.«[30] In den technischen Betrieben, sagte der CVDI, begegne der Versuch, die schlechter bezahlten Angestellten von den Arbeitern zu trennen – was bei einer Sonderversicherung notwendig sei – den größten Schwierigkeiten; Arbeitnehmer, die gleiches Einkommen bezögen, sollten von der gleichen staatlichen Fürsorge erfaßt werden. Die Erwägung, die dieser Stellungnahme zugrunde lag, wird daraus ersichtlich, daß der CVDI für möglichst weitgehende Einschränkung der Versicherungspflicht – durch Einengung der Gehaltsgruppe in der staatlichen Versicherung und durch Erhaltung der privaten Ersatzkassen – eintrat. Das wirtschaftliche Interesse an möglichst geringen Kosten der Angestelltenversicherung war also einer der Gründe, der den CVDI veranlaßte, den Ausbau der Invalidenversicherung zeitweise vorzuziehen.

In den Jahren 1911–1913 fanden allerdings die Argumente der liberalen Sammlungspolitik mehr und mehr Anhänger in den Kreisen des CVDI. Zum Beispiel hieß es in einem Beschluß des CVDI im Jahre 1913, daß »die Angestellten in ihrer Bildung und ihrer wirtschaftlichen Funktion nach ein Zwischenglied zwischen Unternehmer und Lohnarbeiter bilden und daher eine vermittelnde und im sozialen Sinne ausgleichende Stellung einnehmen«[31]. Während des Ersten Weltkriegs wuchs dann wieder die Macht und der Einfluß derjenigen Industriellen, die in der Gesellschaft der wilhelminischen Zeit ein unveränderliches Muster aller sozialen Ordnung sahen[32]. Ihre Rücksichtslosigkeit gegenüber den Angestellten trotz des erklärten ›Burgfriedens‹ trug zu einer gewissen Radikalisierung des ›neuen Mittelstandes‹ in den Kriegsjahren bei. Auch in der Nachkriegszeit waren die Unternehmer nicht geneigt, die rechtliche oder soziale Lage der Angestellten zu verbessern. In der Rationalisierungsperiode schritten sie zu Abbaumaßnahmen im Büro. Das Kündigungsschutzgesetz vom 9.7.1926 wurde von den Unternehmern abgelehnt. Der DHV klagte: »Daß es sich um ein Gesetz für eine besonders wertvolle Gruppe von Arbeitnehmern, für die Angestellten, handelt, ist auf die schroff ablehnende Haltung des Unternehmertums ohne jeden Einfluß geblieben.«[33] In der großen Wirtschaftskrise schließlich zeigten die Unternehmer nicht das geringste Interesse daran, die Angestellten zu schonen und sie ihre wirtschaftliche Abhängigkeit und Not weniger fühlen zu lassen als die Arbeiter.

Seit den Debatten über die Sonderversicherung der Angestellten wurde die Bezeichnung »neuer Mittelstand« ein Bestandteil des deutschen politischen Wortschatzes. Viele Politiker sprachen vom »neuen Mittelstand«, um den Linksparteien Wählerstimmen zu entziehen. Die Interessengegensätze zwischen dem alten unabhängigen Mittelstand und den wirtschaftlich abhängigen Angestellten wurden durch diesen euphemistischen Sprachgebrauch allerdings verdeckt, aber die oft wiederholte Behauptung, daß der Mittelstand dem sozialen Ausgleich und Frieden diene – eine Idee, die sich bis zu Aristoteles zurückverfolgen läßt – hat ihre Wirkung nicht verfehlt. Sie kam dem Streben großer Teile der Angestellten, nicht in die Arbeiterschaft abzusinken, entgegen, weil sie ihnen eine moralisch erhabene Stellung jenseits des Klassenkampfes anwies.

Wie schwierig es auch ist, die vielfältigen politischen, wirtschaftlichen und bürokratischen Einflüsse reinlich voneinander zu unterscheiden, die in Deutschland zu einer rechtlichen Sonderstellung der Angestellten geführt haben, es steht außer Frage, daß die Existenz einer radikalen Arbeiterbewegung dabei eine entscheidende Rolle gespielt hat. Die Arbeiter standen im Kaiserreich außerhalb der bürgerlichen Gesellschaft, und diese sogenannte bürgerliche Gesellschaft war ihrerseits von agrarischen, feudalen und militärischen Interessen und Wertschätzungen beherrscht. Die revolutionäre Rhetorik der Arbeiterbewegung flößte dem Staat und den Oberschichten Furcht ein. Je mehr soziales Eigengewicht dem ›Mittelstand‹ verliehen werden konnte, desto weniger ominös erschien daher die Zukunft.

Die rechtliche Privilegierung der Angestellten hat nicht nur die mittelständische Politik der anti-sozialistischen Angestelltenverbände gestützt, sondern auch die Gegensätze zwischen Angestellten und Arbeitern in *allen* Gewerkschaftsrichtungen im Kaiserreich und in der Weimarer Republik bis zu ihrem Untergang gefördert.

Kapitel VI
Mittelständische Auffassungen und Klassentheorie

In der Weimarer Republik standen sich zwei grundverschiedene Auffassungen der Angestelltenschaft gegenüber, die kurz als Klassentheorie bzw. mittelständische Theorie bezeichnet werden können. Die Klassentheorie wurde von den sozialistischen Intellektuellen und Politikern und vom Afa-Bund vertreten, während die mittelständischen Auffassungen sich großer Popularität bei allen Angestelltenverbänden erfreuten, die nicht im Afa-Bund zusammengeschlossen waren, d. h. vornehmlich bei GdA und DHV, deren Mitgliedschaft die des Afa-Bundes an Zahl weit übertraf. Unter Politikern fanden sich mittelständische Auffassungen der Angestellten bei allen Parteien von den Demokraten bis zu den Nationalsozialisten; wie stets kamen die radikalsten Formulierungen nicht eigentlich von Mitgliedern oder Funktionären der Verbände, sondern von Ideologen, deren Arbeitszentrum weder die Werkstatt oder das Büro noch der Laden war, sondern der Bereich politischer Rhetorik. Sie schrieben und redeten mehr oder minder leidenschaftlich, die Realität interpretierend, die sie selten aus eigener Erfahrung kannten. Was wußte schon Rudolf Borchard wirklich über das Leben von Angestellten, was Ernst Jäger über die Sorgen von Arbeitern? Welche konkreten Beobachtungen lagen den Phantasien Hans Freyers über das ›Volk‹ zugrunde?

Bei der Betrachtung der mittelständischen Auffassungen werden wir jedoch von den extremsten Formulierungen zunächst absehen; erst bei der Diskussion der nationalen Gesinnung der Angestellten werden wir auf sie zurückkommen müssen.

In allen mittelständischen Auffassungen wurde den Angestellten eine Position zwischen oberen und unteren Schichten, zwischen ›Kapitalisten‹ und ›Proletariern‹ zugewiesen. Unerheblich ist es, ob dabei bestimmte Arten von Schichten der Angestellten, zum Beispiel die leitenden oder die Handlungsgehilfen oder die Akademiker technisch-naturwissenschaftlicher Berufe, als besondere ›Berufsstände‹

zunächst herausgehoben wurden, wie nach den Auffassungen der christlich-nationalen Verbände, oder ob die Angestellten verschiedener Art von vorherein als ein ›Stand‹ angesehen wurden, wie in der Auffassung des GdA. Solche Unterschiede folgten aus den verschiedenen Organisationsprinzipien der einzelnen Verbände, deren Funktionäre von diesen Prinzipien aus ›Soziologie‹ trieben. Übereinstimmung herrschte jedoch stets – und das ist entscheidend – in der Zuordnung der Angestellten zu einem mittleren ›Stand‹.

Die Abgrenzung der Angestellten erfolgte dabei nach oben hin weniger deutlich als nach unten hin. Während zum Beispiel in der Klassentheorie die leitenden Angestellten nicht als Angestellte, sondern, nach dem Vorbild der Gesetzgebung und der amtlichen Statistik, als wirtschaftlich selbständig behandelt wurden, bestand hier die Neigung, die leitenden Kräfte in die Schicht einzubeziehen[1]. (Eine Parallele dazu bot das selbständige Handwerk: es war wiederholt versucht worden, durch Einbeziehung des halbindustriellen ›Großhandwerks‹ in die Handwerkswirtschaft die Schicht größer erscheinen zu lassen als sie war.) Um so strenger wurde nach unten hin abgegrenzt, gegenüber den Maschinen-Angestellten und den Arbeitern. Die üblichen Prinzipien dieser Abgrenzung müssen kurz betrachtet werden.

1. Die Arbeiter sind vorwiegend in der Produktion, die Angestellten hauptsächlich in den Sphären der Verteilung, Arbeitsvorbereitung und Verwaltung beschäftigt. Aus diesem Funktionsunterschied als solchem ist gelegentlich die gesellschaftliche Überlegenheit der Angestellten über die Arbeiter abgeleitet worden[2]. Aber diese Ableitung ist falsch. Zwar bestehen Funktionsunterschiede zwischen den beiden Arbeitnehmerarten, jedoch sind sie erstens nicht einmal immer in der Tätigkeit des einzelnen Arbeitnehmers erkennbar und können daher seine soziale Geltung nicht unmittelbar begründen; zweitens entscheidet die wirtschaftliche Funktion im Produktionsprozeß überhaupt nicht über die soziale Geltung in der Gesellschaft. Wäre mit der verteilenden Funktion in der Tat ein Vorrang derer gegeben, die sie ausüben, müßte z. B. der Dorfkrämer (mit verteilender Funktion) nicht nur dem Handwerker, sondern auch dem Industrieherrn, die beide in der Produktion tätig sind, überlegen sein. Eine soziale Qualifikation könnte mit der Ausübung verteilender oder arbeitsvorbereitender Funktionen nur verknüpft sein, wenn diese Funktionen den im engeren Sinn produktiven übergeordnet wären. Da jedoch die Kooperation aller dieser Tätigkeiten wirtschaftlich notwendig und keine Funktion entbehrlich ist, auch nicht eine leichter als die andere vermißt

werden kann, besteht keine autonome Rangordnung der Funktionen. Infolgedessen ergibt sich aus ihrer Verschiedenheit keine soziale Hierarchie der Personen, die diese Funktionen ausüben.

Damit erledigt sich auch die Meinung, daß aus der distributiven, arbeitsvorbereitenden, verwaltenden Eigenart der Leistungen ein besonderes ›Berufsbewußtsein‹ der Angestellten folge. Abgesehen davon, daß es jedenfalls als Funktionsbewußtsein, nicht als Berufsbewußtsein zu bezeichnen wäre, bestand bei den Personengruppen, die distributive, arbeitsvorbereitende oder verwaltende Aufgaben zu lösen hatten, keine Einheitlichkeit der Haltungen oder des Ansehens. Der Makler, die Blumenverkäuferin, der Korrespondent in einer Großhandelsfirma, sie alle sind distributiv tätig. Hinsichtlich Geltung, Haltung, Sozialbewußtsein unterscheiden sie sich aber sehr. Die Differenziertheit der sozialen Haltungen und Geltungen beruht offenbar nicht auf Funktionen, die zu anderen Erkenntniszwecken unterschieden werden: zu der theoretischen Erfassung des gesamten Wirtschaftsprozesses (Distribution, Produktion) oder der betriebswirtschaftlichen Vorgänge (Verwaltung – Arbeitsvorbereitung usw.). Auch die negative Bestimmung, daß der Angestellte jedenfalls nicht ›produktiv‹ in dem Sinne sei, in dem es der Arbeiter ist, nützt wenig, weil sehr viele andere Schichten der Gesellschaft hierin den Angestellten gleichen, ohne ihre spezielle Stellung einzunehmen oder ihrer Geltung teilhaftig zu sein; auch sind andererseits Bauern und Landarbeiter in dem hier gemeinten Sinne wie Arbeiter produktiv, ohne mit diesen eine soziale Einheit gleicher Ordnung zu bilden.

2. Belangvoller ist es dagegen zu betonen, daß die meisten Angestellten ein anderes Verhältnis zur Ware haben als die Arbeiter. Die Arbeiter begegnen ihr als konkretem Stoff, den sie gewinnen, bearbeiten und bewegen, während die Angestellten mit ihr in einer abstrakten Form umgehen. Sie haben mit ihr zu tun als Name oder als Zahl, als Chiffre oder als Zeichnung, als Maß oder als Muster, in dem dargestellten technischen oder chemischen Charakter oder in dem bezeichneteten Preis usw. (Eine wichtige Ausnahme macht das Verkaufspersonal, das aber eben Waren an Menschen verteilt, was der Arbeiter in diesem Sinne niemals tut.) Dieser Gegensatz besteht zweifellos. Aber auch er begründet keinen sozialen Vorrang der Angestelltenschaft, es sei denn, man setzte ihn fälschlicherweise gleich mit dem Unterschied zwischen körperlicher und geistiger Arbeit, behauptete den Vorrang der geistigen Tätigkeit und setzte sich über die oft geäußerten Bedenken hinweg, die einer reinlichen und tauglichen Scheidung von geisti-

ger und körperlicher Arbeit entgegenstanden. Auch der Rechtsbegriff des Angestellten war nur mit dem Merkmal gebildet, daß die Tätigkeit »nicht überwiegend körperlich« sein dürfe[3].

3. Der richtigen Bestimmung der sozialen Überordnung der Angestellten über die Arbeiter kam die mit besonderer Energie von DHV vertretene Ansicht näher, daß die Tätigkeit der kaufmännischen Angestellten als von Unternehmern »delegiert« aufzufassen sei. Es hieß, daß die kaufmännischen Angestellten, »vom Hilfsbuchhalter angefangen bis zum verantwortlichen Prokuristen an der kaufmännischen Leitung des Unternehmens mitwirken«[4]. Dadurch, daß die Unternehmer Funktionen an die kaufmännischen Angestellten delegiert hätten, unterschieden sich die Handlungsgehilfen angeblich nicht nur von den Arbeitern, sondern auch von den Technikern und Werkmeistern, deren Arbeit »mehr derjenigen hochqualifizierter Arbeiter ähnele«[5]. Bis in die Überlegungen der Funktionäre setzte sich also die im Betrieb aktuelle Rivalität zwischen kaufmännischen und technischen Angestellten fort. Ein an dem Streit desinteressiertes Urteil aus dem Arbeitgeber-Lager lautete: »In Großbetrieben (der Industrie)... erfreut sich die Arbeit des Ingenieurs einer größeren Wertschätzung. In dem einen Betrieb genießen die Techniker, in dem anderen die Kaufleute besonderes Ansehen. Die höhere Bewertung des Technikers ist im allgemeinen wohl darauf zurückzuführen, daß er die primäre Tätigkeit ausübt..., auf der sich die sekundäre, die verteilende des Kaufmanns aufbaut. Zu dieser Höherbewertung trägt auch bei, daß der Techniker durch seine längere Vorbildung sich größere Kenntnisse erworben hat; schließlich spricht... auch der Umstand mit, daß die wissenschaftliche Bildung des Kaufmanns im allgemeinen mit der kaufmännischen Lehre und dem Besuch einer Handelsschule abgeschlossen ist, der Techniker dagegen nach der ganzen Art seiner Tätigkeit ständig nach einer Erweiterung seiner wissenschaftlichen Kenntnisse streben muß.«[6]

Als Begründung einer mittelständischen Auffassung der kaufmännischen Angestellten im allgemeinen war die These der Delegierung von Unternehmerfunktionen unhaltbar. Silbermann, der seinerseits eine mittelständische Auffassung der Angestelltenschaft vertrat, hat gegen sie eingewandt, daß zahlreiche Handwerker und Kaufleute die Tätigkeit von Unternehmern, Angestellten und Arbeitern in sich vereinen und daß auch viele Arbeiter ihre Funktion als unternehmerische Teilfunktion betrachten könnten. Die These des DHV sei also »nicht erschöpfend und nicht richtig«[7]. Diese Kritik war stichhaltig, im besonderen auch deshalb, weil die Unternehmer-Funktionen der historischen Entwicklung des Wirtschaftssystems unterworfen sind. Auf das Verkaufspersonal im Handel traf in der Tat die These des DHV nicht zu, man hätte denn die alleinwirtschaftenden Inhaber eines Ladengeschäfts für die eigentlichen Unternehmer gehalten. Aber auch in bezug auf die breiteren unteren Angestelltenschichten im industriellen Betriebe konnte nur unter der Voraussetzung an ihr festgehalten werden, daß die späterhin abgespaltenen Unternehmerfunktionen im Alleinmeister des Handwerks einheitlich zusammengefaßt seien. Es ist ersichtlich, daß unter dieser (notwendigen) Voraussetzung nicht nur die kaufmännische Angestelltentätigkeit, wie der DHV meinte, nicht nur die Tätigkeit vieler Arbeiter, wie Silbermann hinzufügte, sondern schließlich die aller Arbeiter, einschließlich der niedrigsten ungelernten Hilfskräfte, als delegierte Unternehmertätigkeit aufgefaßt werden müßten. Aber es war schon gewaltsam, die Arbeit der Hilfsbuchhalter, des Personals, das Schreibmaschinen bedient, Kartotheken führt, Schriften in Ordnung hält oder Geld zählt, kurz die spezialisierte Teilarbeit der untergeordneten Kräfte im Büro für delegierte Unternehmerarbeit zu erklären. Nicht für die gesamte Angestelltenschaft also, sondern nur für eine kleinere Oberschicht bestand die Bestimmung allenfalls zu Recht.

Für die Gesamtheit der Angestellten kam die erwähnte These der richtigen Bestimmung nur insofern näher, als sie die soziale Privilegierung der Angestellten nicht mehr allein aus den volkswirtschaftlichen Aufgaben als solchen abzuleiten trachtete, sondern grundsätzlich aus der Entscheidungsfunktion darüber, in welcher Weise diese Aufgaben ausgeübt werden sollten: diese Funktion steht nur bestimmten Personen mit erfolgreich erhobenem Herrschaftsanspruch zu. Es ist nun methodisch richtig, die soziale Geltung der Angestellten von der Macht und Geltung derjenigen Personen abzuleiten, welche die Angestellten an ihr partizipieren lassen. Dieser Zusammenhang, in dem übrigens nicht alle Prinzipien der Geltung enthalten sind, ist später ausführlicher und präziser zu entwickeln. Hier genüge zunächst die Feststellung, daß es genauer ist, statt von delegierter Leitung von delegiertem Ansehen und statt von delegiertem Unternehmeransehen von delegiertem Unternehmer- und Arbeitgeberansehen, zusammengefaßt: von delegiertem Ansehen der ›Kapitalisten‹ zu sprechen. Das letzte deshalb, weil das Gesicht des Unternehmers nach außen, auf Konkurrenten und Konsumenten, das des Arbeitgebers nach innen, auf die Belegschaft seines Betriebs gerichtet ist, und der Kapitalist (als soziologischer Typ) aus beiden Richtungen soziale Hochschätzung genießt. Ähnlicherweise hängt das Ansehen des Angestellten nicht nur von seiner Stellung in der Betriebshierarchie ab, sondern auch von der Bedeutung des Unternehmens, in dem er beschäftigt ist. Der Buchhalter in einem von vielen mittleren Betrieben ist trotz gleicher Bezahlung geringer angesehen als ein Buchhalter, der für ein ›namhaftes‹ Unternehmen arbeitet. Auch die soziale Selbsteinschätzung des Angestellten wird von diesem Unterschied betroffen.

4. Mit der Ansicht, daß der kaufmännische Angestellte delegierte Unternehmerfunktionen ausübe, verband sich oft engstens die Meinung, er habe einen Beruf und sei infolge des besonderen, dem Beruf angemessenen Bewußtseins vom Arbeiter unterschieden. Diese Meinung war unter den bestehenden Verhältnissen als Grundlage einer mittelständischen Theorie der Angestellten noch weniger tauglich.

Es wäre sehr oberflächlich gewesen, Berufsbewußtsein, Berufsstolz, Berufsehre bei den Angestellten, nicht aber bei den Arbeitern zu suchen. Zweifellos war dies alles bei qualifizierten Arbeitern deutlicher ausgeprägt als bei den Handlungsgehilfen. Zünftlerische Traditionen hatten sich in einzelnen Arbeiterberufen besonders lebendig erhalten, weil noch immer das Handwerk an der Ausbildung des Nachwuchses stark beteiligt war und weil die Verbände der Arbeiter als ›Berufsverbände‹ entstanden waren, während sich die Organisationsbasis vieler Angestelltenverbände von Anfang an über mehrere Branchen erstreckt hatte. Der Wechsel von einer Branche zur anderen war im übrigen vielen Angestellten grundsätzlich möglich, da ihre Funktion berufsjenseits ist, wenn man unter ›Beruf‹ den Inhalt einer bestimmten Leistung versteht.

Allerdings wurde mit ›Berufsverbundenheit‹ zuweilen etwas anderes gemeint. In den Plänen einer ›berufsständischen‹ Gliederung der Gesellschaft bedeutete ›Beruf‹ die Verpflichtung zum ›Dienst‹ in einer bestimmten Branche ohne Ansehen des sozialen ›Rangs‹. Die hierbei vorschwebenden Vorstellungen von ›Beruf‹, ›Berufsstand‹ und ›berufsständischer Ordnung‹ waren faschistischen Ursprungs, aber der Klassentheorie allerdings ebenso entgegengesetzt wie die mittelständische Auffassung der Angestellten. Die berufsständische These des DHV suchte indessen die soziale Privilegierung der Angestellten (innerhalb der ›Berufsstände‹ im neuen Sinn) damit zu begründen, daß sie jedenfalls die kaufmännischen Angestellten als eine Berufsgruppe verstand[8]. Jeder Beruf umfaßt jedoch Menschen verschiedener sozialer Lage und Geltung: Arbeitgeber, Angestellte, Arbeiter. Bildeten die kaufmännischen oder technischen Angestellten einen besonderen Stand, so jedenfalls keinen ›Berufsstand‹. Die Zugehörigkeit zu ihrer ›Standesorganisation‹ erwarben sie nicht aufgrund eines Berufes, sondern aufgrund ihrer sozialen Stellung im Beruf; Arbeiter und Unternehmer des gleichen Berufes wurden nicht aufgenommen. Mit Recht hat Sombart gesagt, daß ein Arbeitgeberverband und ein Arbeitnehmerverband nicht zwei Berufsverbände seien, sondern gar keiner[9].

In der modernen Gesellschaft mit entwickelter Arbeitsteilung ist ja im übrigen die sogenannte Berufsarbeit an sich gar nicht geeignet, eine Gemeinschaft zwischen den Menschen mit gleicher Tätigkeit zu stiften. Stetigkeit der Berufsarbeit, in der Lehre zu erwerbende Meisterschaft, den Beruf auszuüben, Möglichkeit, das Betriebsganze zu überschauen und die Chance, einen Lebenssinn mit der Berufstätigkeit zu verknüpfen, sind einige der Bedingungen, unter denen es möglich ist, daß wirklich primär von den Berufen aus Inhalt und Form des sozialen Lebens bestimmt wird und daß Gleichheit des Berufs Menschen verbindet. Diese Bedingungen waren in der Wirklichkeit meist nicht mehr erfüllt, jedenfalls nicht für die unteren und mittleren Angestellten.

Die für jeden Angestellten bestehende Gefahr, unverschuldet arbeitslos zu werden, verbot es, von einer Stetigkeit ihrer Berufsarbeit zu sprechen. Nicht nur das Gros der Angestelltenschaft, sondern in weitgehendem Maße auch die Elite, die leitenden Kräfte, waren in ihrem ›Berufsschicksal‹ abhängig von der Konjunktur. Der Zusammenbruch eines Unternehmens, eine technische Neuerung, eine Fusion, nicht Verdienst und Leistung entschieden auch über ihr Leben, wie über das der Masse, von der sie sich als ›neuer sozialer Typus‹ abzuheben trachteten[10]. Im Jahre 1929 hat z. B. die Vela die Gründe des Abbaus von 537 stellenlosen leitenden Mitgliedern erfragt. Es waren in 174 Fällen Konkurs, Liquidation, Stillegung, in 93 Betriebs- und Personaleinschränkung, in 54 Rationalisierung und Umorganisation, in 42 Fusion, Wechsel des Firmeninhabers, in 102 Fällen verschiedenes wie »zu teuer«, »zu alt«, Krankheit, Intrige. Nur bei 12 leitenden Angestellten war der Grund Unzufriedenheit mit der Leistung[11].

Die Masse der Angestellten verrichtete Teilarbeit; »wer aber nur eine kleine Teilarbeit verrichtet, kann an der ganzen Arbeit kaum ein lebendiges Interesse gewinnen«[12]. Das heißt, der Beruf war zerfallen. Nirgends zeigte sich dies deutlicher als in der Ausbildungsart des Nachwuchses. Die Lehrlinge wurden nur noch ausnahmsweise mit einem ganzen Beruf durch die Ausbildung im Betriebe vertraut gemacht, nur ausnahmsweise befähigt, den Überblick über das Ganze zu gewinnen.

1925 waren in Preußen Lehrlinge: 9% der in Industrie und Handwerk, 14,5% der in Handel und Verkehr als erwerbstätig erfaßten Angestellten. In den folgenden Jahren fanden starke Verschiebungen zuungunsten der erwachsenen Arbeitnehmer statt. 1930 entfiel ein Lehrmädchen auf jede weibliche Handelsangestellte; in den Kleinhandelsgeschäften war nur jede vierte Verkäuferin kein Lehrmädchen[13]. Je weiter die Krise fortschritt, desto mehr erstarkte die Neigung, im Lehrling nicht den Lernenden, sondern die besonders billige Arbeitskraft zu sehen. Kleinere Betriebe, in denen es mehr ›Lehrlinge‹ als erwachsene Angestellte gab, waren 1932 keine Seltenheit mehr. Im übrigen stellte der DHV fest, daß mit steigender Betriebsgröße die Waren- und Fabrikationskenntnis der Lehrlinge abnahm; und eine Umfrage, die der GdA im Herbst 1931 veranstaltete, ergab, daß ein großer Teil der Lehrlinge in wichtigen Zweigen des Berufs überhaupt nicht mehr ausgebildet wurde. Das Ausmaß der Lücken war fast unglaublich.

Tab. 15: Ausbildung von GdA-Lehrlingen im dritten Lehrjahr[14]

% nicht ausgebildet in:	Kleinhandel	Großhandel	Industrie
einfachem Briefwechsel	73	47	29
Briefwechsel nach Diktat und Stichworten	83	52	36
Buchhaltung	84	66	63
Kontokorrentführung	93	96	78
Warenbehandlung	58	42	31
Lohnrechnung	95	96	52
selbständiger Kundenbedienung	13	–	–

Konnte man angesichts dieser Zahlen behaupten, daß in der Lehre Menschen ausgebildet wurden, die ihren Beruf beherrschten und in ihm eine Lebensaufgabe erkennen konnten? Die außerordentliche Mühe, welche die Angestelltenverbände an die berufliche Schulung ihrer jugendlichen Mitglieder verwendeten, wurde ja von ihnen ausdrücklich mit dem Hinweis darauf begründet, daß die Ausbildung im ›Beruf‹ unzureichend sei.

Weder der Hinweis auf einen besonderen Beruf noch der auf eine besondere Funktion im Wirtschaftsprozeß war also geeignet, eine mittelständische Auffassung der Angestellten als soziale Schicht zu begründen. Von ›delegierter Unternehmertätigkeit‹ konnte man nur in bezug auf eine kleine Minderheit der Angestellten sprechen. Die Angestelltenschaft umfaßte viele Arbeitnehmer sehr verschiedenen sozialen Ranges, so daß nur eine schmale Spitze der Schicht sich in gesellschaftlicher Nähe der Unternehmer befand. Außerdem hatte selbst die soziale Geltung dieser kleinen Minderheit auf den höchsten Stufen der Rangordnung wie auch die der mittleren Schichten der Angestelltenschaft noch andere Gründe als die Delegierung von Ansehen im Betrieb.

Bevor wir uns den Grundlagen der sozialen Geltung zuwenden, müssen wir kurz die der mittelständischen Auffassung entgegengesetzte Theorie betrachten, welche die soziale Geltung, das politische Handeln und die Meinungen der Angestellten aus ihrer Klassenlage abzuleiten versuchte. Diese Theorie eröffnet zunächst eine tiefere Einsicht in die wirtschaftlichen Lebensbedingungen der angestellten Gehaltsempfänger, stößt aber auf sehr große Schwierigkeiten, wenn sie die soziale Geltung und die politischen Orientierungen der Angestellten zu bestimmen versucht.

Nach der Klassentheorie sind die Angestellten Proletarier. Ihre Lage in der Gesellschaft gleicht der der Arbeiter: wie diese sind sie gezwungen, ihre Arbeitskraft auf dem Arbeitsmarkt zu verkaufen, führen in ihrer Abhängigkeit von Konjunktur und Krise ein prekäres wirtschaftliches Leben, stehen im Interessengegensatz zu den Unternehmern und können die Verbesserung ihrer Lohnverhältnisse, ihrer Arbeitsbedingungen im Betrieb und ihrer wirtschaftlichen Lebensaussichten lediglich von kämpferischen, kollektiven Aktionen erwarten. Die Auffassung des Angestellten als eines proletarischen Arbeitnehmers beruht auf Voraussetzungen der marxistischen Klassentheorie. Nach ihr bilden die Angestellten keinen Stand, sondern sie sind ein Teil der Arbeiterklasse.

In der Tat hatte sich seit dem letzten Drittel des 19ten Jahrhunderts die wirtschaftliche Lage vieler Angestellten den Arbeitsbedingungen der Arbeiter angeglichen. Verselbständigung war seltener, wirtschaftliche Verunsicherung größer geworden, die Arbeitsfunktionen wurden mehr und mehr spezialisiert und bald auch mechanisiert; der Abstand des durchschnittlichen Angestellten vom Unternehmer wuchs, während sich in bezug auf seine Arbeitsbedingungen und sein Lebensschicksal die objektive Distanz von den Arbeitern mehr und mehr verringerte.

Die Klassentheorie der Angestellten erhielt durch die Vergewerkschaftung der Angestelltenverbände nach der Staatsumwälzung 1918 einen großen Auftrieb. Bedeutete die Vergewerkschaftung nicht die endgültige Liquidierung berufsständischer Politik und die Anerkennung der Klassenlage, d. h. der grundlegenden sozialökonomischen Konflikte zwischen Angestellten und Unternehmern? Die mittelständische Vorstellung, als Angestellter ein privater ›Beamter‹ zu sein, schien zu verblassen. Selbst eine gewisse organisatorische Annäherung von Angestellten- und Arbeiterverbänden ließ sich bei allen Gewerkschaftsrichtungen feststellen. Wenn all dies als Zeugnis wachsender Einsicht der Angestellten in ihre Lage als Teil der proletarischen Klasse gedeutet werden konnte, so muß dennoch betont werden, daß die Angestellten, die ›neuen Proletarier‹, mit der Vergewerkschaftung ihren sozialen Geltungsvorsprung gegenüber dem ›alten‹ Arbeiter-Proletariat nicht aufgaben. Wenn man von einer relativ kleinen, radikalen Minderheit absieht, so bedeutete die Vergewerkschaftung auch keineswegs, daß die Angestellten sich anti-kapitalistischen Bestrebungen und sozialistischen Zielen zuwandten.

In diesem Zusammenhang ist zunächst zu bemerken, daß gewerkschaftliche Bemühungen um Erhöhung der Löhne und Verbesserung der Arbeitsbedingungen nicht die Vergesellschaftung der Produktionsmittel herbeiführen und nicht einmal notwendigerweise mit der sozialistischen Forderung nach solcher Vergesellschaftung verknüpft sind. Im Gegenteil, auch bei den Arbeitern wurde die sozialistische Idee von der praktischen Tagesarbeit der Gewerkschaften schon in der Vorkriegszeit verdrängt. Das Bekenntnis zum Sozialismus wurde eine Art rhetorischer Tribut, den die Funktionäre der reformistischen Bewegung zollten, um den sozialdemokratischen Arbeitern ihre vom Staat verwehrte politische und moralische Würde zu bestätigen. Solche Bekenntnisse verpflichteten nicht zur sozialen Revolution, sondern erhöhten die Solidarität in Kämpfen für sozialen Fortschritt und sozialdemokratische Mandate. Auch das ›alte‹ Proletariat kämpfte also nicht in erster Linie für die Verwirklichung des Sozialismus, sondern für die Hebung seines Lebensstandards. Man kann dies als eine Erscheinung der Verbürgerlichung des alten Proletariats bezeichnen und dann fragen, warum denn die Angestellten in der Verfolgung ihrer Interessen weniger ›bürgerlich‹ hätten sein sollen als die Arbeiter.

Aber für die Klassentheorie liegt das eigentliche Angestelltenproblem in der unbestreitbaren Tatsache, daß die große Mehrheit des sog. ›neuen Proletariats‹ trotz Vergewerkschaftung weder mit noch neben dem ›alten Proletariat‹ politisch aktiv wurde, sondern Unterschiede mehr als Gemeinsamkeiten betonte: die Mehrzahl der Angestellten bestand trotz ihrer gewerkschaftlichen Tätigkeit nach wie vor auf sozialer Überlegenheit über die Arbeiter. Sie verabscheuten oder verunglimpften auch die allgemein-politischen Werte, die der Mehrzahl der Arbeiter in der Weimarer Republik teuer waren: Demokratie, Parlamentarismus, Aussöhnung und Verständigung mit den Siegermächten im Ersten Weltkrieg, etc. Sozialpolitisch bedeutete die Vergewerkschaftung der bürgerlichen, anti-sozialistischen Angestelltenverbände keineswegs, daß sie ihre mittelständischen Vorstellungen aufgegeben hatten. Vielmehr zeigte sich in der Verteilung der organisierten Angestellten auf die drei Gerwerkschaftsrichtungen, daß im Verlauf der Weimarer Jahre die ›bürgerlichen‹ Verbände nicht nur an Umfang und Bedeutung zunahmen. Gegen Ende der Weimarer Republik wurde von ihnen auch das mittelständische Selbstverständnis der Angestellten wenn möglich noch schärfer betont als zu ihrem Beginn. So hieß es 1931 in einer programmatischen Schrift des GdA, der ja politisch noch gemäßigter war als der DHV: »Der Handlungsgehilfe, der Techniker, der Werkmeister, der Büroangestellte in der Vergangenheit, sie waren meilenweit entfernt von politischem Denken und Fühlen... Krieg, Revolution und Nachkriegszeit haben an dieser inneren Haltung der deutschen Angestelltenschaft nichts zu ändern vermocht. Im Gegenteil, stärker als je fühlt sich der Angestellte von heute als Zugehöriger des ›neuen Mittelstandes‹.«[15]

Die Klassentheorie erklärte die mittelständische Ausrichtung der bürgerlichen Angestelltenverbände aus dem ›falschen Bewußtsein‹. Wie aber erklärte sie das falsche Bewußtsein? Die Mittel, über die sie verfügte, einsichtig zu machen, daß praktisch sein konnte, was theoretisch nicht sein durfte, waren gering. Am häufigsten wurde dieses falsche Bewußtsein allgemein als Rückständigkeit aufgefaßt. Infolge eines unterschiedlichen Entwicklungstempos in den Veränderungen der Produktionsverhältnisse einerseits und der Auffassungen, welche die Menschen von ihnen gewinnen, ergebe sich die Möglichkeit ›unzeitgemäßen‹, historisch veralteten Denkens. Bei den Angestellten sei die Tradition einer unproletarischen bürgerlichen Vergangenheit noch lebendig; sie verhindere die Erkenntnis der gegenwärtigen sozialen Lage. Es sei jedoch nur eine Frage der Zeit, bis die soziologische Aufklärung Licht in diese von Wünschen, Erinnerungen, Gewohnheiten und Ressentiments getrübte Situation bringen werde. In der bündigsten Ideologiekritik dieser Art[16], die vor 1933 erschien, wurde die Geschichte der Angestelltenschaft in drei Abschnitte zerlegt, jeder Epoche eine idealtypische Ideologie und schließlich jeder Hauptrichtung der Angestelltenverbände die ihr entsprechende Ideologie zugeordnet. Danach ergab sich ein Bild, in dem sämtliche nicht-sozialistischen Verbände im Bann der Vergangenheit lebten; nur der freigewerkschaftliche Afa-Bund stand auf der Höhe der Zeit. Nur er vermittelte das ›richtige‹ Bewußtsein, weil seine Auffassung der Angestellten als ›neuer Proletarier‹ dem gegenwärtigen Stand der wirtschaftlichen Entwicklung entspräche. So ergab sich das folgende Schema:

Soziale Position	dazugehörige Ideologie	heutige Organisation
1. Stadium: Gehilfe des Arbeitgebers	*Noch nicht* Arbeitgeber	Vela
2. Stadium: »Neuer Mittelstand«	*Nicht* Arbeiter, sondern *neue* Klasse *zwischen* »den« Klassen	DHV, GdA
3. Stadium: »Angestellter«	*Nicht* Arbeiter, aber Teil des Proletariats	Afa-Bund

An dieser Kritik, die das Fazit dessen ist, was die Klassentheorie zum Phänomen der Geltung zu sagen hatte, fällt der geringe Grad von Exaktheit auf. Ist es doch schon fraglich, ob der Begriff der Tradition sich mit den Kategorien der Klassentheorie vereinbaren läßt, jedenfalls sollte er nur benutzt werden, wenn aufgezeigt wird, kraft welcher Institutionen und welcher gegenwärtigen sozialen Verhältnisse das früheren Produktionsverhältnissen entstammende und angemessene Bewußtsein sich behaupten kann [17]. Wird dieser Nachweis unterlassen, so ist der Zusammenhang zwischen ›Sein‹ und ›Bewußtsein‹ zerstört.

Auch mittelständische Auffassungen leiteten das ›Sozialbewußtsein‹ der Angestellten aus ihrer Tradition ab [18], die sie freilich im Gegensatz zur Klassentheorie nicht negativ, sondern positiv bewerteten, d.h. statt als Irrtum als besonders wertvollen Bürgen der sozialen Geltung. Die Exaktheit dieser Ableitung läßt hier in gleichem Maße wie dort zu wünschen übrig, kann aber hier eher vermißt werden, weil die mittelständische Auffassung methodisch nicht auf der Voraussetzung beruhte, daß ›Sein‹ und ›Bewußtsein‹ zusammenhängen.

Noch eins: Weil die Vertreter der Klassentheorie über die Tradition mit der Raschheit derer hinweggingen, die im Besitz der rationalen Erkenntnis zu sein glaubten, und da sie einen Kampf gegen diejenigen ›Ideologen‹ führten, welche die Geltung der Angestellten von der Tradition aus erklärten, hatten sie keine Möglichkeit, sich gegen die Angriffe auf die Geltung der Angestelltenschaft zu wehren, welche von der Arbeiterschaft ausgingen. Zwar wurde erklärt, daß der Angestellte, wenn auch Proletarier, so doch nicht ›Arbeiter‹ sei. Aber das Unterscheidende hat für die Vertreter der Klassentheorie niemals im Zentrum der Überlegung gestanden. Als Nörpel[19] bestimmte Vorrechte der Angestelltenschaft im Interesse der Arbeiter und im Kampf für den Aufbau des kollektiven Arbeitsrechts angriff, konnten sie nicht anders parieren als mit Argumenten, die der mittelständischen Auffassung nahe verwandt sind. Während Nörpel erklärte, daß zwischen Arbeitern und Angestellten in der Arbeitsleistung kein grundsätzlicher Unterschied bestände, sondern diese nur rechtlich bevorzugt seien, legten die Vertreter der proletarischen Angestellten dar, daß die Angestellten »nun einmal... besondere Funktionen« ausübten. »Wenn etwa ein Kampf gegen das bestehende Angestelltenrecht... auch nur das geringste mit Sozialismus zu tun hätte, dann wäre Sozialismus die Einebnung aller Arbeiter auf der jeweils niedrigsten Stufe. Sozialismus ist genau das Gegenteil... Es ist doch richtig, daß Sozialismus nur dann geschaffen werden kann, wenn auch die qualifizierten Arbeiterschichten, also auch die Angestellten, dafür gewonnen werden.«[20] Gleichviel, ob diese Entgegnung richtig war oder falsch, jedenfalls genügte ihr als Stütze nicht die Theorie, daß die Angestellten Proletarier seien; sie entstammte vielmehr einer modifizierten Klassentheorie, in welcher die proletarische Klasse als in sich hierarchisch geschichtet erschien.

Über die Prinzipien dieser Modifizierung ist jedoch nicht genauer nachgedacht worden: Man wäre gezwungen gewesen, die Bedeutung und den Inhalt dessen, was soziale Geltung ist, einer Analyse zu unterziehen, die – ins Prinzipielle gewendet – zur Einschränkung der marxistischen Theorie vom ›falschen‹ und ›richtigen‹ Bewußtsein hätte führen müssen. Mit anderen Worten, in dieser Entgegnung erschienen die proletarischen Angestellten plötzlich als qualifizierte Arbeiter, was zwar auf die relativ konservativen Werkmeister, aber nicht gerade auf den Durchschnitt der im ZdA und Butab organisierten kaufmännischen und technischen Angestellten zutraf.

Kapitel VII
Die Grundlagen der sozialen Geltung

Um die sozialen Geltungsansprüche der deutschen Angestellten genauer zu verstehen, muß zunächst betont werden, daß die deutsche Gesellschaft zu Zeiten der Weimarer Republik zwar eine kapitalistische Gesellschaft war, aber eigentümlich deutsche Züge trug. In dieser Gesellschaft bildeten Adel, Reichtum, staatliches Amt – sowohl ziviler wie militärischen Charakters –, Bildung, Religionszugehörigkeit und ›Rasse‹ einen Pluralismus von sozialen Wertschätzungen, denen verschiedene Herrschaftsvorstellungen, verschiedene Ideale sozialer Rangordnung, verschiedene soziale Auszeichnungen und Stigmata und verschiedene Lebensstile entsprachen.

Diese Wertschätzungen, die ethischen Grundlagen der gesellschaftlichen Rangordnung, waren einander wesensfremd. Die Art des sozialen Ansehens, das der Beamte kraft seiner Teilhaberschaft an der staatlichen Macht genoß und beanspruchte, widersprach z. B. der Geltung des Industriellen, sofern sie auf Reichtum und wirtschaftlichem Erfolg beruhte. Der Unternehmer genoß Ansehen wegen seines Kapitalbesitzes. Das Ansehen des Beamten war nicht an seinen Reichtum, sondern seinen ›Dienst‹ gebunden, obwohl der höhere Beamte freilich auf einer höheren Besoldungsstufe stand. Ein unterer Beamter war höher angesehen als ein Arbeiter gleichen Einkommens, und unter Beamten gleichen Einkommens wurde der sog. Hoheitsbeamte höher geschätzt als der sog. Betriebsbeamte, der z. B. bei der Eisenbahn arbeitete.

Ähnliche Rangunterschiede bestanden innerhalb der aufgrund anderer Wertschätzungen geformten Hierarchien. Ebenso wie im Ancien Régime der französische Geburtsadel höher angesehen war als der Beamtenadel, so wurden in Deutschland alter Adel und alter Reichtum dem neuen Adel und neuen Reichtum vorgezogen. Beim Militär bestimmte nicht nur Offiziersrang das Ansehen, sondern auch der Ruf des Regiments, was sich unter anderem im jeweiligen Prozentsatz der adligen Offiziere ausdrückte. Zu Zeiten Wilhelms II. spottete man in Adelskreisen: »Wir haben sieben Kürassierregimenter, das achte steht in Köln«, wo nämlich die Söhne bürgerlicher Magnaten und Industrieherren dienten[1]. In bezug auf das Ansehen, das durch Bildung gewonnen und dem Gebildeten gewährt wurde, gab es Rangunterschiede, die auf dem Gegensatz von humanistischer und naturwissenschaftlicher Bildung beruhten, und darüber hinaus feinere Unterschiede, die sich auf Fakultät und Fach bezogen. Allgemein gesprochen ist natürlich die Geltung des Offiziers und des Gebildeten nicht in allen Gesellschaften gleich. Sowohl der Offizier wie der Universitätsprofessor genossen im deutschen Kaiserreich und der Weimarer Republik höheres Ansehen als z. B. in den Vereinigten Staaten. Das gleiche trifft auf den Staatsbeamten und den Angestellten zu.

Die sozialen Geltungsbereiche der verschiedenen Wertschätzungen sind niemals festumrissen: aufstrebende Schichten behaupten zum Beispiel, daß die ihren Geltungsansprüchen zugrunde liegenden Wertschätzungen denen der herrschenden Schichten moralisch überlegen sind, andererseits suchen sie die fremde Ehre zum Prestige zu entwerten und auch dieses zu zerstören oder an ihr durch Connubium, individuellen Aufstieg u. a. zu partizipieren. Die bedrohten Schichten dagegen trachten in Anpassung an die jeweilige Machtverteilung danach, entweder den sozialen Geltungsbereich ihrer Wertanschauungen abzuriegeln oder nachgiebig zu verbreitern. So begann zum Beispiel der Adel gegen Ende des 18. Jahrhunderts »mit bürgerlichem Ernst zu studieren«. Er setzte dadurch – schrieb der nichtadlige Schlözer[2] – »seiner Geburtsnulle eine Eins vor und behauptete sich dadurch aufs neue in seinem alten Übergewicht über den Bürgerstand«; er tat es nach Maßgabe des konkurrierenden Geltungsprinzips der Bildung. So verbanden sich besonders in Deutschland im 19. Jahrhundert die Geltungsprinzipien ›Besitz und Bildung‹. So drangen vor dem Kriege mehr und mehr Bürgerliche in das Offizierskorps ein, freilich vor allem zunächst in Truppenteile, in denen das Reiten nicht den Ausschlag gab, und die der Adel deshalb oder wegen des neueren technischen Dienstes (Pioniere, Fußartillerie) geringer schätzte.

Eine genaue historische, vergleichende und systematische Untersuchung des Wesens und der Wandlungen der sozialen Geltung würde zeigen, daß von einer das gesamte Volk umfassenden Gesellschaft nur gesprochen werden kann, wenn entweder einem Geltungsprinzip Monopolcharakter zukommt, d. h. wenn es allgemein Anerkennung erfährt und seine Repräsentanten zugleich die Herrschenden sind, oder wenn eine anerkannte Rangordnung der Geltungsprinzipien besteht, so daß ein bestimmtes Ansehen, wie im früheren Preußen das des Feudaladels, vorherrscht. Nur unter einer dieser Voraussetzungen findet soziale Integration des Volkes statt, so daß eine stabile Sozialordnung besteht[3].

Was die industrielle Arbeiterschaft anbetrifft, so war sie vor dem Ersten Weltkrieg in Deutschland jahrelang verfemt und ob ihrer Organisationserfolge bei den herrschenden Schichten gefürchtet. Die Arbeiter waren nicht eigentlich Staatsbürger, wie ja überhaupt die Idee und das Wesen verantwortlichen Staatsbürgertums im Vorkriegsdeutschland wegen des autoritären Charakters des Staates bei den mittleren und oberen Schichten ebenso unpopulär wie unbekannt war. Friedrich Engels meinte noch, daß die allgemeine Militärdienstpflicht durch die Einbeziehung der jungen Proletarier in die Armee zur Schwächung und Sprengung des Klassenstaats führen müsse. Entgegen seiner Erwartung traf dies nicht zu. Schule und Militärdienst trugen eher zur sozialen Verbreitung von disziplinären Ordnungsvorstellungen bei, was sowohl den Gewerkschaften wie den großen Wirtschaftsbetrieben zugute kam, im Vereinswesen romantisiert wurde, und abenteuerliche Intellektuelle zu der Behauptung verleitete, daß eine innige Verbindung zwischen Preußentum und Sozialismus bestände. Vor dem Ersten Weltkrieg galten die sozialistischen Arbeiter in gewissen Kreisen der Bevölkerung nach dem bösen Worte als »vaterlandslose Gesellen«. 1914 zeigte sich jedoch, wie falsch diese Meinung war: Die internationalen Schlagworte der deutschen Arbeiterbewegung verstummten, und sozialdemokratische Funktionäre und Arbeiter kämpften und starben für die Nation, die ihnen im Frieden ihre politische Zugehörigkeit bestritten hatte.

Trotz des Diktatfriedens von Brest-Litovsk verlor die militärische Führung den Krieg und riet dem Kaiser nach dem selbstverschuldeten Verlust des Krieges, die politische Macht aufzugeben, die sie ihm faktisch entrissen hatte. Der Zusammenbruch, aus militärischer Unterlegenheit des Reiches, politischer Hybris und sozialer Kurzsichtigkeit der herrschenden Klassen geboren, hinderte die Schuldigen nicht daran, die Dolchstoßlegende in Umlauf zu setzen, dergemäß die republikanischen Konkursverwalter Deutschlands die Verantwortung für Niederlage und Elend übernehmen sollten. Die politischen und gewerkschaftlichen Vertreter der Arbeiter gewannen Macht und Ansehen, was das Bürgertum sehr bald tief erschreckte. Denn es schien, daß die den Arbeitern bisher übergeordneten Schichten Einbußen an wirtschaftlicher Sicherheit, politischem Einfluß und sozialer Geltung erlitten, während die Arbeiter – zumindest in politischer und sozialer Hinsicht – gleichzeitig aufstiegen. Das Resultat war für diese Schichten daher doppelt unerträglich. Zur absoluten Verschlechterung kam die relative Verschlechterung ihrer Lage[4].

Auch die Angestellten wurden in den Sog dieser gesellschaftlichen Entwicklung gezogen. Während eine Minderheit der organisierten Angestellten ›klassenbewußter‹ wurde, bestand die Mehrheit darauf, nicht nur ihre sozialen Sonderrechte gegenüber den Arbeitern zu verteidigen und ihre Interessen gegenüber den Unternehmern zu vertreten, sondern legte auf ihren sozialen Geltungsvorsprung vor den Arbeitern einen besonders hohen Wert.

Die Mittelschichten in Deutschland waren weder reich noch adlig; ihre Bildung ließ zu wünschen übrig, und abgesehen von einigen Ausnahmen wie der Polizei, den Postbeamten, dem Verkehrspersonal und der Feuerwehr, trugen sie keine Uniform. Sie konnten an den sozialen Wertschätzungen von Adel, Reichtum, Bildung und zivilem oder militärischem Staatsdienst nur auf die vier Weisen teilnehmen, durch die Unterschichten an der Geltung von Oberschichten zu einem gewissen Grade überhaupt partizipieren: (1) durch gelegentlichen individuellen Aufstieg in die hoch geschätzten, sozial bevorzugten Schichten; (2) passiv durch Begünstigung seitens dieser Schichten, die den Genuß von Vorrechten gegenüber noch niedriger gestellten Schichten oder von gewissen anderen gesellschaftlichen Vorteilen nach dem Muster eines Klientenverhältnisses ermöglichte; (3) aktiv durch Bewunderung und Nachahmung des gehobenen Lebensstils, wenn auch nur auf triviale und ersatzhaft-billige Weise – so etwa wie im 18. Jahrhundert in weniger begüterten Kreisen billige Scherenschnitte die repräsentative Funktion von teueren, auf Leinwand mit Ölfarben gemalten Porträts erfüllten; und (4) durch betonte – teils herablassende und teils feindselige – Geringschätzung derjenigen Schichten, denen nach den herkömmlichen Vorstellungen der Oberklassen keine soziale Achtung gebührte.

Von diesen vier Wegen der Geltungssicherung und Geltungssteigerung wurden im Lauf der Erstarkung des kapitalistischen Systems in Deutschland die beiden ersten immer ungangbarer. Aufstieg in wirtschaftliche Selbständigkeit wurde seltener. Der Anspruch, als ›Privatbeamter‹ den Beamten nahe zu stehen, entpuppte sich mit zunehmender Verunsicherung der Existenz der Angestellten als Illusion. Die Erhaltung und der Ausbau von versicherungs- und arbeitsrechtlichen

Privilegien wurde nicht mehr vom Staat und gewissen Unternehmerkreisen in der Hoffnung gewährt, durch Förderung der Mittelschichten den Klassenkampf zu mildern. Statt dessen mußten die Angestellten ihre Privilegien gewerkschaftlich und politisch gegen die Interessen der Unternehmer verteidigen. Bei dieser Wahrnehmung ihrer Arbeitnehmerinteressen gerieten sie nicht selten in Gegensatz zu den Arbeitern. Andererseits legten die Angestellten großen Wert darauf, sich in ihrem Lebensstil von den Arbeitern auch dann noch abzuheben, wenn Einkommensgleichheit solchen Bemühungen entgegen stand. Ebenso war die Mehrzahl der Angestellten nicht willens, den gewerkschaftlichen und politischen Machtzuwachs der Arbeiter nach dem Staatsumsturz zu begrüßen, obwohl die staatliche Anerkennung der Gewerkschaften auch den Angestellten zugute kam. Im allgemeinen beharrte die Mehrheit der Angestellten in dem Glauben, den Arbeitern sowohl gesellschaftlich wie auch politisch-moralisch überlegen zu sein.

Wenn viele Angestellte ihre antiproletarischen Haltungen und Wertungen ihrer Proletarität zum Trotz sich bewahrten, so ist zunächst zu vermuten, daß die mittelständische Tradition in den gegebenen Verhältnissen noch immer reale Stützpunkte fand. Wäre dem nicht so, so hätten diejenigen Psychologen recht, die, wie Hendrik de Man, in der Haltung des bürgerlichen Angestellten nichts als das Ressentiment des ›Bürokulis‹ sahen, der im rationalisierten Betrieb dem traulichen Plüschsofa und dem Familienblatt seiner Eltern nachtrauerte. Ressentiment mag mitunter im Spiele gewesen sein, aber es zehrte nicht nur von Erinnerungen. Nicht allein die rechtlichen Privilegien, die sie genossen, unterschieden die Angestellten in ihrer sozialen Lage von Arbeitern. Die Arbeitswelt der Angestellten enthielt noch andere Momente, die einer Rezeption des sozialistischen Gedankenguts entgegen standen. Mindestens eines dieser Momente ist genauer aufzuzeigen, und zwar gerade bei denjenigen Angestellten, die nicht durch ihre Tätigkeit in einem kleinen Betriebe und durch den damit gegebenen Kontakt mit dem ›alten Mittelstand‹ ohnehin in einer ständischen Tradition befangen waren, sondern bei denen, die in größeren Betrieben arbeiteten und daher nach der Klassentheorie eine geringere Chance hatten, an ihrer antiproletarischen Haltung festzuhalten. Wir werden dieses Moment als ›verdeckte Klassenzugehörigkeit‹ bezeichnen und beschreiben[5].

Darüber hinaus müssen wir die Grundlagen der sozialen Geltung der Angestellten genauer zu bestimmen suchen. Es wird sich dabei zeigen, daß Teile der vielschichtigen Angestelltenschaft soziale Geltung beanspruchten und genossen nicht nur, wie bereits erwähnt[6]

1. kraft Teilnahme an der Ansehensmacht derer, welche die Betriebe beherrschten, und zwar
   a) als Gehilfen des Kleinunternehmers und
   b) als Funktionäre des Kapitalisten; sondern auch
2. kraft Bildung, und zwar
   a) durch Wertschätzung und Erwerb von Kulturgut, das der Arbeiter angeblich vernachlässigte;
   b) durch Teilnahme an der erfahrungswissenschaftlichen Intelligenz; und
3. kraft Betonung ›nationaler‹ Gesinnung, und zwar
   a) durch das Bekenntnis zu vorrepublikanischen staatlichen und militärischen Werten, vor allem Dienst und Disziplin;
   b) durch das Bekenntnis zu antirepublikanischen Werten als ›Krieger in Zivil‹.

Diese Grundlagen der sozialen Geltung sind in der Wirklichkeit nicht reinlich zu trennen: Die soziale Geltung der Angestellten floß aus allen dreien (und zusätzlich aus rechtlichen Privilegien). In der soziologischen Überlegung empfiehlt es sich, sie voneinander zu sondern. Die Wirklichkeit begünstigt diese Scheidung, da bis zu einem gewissen Grad die einzelnen Geltungsprinzipien bei bestimmten Angestelltengruppen vornehmlich wirksam waren. So trifft die unter 1-a genannte Möglichkeit ausschließlich auf die (kleinstädtischen) Angestellten, die in Kleinbetrieben tätig sind, zu, die unter 1-b genannte vornehmlich auf den Angstellten mittlerer Betriebe. Geltungsgewinn kraft liberaler Bildung (2-a) können freilich alle Angestellten erlangen, doch sind von dem Prinzip 2-b insbesondere großstädtische Angestellte betroffen, wie denn überhaupt die Ausbreitung der modernen, fachwissenschaftlichen Bildung in Städten erfolgt ist. Der unter 3-a genannte Geltungsanspruch der nationalen Gesinnung scheint unter ›bürgerlichen‹ Angestellten weit verbreitet zu sein, während 3-b besonders auf Ideologen, Funktionäre und Mitglieder des DHV zutraf[7].

Kapitel VIII
Betriebshierarchie und verdeckte Klassenzugehörigkeit

Die Betriebshierarchie[1], in welche die Angestellten mittlerer und großer Betriebe gestellt sind, wird in ihrer Feinheit bei weitem nicht aus der Rangstufung ersichtlich, die in Titeln ausdrückbar ist: Generaldirektor – Direktor – Prokurist – Bevollmächtigter, etc. Sie greift viel tiefer hinab in das Titelsystem, mit dessen Hilfe in der Privatwirtschaft, anders als in der staatlichen Bürokratie, nur die oberen Kräfte unterscheidbar sind. Sie wird ferner in ihrer Feinheit nicht durch die Gehaltsstufung erschöpfend angezeigt: diese ist gröber als die Hierarchie. Nicht alle gleichbezahlten Stenotypistinnen, Zeichner, Hilfsbuchhalter usw. sind gleichen Ranges. Dagegen ist der Grad der Anordnungsmacht, die von der Betriebsleitung aus in immer kleineren Dosen nach unten hin sich ausbreitet, ein genauerer Index der hierarchischen Schichtung. Die Hierarchie der Personen und die Verteilung der Anordnungsmacht stellten Pyramiden dar, die einander ähnlich sind, wobei jedoch die zweite auf dem Kopf steht: an der Spitze der Hierarchie ist die größte Befehlsgewalt konzentriert. Größere Anordnungsmacht zeigt daher größere Nähe zur Betriebsleitung an. Die delegierte Anordnungsmacht ist in ihrem jeweiligen Grad nicht nur Index der hierarchischen Stellung, sondern in ihrem Wesen das wichtigste Prinzip (1) der hierarchischen Schichtung; sie folgt aus der Herrschaft über den Betrieb.

Meist, aber nicht unbedingt mit Befehlsbefugnis verknüpft ist Verantwortlichkeit (2)[2].

Ferner gibt es Möglichkeiten von Rangerhöhung, die weder aus Anordnungsmacht noch aus Verantwortlichkeit stammen: die organisationsbedingte Beziehung zu Personen mit Anordnungsmacht (3); so ist die Privatsekretärin nicht nur der Stenotypistin, sondern oft sogar höheren Arbeitnehmern kraft ihrer ›Vertrauensstellung‹ überlegen.

Ferner kann eine nicht-betriebsbedingte, ›private‹ Beziehung zu Personen mit Anordnungsmacht (4) rangerhöhend wirken. Freilich muß diese betriebsfremde Beziehung – Freund, Regimentskamerad,

Korpsbruder, ›Verhältnis‹, usw. – im Betriebe bekannt sein, um auszeichnend zu wirken.

Rangerhöhende Qualität kommt auch der Bildung zu (5); so ist z. B. vor Arbeitnehmern gleicher Rangstufe der ›Doktor‹ oder der im Kasino am Tisch des Chefs mitspeisende Werkstudent ausgezeichnet. In angelsächsischen Ländern ist Geltungserhöhung kraft Bildung schon deshalb etwas weniger wirksam, weil nicht-medizinische akademische Grade gesellschaftlich nicht zur Anrede mit dem Titel ›Herr Doktor‹ berechtigen.

Selbst Tüchtigkeit (6) kann unter ranggleichen Arbeitnehmern auszeichnend wirken: der beste Zeichner hat gleichbezahlten Zeichnern, die beste Stenotypistin gleichbezahlten Stenotypistinnen etwas voraus; aber dieser Vorzug ist möglicherweise auf die Annahme größerer Chancen von Krisenfestigkeit und Beförderung zurückzuführen.

Schließlich kann auch Betriebserfahrung (7), d. h. Anciennität, den Rang in der Betriebshierarchie erhöhen. Der Lehrling im dritten Lehrjahr ist z. B. dem Lehrling im ersten Lehrjahr überlegen, und wenn höheres Alter nicht ein Stigma verleiht – was es in Krisenzeiten oft tut – genießt der Rangälteste gewisse Vorzüge.

Bei näherem Zusehen lassen sich nun alle diese Auszeichnungsgründe zurückführen auf Teilnahme an der Macht und dem Ansehen derer, die die Betriebe beherrschen[3]. Anordnungsbefugnis, Verantwortlichkeit, betriebsbedingte oder betriebsfremde Beziehung zu einem Vorgesetzten, Betriebserfahrung sind nur die Mittel, kraft derer der einzelne an Macht und Ansehen der Leitung partizipiert. Für die Bildung gilt auf abgeleitete Weise das Gleiche insofern, als der Erwerb von Bildung in der Regel an die Voraussetzung guter Herkunft, d. h. an gesellschaftliche Nähe zu den ›Beherrschern der Betriebe‹ geknüpft ist. Auch der Tüchtigkeit schließlich wohnt die Kraft der Rangschaffung nur deshalb inne, weil sie tatsächlich oder der Annahme nach zum Aufstieg innerhalb der Hierarchie berechtigt.

Die jeweiligen Träger der Herrschaft über die Betriebe bestimmen den spezifischen Inhalt der Geltung, insofern als das öffentlich anerkannte und von Ideologen proklamierte Ethos ihrer Herrschaftsansprüche auch der Legitimierung der Geltung und Geltungsansprüche von untergeordneten Personen dient. Die Sache liegt prinzipiell nicht viel anders in einer Gesellschaft, in der statt dessen die Herrschaft über alle Betriebe verstaatlicht ist, d. h. von Personen ausgeübt wird, denen ihr Amt von politischen Machthabern übertragen ist. In diesem Fall ist Geltung und Geltungsstreben der untergeordneten Personen von militärischen, vorkapitalistischen oder anti-kapitalistischen Wertvorstellungen durchdrungen, je nach der Art wie die Legitimationsansprüche der herrschenden Schicht öffentlich gerechtfertigt werden. Obwohl Mitbestimmungsrechte der unteren Ränge an der Herrschaft über die Betriebe willkürlichen Mißbrauch von Anordnungsbefugnissen mildern können, sind sie nicht imstande, die sachlich notwendigen hierarchischen Beziehungen im Betriebe völlig abzuschaffen und lassen daher daran anknüpfende Geltungsunterschiede bestehen.

Wäre es möglich, die Hierarchie völlig ›einzuebnen‹, so entfiele mit der Institution, kraft deren Ansehen und Macht übertragen wird, die Geltung der betroffenen Angestellten, oder genauer: da Geltung auch noch anders begründet sein kann, das in der betrieblichen Hierarchie produzierte Ansehen. Nun ist zwar nirgends, auch nicht in Riesenbetrieben, die Hierarchie im strengen Sinne des Wortes eingeebnet[4]. Aber sie wird in ihrer Wirksamkeit durch die Versachlichung der Kontrolle eingeengt, und ferner ist mit zunehmender Betriebsgröße und zunehmender Verfeinerung der Hierarchien die Zahl derer, die auf den unteren Stufen der Hierarchie stehen, stärker angewachsen als die Zahl derer, welche die Spitze bilden. Dadurch entsteht auf den untersten Stufen der Hierarchie eine egalitäre Lage: Die Massenhaftigkeit der Angestellten auf der untersten Stufe entkräftet das hierarchische Prinzip. Mit Recht hat man die Abhängigkeit ›der‹ Angestellten stets insbesondere an denjenigen Kräften demonstriert, die auf der untersten Stufe der Hierarchie stehen. Sie sind die deutlichsten Exponenten der proletarischen Lage, in der sich zwar – sozialökonomisch gesehen – alle Angestellten befinden, die aber bei ihnen klarer zu Tage tritt, weil sie kaum mehr an der Macht und dem Ansehen der Personen auf den oberen Rangstufen des Betriebs partizipieren. Die sichtbare Gleichheit ihrer Machtlosigkeit und der Abwesenheit von Geltungsprivilegien macht sie gewissermaßen zu nichts als unvermeidlichen Opfern der Hierarchie.

Die Hierarchie in den größeren Betrieben muß noch von einer andern Seite betrachtet werden. Sie dient nicht nur dazu, die soziale Geltung der Angestellten durch Teilnahme an Macht und Geltung der Leitung zu begründen, sondern sie trägt auch dazu bei, den Klassencharakter der Angestellten zu verschleiern.

Im Großbetrieb ist ›der Kapitalist‹ nichts als eine theoretische Figur der Klassensoziologie. Als Person ist er unsichtbar. Statt auf ihn trifft der Arbeitnehmer nur mehr auf Menschen, denen Funktionen des ›Kapitalisten‹ übertragen sind. Die Mehrzahl dieser Funktionäre haben Arbeitnehmerqualität. Im kleinen und z. T. auch im mittleren Betriebe begegnen Arbeitnehmer und Arbeitgeber einander als Personen. Mit wachsender Betriebsgröße aber wird die Klassenzugehörigkeit des Vorgesetzten mehr und mehr verdeckt.

Vom Standpunkt des Betrachters innerhalb der Betriebshierarchie hängt es ab, ob der gleiche Arbeitnehmer als Vorgesetzter mit Dispositions-, Leitungs-, Anordnungs- oder Kontrollbefugnis erscheint, oder als Untergebener, der zu folgen hat; ob er Arbeit ›gibt‹ oder Arbeit ›nimmt‹. Mit dem Ausdruck ›hierarchische Schichtung des Funktionärskörpers‹ ist dieses Verhältnis nicht genau bezeichnet: Es kommt hinzu und ist entscheidend, daß ein und dieselbe Person ›proletarische‹ und ›kapitalistische‹ Qualitäten in sich vereint. Der Korrespondent, der dem Leiter der Korrespondenzabteilung gegenüber Untergebener ist und von ihm Direktiven empfängt, gibt sie an die Stenotypistin weiter, der er die Briefe diktiert. Er ist für sie der ›Chef‹ (und wird auch von ihr häufig so genannt), während sie, der er Arbeit gibt, ihrerseits dem Laufburschen gegenüber als Vorgesetzte fungieren kann, wenn sie nämlich diesem den Auftrag gibt, die Briefe ›zur Unterschrift‹ weiterzugeben, oder z. B. den, für sie ›privat‹ eine Tasse Kaffee aus dem Kasino zu holen. Der Vorkalkulator, der die Aufgabe hat, den Preis zu errechnen, zu dem ein Auftrag ausgeführt werden kann, untersteht dem Leiter des Kalkulationsbüros. In größeren Betrieben ist es, namentlich bei Großfabrikation, möglich, die rein rechnerischen Arbeiten abzuspalten und von weniger qualifizierten Kräften ausführen zu lassen. Diesen gegenüber hat der Vorkalkulator auch die Funktion eines Vorgesetzten, was sich z. B. zeigt, wenn Rechenfehler entdeckt werden. Über Betriebsleiter und Meister übt er zwar keine Aufsicht aus, aber trotzdem sind diese »gezwungen, ihn zu respektieren, weil er ihnen in die Karten sehen kann, ja sogar muß«[5].

Das letzte Beispiel weist auf die Ausdehnung des Phänomens der verdeckten Klassenzugehörigkeit hin: Es erstreckt sich nicht nur auf qualifizierte Arbeitnehmer, die untergeordneten Arbeitnehmern gegenüber anerkannte Vorgesetztenbefugnis, wenn auch noch so geringen Umfangs haben, sondern auch auf Arbeitnehmer, die auf der gleichen Stufe der Hierarchie, aber in verschiedenen miteinander kooperierenden Abteilungen arbeiten und denen kraft der Organisation einseitig oder gegenseitig Kontrollbefugnisse zustehen. So hieß es in einer Studie: »Das Kalkulationsbüro wird immer den Zeitstudieningenieur bekämpfen, denn er erweckt den Anschein, als könnten die Beamten dort nicht richtig rechnen.«[6] Ja sogar untergeordnete Arbeitnehmer können ›Arbeitgeberfunktionen‹ über höhere Arbeitnehmer ausüben. Die Packerin im Warenhaus ›kontrolliert‹ z. B. die Arbeit der Verkäuferin; im Akkord bezahlte oder Prämien erhaltende Stenotypistinnen erwirken die rationelle Arbeitseinteilung und umsichtige Arbeitsvorbereitung ihrer Vorgesetzten, der Korrespondenten, steigern also die Ergiebigkeit der nicht im Akkord bezahlten ›höheren‹ Tätigkeit; die untergeordneten Kräfte arbeiten so als ob sie im Interesse und Auftrag des unsichtbaren ›Kapitalisten‹ handelten.

Der konkrete Inhalt des Wortes ›Ausbeutung‹ wird also vielen Arbeitnehmern nicht durch ›den Kapitalisten‹ vermittelt, sondern dem Laufburschen möglicherweise durch die Stenotypistin, die ihn ›hetzen‹ kann, der Stenotypistin durch den letzten Korrespondenten, der ihr Arbeitspensum – in gewissen Grenzen – bestimmt, dem Korrespondenten durch den Leiter der Korrespondenzabteilung, dem er Rechenschaft schuldet; dem Arbeiter durch den Werkmeister und Betriebsleiter; Arbeitern und Werkmeistern unter anderem auch durch Angestellte des Kalkulations- und Terminbüros; diesen durch ihre direkten Vorgesetzten, usw. Mit einem Wort, die Erfahrung verweist den Arbeitnehmer nicht auf ›Kapitalisten‹ und ›Klassengegner‹, sondern auf andere Arbeitnehmer, die ihn, ohne ›im Besitz von Produktionsmitteln‹ zu sein, wie ›den Kapitalisten‹ behandeln. Der Gedanke läßt sich ausspinnen zu einer Beweisführung jenes anarchistischen Satzes von Traven, daß des Arbeiters größter Feind der Arbeiter sei. Zweifellos wäre aber damit über das Ziel hinausgeschossen, denn der Arbeiter ist nur dort des Arbeiters Feind, wo er sein Konkurrent ist.

Aus dem Phänomen der verdeckten Klassenzugehörigkeit folgt der Fetisch-Charakter des Vorgesetzten und erwächst leicht moralische Verwirrung.

Dem Fetisch-Charakter des Vorgesetzten kommt nicht nur im Großbetrieb, sondern in der modernen Gesellschaft überhaupt grundsätzliche Bedeutung zu: Je unabsehbarer der Gesamtzusammenhang des gesellschaftlichen Lebens wird, desto schwerer ist es, wenn es not tut, den ›Schuldigen‹ zu finden. Er wird faktisch anonym, und jedermann kann rechtens behaupten, nichts als eine Funktion ausüben zu müssen. Jeder Vorgesetzte befolgt die Weisungen eines, der ihm vorgesetzt ist. Noch der Generaldirektor hängt vom Aufsichtsrat oder vom Kreditgeber ab, und selbst diese sind noch nicht ›frei‹.

So sehr nun die Beteuerungen aller, nicht frei zu sein, der Wahrheit entsprechen, so schlecht läßt sich mit dieser Wahrheit leben. Das Leben spielt sich zwischen Menschen ab, nicht zwischen Menschen und

Institutionen. Daher sind die menschlichen Reaktionen von unverbesserlicher Unmittelbarkeit; mögen sie theoretisch ›falsch‹ sein, sie sind wirklich. Arbeiter, die einen Angestellten verprügelt hatten, erklärten: »Der Herr ist uns ganz gleichgültig, wir wollen nur die Direktion in ihm treffen.«[7] Der Neid des Armen richtet sich nicht auf den Millionär, der ihm sagenhaft ist, sondern auf den etwas weniger armen Nachbarn, dessen verhältnismäßigen Wohlstand er kennt. Die Wut eines Arbeitslosen findet oft kein anderes konkretes Ziel als den Angestellten des Arbeitsamts, der Überstunden macht, nicht hoch entlohnt wird und jedenfalls nicht zu den ›Kapitalisten‹ gehört. Eine Abneigung gegen die Bedürftigkeitsprüfung wirkt sich unmittelbar gegen den Prüfer aus, obwohl er an dieser Einrichtung keine ›Schuld‹ trägt. Haß gegen den Staat hat immer in erster Linie die Polizisten getroffen, in denen der Staat den Untertanen gegenüber faßbar und mächtig erscheint.

Marx hat den Kampf der Arbeiter gegen den einzelnen Kapitalisten (z. B. im Aufstand der Schlesischen Weber) aus dem frühen unentwickelten Zustand des Kapitalismus erklärt, wo den Arbeitern die Massenhaftigkeit ebenso fehlte wie die Einsicht in den ›wirklichen‹ Zusammenhang des Systems. Seine Erwägung, daß die wirkliche Abhängigkeit des Lohnarbeiters vom Kapitalisten nicht durch Sturm auf Maschinen und auf einzelne Unternehmer behoben werde, war theoretisch so richtig, wie für die Praxis der Umstand bedeutungsvoll ist, daß der wirkliche Zusammenhang ein abstrakter, gespenstischer ist. Das natürliche Bedürfnis, nicht gegen Abstraktionen zu kämpfen und lebendige Menschen zur Verantwortung zu ziehen, bleibt stark genug, die Kreise der Abstraktion immer wieder zu stören[8].

Das Phänomen der verdeckten Klassenzugehörigkeit zeigt, daß die Proletarisierungsthese der Klassensoziologie zu grob ist, um die innerbetriebliche Lage des Angestellten im Großbetrieb ausreichend zu kennzeichnen. Erweitern wir das Beispiel von dem großbetrieblichen Korrespondenten, von dem vorhin die Rede war. Sein Berufskollege, ein in einem kleinen Betrieb tätiger Korrespondent, möge die gesamte Korrespondenz allein ohne Hilfskraft und unter direkter Aufsicht des Unternehmers erledigen. Er ist dann schwerer ersetzbar als der eine Korrespondent unter vielen im Großbetrieb; denn seine Betriebserfahrung fällt stärker ins Gewicht. In *dieser* Hinsicht ist also – wenn man von der verschiedenen Krisenfestigkeit von Klein- und Großbetrieb absieht – zweifellos der selbständigere Korrespondent des kleinen Betriebs ›weniger proletarisiert‹ als sein Kollege im Großbetrieb (welcher besser oder schlechter entlohnt werden mag). Obwohl nun die Abhängigkeit des Korrespondenten im Großbetrieb ›objektiv‹ größer ist, hat er – infolge der Arbeitsteilung – Vorgesetztenbefugnisse, die dem erwähnten Kollegen fehlen: nämlich gegenüber der Stenotypistin. Er hat sie wohlgemerkt trotz seiner geringeren Selbständigkeit und trotz der engeren Grenzen seines Arbeitsgebiets. Was diese Befugnis anlangt, ist also umgekehrt der Korrespondent im kleinen Betrieb echterer ›Proletarier‹ als er! Denn ihm fehlen ja die Arbeitgeberbefugnisse, welche dieser, wenn auch in noch so winzigem Umfang, hat. Das Beispiel weist nur auf die soziale Konsequenz der Arbeitsteilung hin, welche das Steigen der Angestelltenquote an der Gesamtbelegschaft überhaupt möglich gemacht hat.

Das Phänomen der verdeckten Klassenzugehörigkeit wirkt neutralisierend auf die sozialen Gegensätze. Der einzelne Angestellte begegnet nicht nur dem Phänomen, sondern er selbst stellt es dar. Er ist dauernd in einen lebendigen Widerspruch verstrickt, als Arbeitnehmer gewisse Arbeitgeberinteressen wahrnehmen zu müssen, wenn anders er nicht Gefahr laufen will, als Arbeitnehmer zu scheitern. Dieser unausweichliche Zwiespalt wird im Mittelbetrieb durch die Delegation kapitalistischer Macht an den Angestellten geschaffen. Im Großbetrieb besteht die gleiche Tendenz; da aber durch die weiter fortgeschrittene Arbeitsteilung die Delegierung von Leitungsfunktionen auf immer bescheidenere Quanten von Macht und Geltung beschränkt ist, bleibt als zusätzlicher Wert nur die Ordnung im Betrieb. Da die Angestellten dazu beitragen, daß der Betrieb ordnungsgemäß funktioniert, neigen sie als gute Deutsche vielleicht dazu, die Disziplin, der sie unterworfen sind, zu idealisieren.

Bis zu einem gewissen Grade sind Arbeiter und Angestellte den Wirkungen der verdeckten Klassenzugehörigkeit des Vorgesetzten gleicherweise ausgesetzt. Auch der Arbeiter trifft den ›Kapitalisten‹ nicht. Auch ihm, wie dem Angestellten, erscheint der Vorgesetzte in ›falscher‹ sozialer Qualität. Er sieht den Werkmeister, den Abteilungsleiter und seinen Assistenten, den Zeitnehmer, den Terminbeamten nicht unmittelbar als Arbeitnehmer, die sie sind. Aber seinesgleichen sieht er ›richtig‹. Der Arbeiter kommt innerhalb des Betriebs am meisten und häufigsten mit Arbeitern in Berührung, also mit Menschen, deren soziale Qualität feststeht und schon deshalb nicht verfälscht werden kann, weil Arbeiter in geringerem Umfange anderen Arbeitern gegenüber Vorgesetztenbefugnisse haben, als es unter Angestellten üblich ist. Das ist das Eine. Das Andere ist: Begegnet der Arbeiter dem Phänomen der verdeckten Klassenzugehörigkeit, so wird es doch selten von ihm selbst, sondern meist von Angestellten dargestellt. Kommt der Arbeiter mit Arbeitnehmern in Berührung, deren sozialer Charakter schillert, so ist fast stets mit der Vorgesetztenfunktion dieser Menschen überdies irgendeine rechtliche Privilegierung verbunden. Dies wirkt notwendigerweise zurück, fördert die Solidarität der Arbeiter und hemmt die Solidarität zwischen Arbeitern und Angestellten.

Die Angestellten im Großbetrieb sind dem Phänomen stärker als die Arbeiter ausgesetzt. Häufiger treffen sie auf Menschen, deren soziales Charakterbild von den verschiedenen Stufen der Hierarchie aus verschieden sich darstellt. Öfter begegnen sie Kollegen, deren sozialer Standort in der Gesellschaft Mißdeutungen ausgesetzt ist, weil es einer größeren Abstraktionskraft bedarf, um ihn von der Fremdbestimmtheit der Arbeit, der Ersetzbarkeit und der Lebensunsicherheit aus zu erschließen. Nicht die Abhängigkeit als solche, nicht einmal die Abhängigkeit in ihrer hierarchischen Stufung, in ihrer dem vertikalen und horizontalen Instanzenzug folgenden Aufgliederung ist unmittelbar faßlich, sondern nur bestimmte Stücke der Hierarchie. Nicht das die Persönlichkeit mißachtende Kalkül der Unternehmensleitung bestimmt ihren wahrnehmbaren Rang, sondern das Maß, in dem sie an der unabsehbaren aufgegliederten Macht ›des Kapitalisten‹ kraft Organisation teilhaben.

Nur bestimmte Schichten innerhalb des Betriebs haben eine Chance, das Phänomen des mehrdeutigen Sozialcharakters zu durchschauen: die untersten, denen auch die geringsten ›kapitalistischen‹ Funktionen fehlen. Man unterhalte sich z. B. mit klug beobachtenden Laufburschen, die mit vielen Angestellten verschiedenen Ranges Berührung haben; ihre Erkenntnisse sind oft verblüffend scharf und bedürfen dann nur der theoretischen Fassung, um Stücke einer konkreten Betriebssoziologie zu sein.

Während Arbeiter dem Phänomen zwar ausgesetzt sind (durch den Werkmeister, den Zeitnehmer usw.), aber es nicht selber darstellen, sind von den Angestellten nur die untersten Kräfte in einer entsprechenden Lage. Daß aber auch die ihnen mögliche und von ihnen der Gesellschaft vermittelte Illusionslosigkeit weniger groß ist, als ihr zahlenmäßiges Gewicht im Betrieb vermuten läßt, hat folgende Gründe: 1. Ein sehr erheblicher Teil dieser unqualifizierten Angestellten besteht aus Mädchen, die früher aus dem Berufsleben ausscheiden und daher tröstlichere Zukunftsvorstellungen haben, sofern sie sich ihnen hingeben; bei ihnen wirken auch besondere erotische, nicht primär soziale Bestimmungsgründe der Haltung und Meinung mit. Es ist möglich, aus dem Umstand, daß das technische Personal auch auf den unteren Rangstufen mit Männern, nicht mit Mädchen besetzt ist, die nüchternere, dem mittelständischen Ideal des Ausgleichs abgeneigte gewerkschaftliche Haltung der Techniker den kaufmännischen Angestellten gegenüber zu verstehen. (Freilich erklärt sich die radikalere Haltung der Techniker nicht damit allein.)

2. Im Einzelhandel schwächt, wie früher dargestellt wurde[9], der Schein der Freiheit, der im Namen der Firma gepflogene Verkehr mit den Kunden, das Erlebnis der von der Unsicherheit ausgehenden Bedrückung.

3. In den Großbetrieben der Industrie aber, wo die Disziplin des Personals noch reiner in Erscheinung tritt als im Handel, wirkt das herrschaftliche Prinzip der Betriebsdisziplin nicht selten bis hinab zum letzten unbekannten Angestellten, der die Büromaschine bedient, weil der störende, eine gewisse Freiheitlichkeit erheischende Umgang mit betriebsfremden, also von der Disziplin nicht erfaßbaren Menschen entfällt und gleichsam durch abstrakte Kontakte (mit Korrespondenzpartnern) ersetzt ist. Vor die Wahl gestellt, gegen die Disziplin, die ihn ergreift, gleichviel, ob er sie bejaht oder verneint, im Geiste sich aufzulehnen oder sie zu ideologisieren, entscheidet auch er sich noch oft für das zweite: denn anders verfällt er leicht der Einsamkeit, so aber hat er als ›Mitarbeiter‹ teil an der Ordnung, die ihn ergreift.

Kapitel IX

Die Funktion der Bildung

In der mittelständischen Auffassung der Angestellten wurde versucht, ihre Eigenart aus ihrer Nähe zu den Unternehmern zu erklären, aus der Leistungseigenart oder aus dem Beruf. Die wachsende Lebensunsicherheit und die Erschütterung ihrer Privilegien in der großen Krise schwächte jedoch die Beweiskraft dieser Argumente. In dem Maße, in dem sich die Lage vieler Angestellter der der Arbeiter annäherte, wuchs die Nötigung, sich stärker der Vorstellung zu widersetzen, daß man zum Proletariat im Sinne der Klassentheorie gehören könnte. Und da auch die wichtigsten bürgerlichen Verbände der Angestellten den Arbeiterorganisationen darin glichen, daß sie gewerkschaftliche Interessenpolitik trieben, wurde es doppelt wichtig, den ominösen Begriff des Proletariats seines marxistischen Sinnes zu berauben. Dies konnte prinzipiell auf zwei Weisen geschehen, durch eine voluntaristische Definition des ›Proletariats‹ oder durch Betonung von ›Bildung‹ als einer Qualität, die dem ›Proletariat‹ fehle und die Angestellten auszeichne.

Nach der voluntaristischen Definition des ›Proletariats‹ waren die biederen Arbeiter das Opfer von radikalen Intellektuellen geworden, die ihnen die Zugehörigkeit zum ›Proletariat‹ vorgegaukelt und sie zur Annahme dieser Täuschung verführt hatten. Daneben gab es auch die Ansicht, daß das ›Proletariat‹ ein ›veralteter‹ Begriff sei. Auf solche Gedankengänge traf man freilich nicht bei allen Angestellten oder bei allen Angestelltenverbänden. Sie waren beschränkt auf diejenigen Angestellten und Funktionäre, welche die politischen Ziele des Afa-Bundes, der SPD und der KPD scharf bekämpften, und auf anti-demokratische Intellektuelle, die ihnen die Schlagworte für diesen Kampf lieferten.

Beispielsweise: »Das Proletariat ... ist Masse alten Stiles, wie seine individuelle Physiognomie die des Bürgers ohne Stehkragen ist. Es repräsentiert einen sehr dehnbaren wirtschaftlich-humanitären Begriff...« So der krause, in Deutschland lange beliebte Schriftsteller Ernst Jünger, der »Empfindungen des Herzens und Systeme des Geistes« für »widerlegbar« hielt, »während ein Gegenstand unwiderlegbar ist, – und ein solcher Gegenstand ist das Maschinengewehr«[1]. Oder etwas ungeschickter und nebulos: »Was sind jetzt die alten Gegensätze von Kapital und Arbeit, von Bourgeoisie und Proletariat? Nicht mehr der Faden, an dem das Denken notgedrungen und monomanisch langdenkt... Sondern sie sind entweder erledigte Probleme, mit dem Jahrhundert vergangen, das sie gestellt hat. Oder aber: Sie sind die inneren Angelegenheiten eines Ganzen, das zwar ein vitales Interesse daran hat, seine gesellschaftliche Ordnung durchzukonstruieren, das aber als Einheit völlig feststeht, weil es das geschichtliche Prinzip vertritt, das die Zukunft aller ist.« So der Universitätsprofessor Hans Freyer[2]. Oder bösartiger: »Marx hat das Proletariat als säkularisiertes Ghetto konstituiert und ihm damit den subversiven Charakter eingepflanzt, der im Klassenkampf wirksam ist.« So A. E. Günther[3], der sich später rühmte, im Jahre 1930 die Weimarer Verfassung öffentlich verbrannt zu haben[4]. Und ähnlich: »Nicht der Handwerksgeselle Weitling, sondern der revolutionäre jüdische Literat Marx wurde der Täufer der deutschen Arbeiterbewegung. Darin liegt das große Verhängnis, das nicht nur unsere Arbeiterbewegung, sondern das gesamtdeutsche Leben bis heute überschattet.«[5] So August Winnig. Alle diese mit Demagogie vertrauten Schriftsteller standen dem DHV mehr oder minder nahe, und viele ihrer Bücher wurden von der Hanseatischen Verlagsanstalt, dem publizistischen Unternehmen des DHV, veröffentlicht.

Was die Anrufung der Bildung als Unterscheidungsmerkmal der Angestellten von den Arbeitern anbetrifft, so läßt die gröbste Formulierung am besten erkennen, um was es dabei ging: »Gelingt es uns nicht« – hieß es in einer Darstellung des DHV – »zu Persönlichkeiten zu werden, so führt uns alle Arbeit dennoch nur zum Müllkutscher-Ideal.«[6] Als auf das Müllkutscherideal gerichtet sollten die Bestrebungen derjenigen Arbeitnehmer verstanden werden, die es bei der Zielsetzung »weniger Arbeit – mehr Lohn« bewenden ließen. Obgleich der DHV der Ansicht war, daß der »liberale Kult der Persönlichkeit heute sozusagen jedem nicht gerade Schwachsinnigen die Eignung, Persönlichkeit zu werden, zuerkennt«[7], griff er auf das liberale Geltungsprinzip der Bildung zurück, um mit seiner Hilfe den Angestellten vor dem Arbeiter auszuzeichnen. Bildung sollte dazu dienen, die ökonomische Proletarisierung unverbindlich zu machen. Da ein gebildetes Proletariat nicht als Proletariat galt, war es leichter, ohne Folgen für Geltung und Prestige die eigene Lebensunsicherheit zuzugeben: »Auch für den tüchtigsten Kaufmannsgehilfen sind die wirtschaftlichen Möglichkeiten begrenzt... Im Auf und Ab des wirtschaftlichen Erfolgs kann seinen Persönlichkeitswert nur behaupten, wer in seinem Innern ein von diesem Auf und Ab unabhängiges Wertreich entwickelt hat.«[8]

Auf dem Dresdener Verbandstag des DHV im Jahre 1928 wurde von der »Berufung des Kaufmannsgehilfen zur nationalen Bildung« genauer gesprochen[9]. Der Referent legte dar, die moderne Versachlichung der Wirtschaft habe dazu geführt, daß die Menschen nur mehr »eine sachliche, jederzeit vertretbare Funktion« in irgendeinem Betriebe ausübten und ihre Person davon nicht mehr ausgefüllt werde. Er fragte dann: »Können wir aus unserer Persönlichkeitsentwicklung diesen Entseelungsprozeß ausscheiden, oder müssen wir ihm auch da unterliegen?« und gab die Antwort: »Wir wollen das nicht!« – »Proletarier ist, wer Proletarier sein will«, so lautete auch die berühmte Formel Möller van den Brucks, dessen »Drittes Reich« nach der Ansicht des DHV »von rechtswegen so etwas wie das Exerzierreglement der deutschen Politik« werden sollte[10]. Das Mittel aber, welches die Spannungen »zwischen dem Arbeitsleben und dem Persönlichkeitsstreben« auszugleichen und den antiproletarischen Willen zu stärken vermöge, sei: Bildung.

Diese These wurde mit historischen Hinweisen gestützt. Auch im 19ten Jahrhundert seien die Mittelschichten Träger der nationalen Kultur gewesen. Wie aber der Charakter dieser Mittelschichten[11], so habe sich der Inhalt der Bildung gewandelt. Ehemals sei das Bildungsgut der »weltoffene Humanismus« der deutschen Klassiker und »die Wissenschaften« gewesen, doch »schon bei Treitschke« sei eine »leidenschaftliche Parteinahme mit Werten aus der Welt der Politik« feststellbar. Als »die Technik und der fortschreitende Kapitalismus eingebrochen« seien, sei die alte Bildung »zerbrochen«. Heute könnten die wirtschaftlich führenden Schichten kein Beispiel mehr geben, dem zu folgen sich für die Kaufmannsgehilfen schicke: Auch dort würde das Magazin statt der Familienzeitschrift gelesen und über Filme statt über Goethes Faust gesprochen. Nichtsdestoweniger sei das Bildungsgut des 19. Jahrhunderts »noch lange nicht aufgebraucht«, das deutsche Mittelalter und die deutsche Vorgeschichte seien »unausgeschöpft als Elemente der nationalen Bildung«. In den Angestellten sei dem Volk eine »unverbrauchte Mittelschicht« zugewachsen, nach Bildung dürstend und als Bildungsträger geeignet.

Das exakte Material über die wirklichen Bildungsinteressen der Angestellten ist gering, doch läßt es erkennen, daß die Bemerkungen Siegfried Kracauers über bestimmte Typen der Berliner Angestelltenschaft nicht ohne weiteres zu verallgemeinern sind. Etwa folgende Tendenzen scheinen zu bestehen: 1. mit zunehmender Stadtgröße wächst der Drang nach Sachwissen; 2. die Angestellten haben ein verhältnismäßig geringeres Interesse für Naturwissenschaften als die Arbeiter; 3. die am stärksten proletarisierten Angestellten haben das stärkste Interesse für Soziologie, das geringste für Philosophie. Umgekehrt liegen die Neigungen bei den günstiger Situierten[12]. Voraussetzung für eine richtige Beurteilung des Bildungsproblems ist die Kenntnis der typischen Schulbildung. Nach den verhältnismäßig umfangreichen Zahlenunterlagen des GdA hatten 59,1 % der männlichen und 65,8 % der weiblichen Angestellten nur die Volksschule besucht[13].

Über die gesellschaftliche Funktion der Bildung herrschte weniger Unklarheit als über den Inhalt, den sie haben müsse. Deutlich wurde erkannt, wenn auch nicht offen erklärt, daß Bildung der sozialen Geltung diente. »Und scheint es eine Frage der geistigen Gesundheit unseres Volkes und seines inneren Kräfteausgleichs zu sein, daß neben Millionen, die sich nicht weit über ein bloß triebhaftes Leben erheben wollen oder können, und einigen Zehntausenden politischen Glücksrittern und wirtschaftlichen Erfolgsjägern eine starke, sich verantwortlich fühlende Volksschicht steht, die sich dem nationalen Schicksal in allen Höhen und Tiefen verhaftet weiß.«[14]

Es ist nicht schwer, in dieser pathetischen, mit Rechtfertigungsabsichten durchsetzten Darlegung den Gedanken zu fassen, der richtig ist, und in bescheidener Form vorgebracht, Zeugnis für die Kraft des Geistes ablegt: über den Menschen, der ein Leben im Geiste führt, hat Elend und Verfolgung wenig Macht, er weiß ihnen zu trotzen. Aber es ist nicht nur eine Verkennung der Unterschiede, die zwischen den einzelnen und den vielen bestehen, sondern eine blanke Beleidigung der vielen im Elend lebenden Menschen, sich ihres »triebhaften Lebens« als Folie der eigenen Geltung zu bedienen und derart den Eigennutz eines ›Standes‹, dem oft angerufenen ›Gemeinnutz‹ des Volkes vorzuziehen.

Im übrigen ließ auch die historische Perspektive der DHV-Ideologen etwas zu wünschen übrig. Es war nicht so sehr die Politisierung des Bürgertums zur Zeit Treitschkes, sondern vielmehr in der Tat einerseits die wachsende Bedeutung des technischen Fachwissens und andererseits die vom Hofe belohnte Bereicherung des Bürgertums nach dem deutsch-französischen Kriege, welche zum Verfall der klassischen Bildung führte. Am besten hat dies Theodor Fontane in seinen Berliner Romanen festgehalten, besonders in »Frau Jenny Treibel«. Im Jahre 1888 beschrieb er in einem Brief an seinen Sohn Theo die Geschichte dieser »Frau Kommerzienrätin«, die sich durch beständiges Singen eines sentimentalen Lieblingsliedes im engeren Zirkel »Anspruch auf das ›Höhere‹ erwirbt, während ihr in Wahrheit nur das Kommerzienrätliche, will sagen viel Geld, das ›Höhere‹ bedeutet. Zweck der Geschichte: das Hohle, Phrasenhafte, Lügnerische, Hochmütige, Hartherzige des Bourgeois-Standpunktes zu zeigen, der von Schiller spricht und Gerson meint.«[15]

Bildung einer Massenschicht anzuempfehlen ist »unerträglich antiquiert« (Eduard Heimann); es ist schlechter Liberalismus. ›Bildung‹ kann niemals den ›Beruf‹, der zuerst säkularisiert, sodann mit weiter fortschreitender Arbeitsteilung auch als Gefäß eines profaneren Lebenssinnes zerschlagen wurde, ersetzen. Es ergeht ihr dabei wie den andern Surrogaten des Lebens, deren sich die Menschen bemächtigen, welche nicht einmal mehr zwischen Berufslosigkeit und Erwerbslosigkeit wählen können. Nur noch wenige Angestellte, die sich als Personen behaupten, waren dazu kraft ihrer Berufstätigkeit imstande; sie behaupteten sich allenfalls dadurch, daß sie der entpersönlichenden Wirkung ihrer Arbeit während der Freizeit Widerstände entgegenzusetzen den Willen und die Kraft aufzubringen vermochten: durch Bildung oder Sport, durch Befriedigung von politischen oder unpolitischen Leidenschaften, durch die Pflege einer Liebhaberei, durch den Einsatz für eine Idee. Insofern jedoch alles dies als Ersatz fungierte, wurde es unaufhaltsam entwertet. Die Bildung wurde schemenhaft, weil ihr Inhalt dem Leben widersprach; die Politik, statt auf ein sinnerfülltes Leben bezogen zu sein und von ihm Maß und Richtung zu empfangen, wurde überwuchernder Selbstzweck in einem verödeten Dasein; der Geist wurde dienstbar jeder Rechtfertigungs- oder Verschleierungsabsicht; die Ideen vergröberten sich oder flohen. Doch können diese weitreichenden Überlegungen hier nur angedeutet werden.

Der Rückgriff auf das liberale Geltungsprinzip der Bildung wurde vom DHV ausdrücklich mit der zunehmenden Entgeistigung der Büroarbeiten gerechtfertigt. Das war nicht ganz so absurd, wie es scheint: Denn die Senkung der durchschnittlichen hierarchischen Stellung des Angestellten im Betrieb, die sich mit fortschreitender Arbeitsteilung ergeben hatte, war begleitet von einer Hebung ihres Erziehungsniveaus. Zu Zeiten, als die proletarische Situation der Angestellten sich noch nicht deutlich herausgeformt hatte, der Gehilfe einen weiteren Funktionsbereich und günstigere Zukunftschancen hatte, lag das Erziehungsniveau viel tiefer als in der Weimarer Republik. Die Unbildung vieler Handlungsgehilfen war noch um die Jahrhundertwende nahezu grenzenlos[16], ein Mißstand, der zum Teil der durchaus ungenügenden Leistung der Volksschulen, zum Teil auch den Lehrherren geschuldet war. Mit den Fach- und Fortbildungsschulen stand es noch in den 90er Jahren z. B. in Preußen und Baden nicht viel besser als mit den Volksschulen: Löbliche Ausnahmen machten dagegen z. B. Sachsen[17], wo die kaufmännischen Fortbildungsschulen mit den allgemeinen Schulen verbunden waren, und Hamburg infolge der Bildungsanstalt, die dort der 58er Verein bereits im Jahre 1868 errichtet hatte.

Die Berufsverbände haben einen langen unermüdlichen Kampf für die Hebung des Bildungsstandes der Angestellten geführt. Man verkennt aber das Wesen dieses Kampfes, wenn man ihn lediglich aus dem Verantwortungsbewußtsein vor der nationalen Kultur erklärt; er war auch eine spezifische Bemühung um ›ständische‹ Einschränkungen des Angebots: der ›Gebildete‹ hat zusätzliche Chancen, den ›Ungebildeten‹ bei der Bewerbung auszustechen; der Gebildete gilt mehr, und man kann in der deutschen Gesellschaft nicht nur bei den Angestellten bemerken, daß die »Art der Vorbildung merkwürdig stark gesellschafts- und ständebildender Natur ist«[18]. Schon Treitschke hat darauf hingewiesen, daß man in Deutschland den »Unterschied der Stände« in der Bildung fände. Der Unterschied zwischen Gebildeten und Ungebildeten, den jedermann anerkenne, habe der Organisation des Zivilbeamtentums gedient: »... ein geistiger Zensus, das Examen, trennt den höheren Beamten vom Subalternen, der nicht studiert hat«[19]. Nach den Reformen von Scharnhorst zu Beginn des 19. Jahrhunderts sollte auch im Offizierskorps »über den Eintritt der Nachweis bestimmter Kenntnisse entscheiden«. In der Tat war in der Wilhelminischen Ära die einjährige Dienstzeit in der Armee und die Beförderung zum Reserveoffizier an Vorbildung auf Höheren Schulen gebunden, deren Besuch im Unterschied zu dem der Volksschule Geld kostete. Noch in der Weimarer Republik waren die Söhne von Arbeitern vom Universitätsstudium praktisch ausgeschlossen[20].

Besonders deutlich wird die Funktion der Bildung, wenn man den Prozeß der Bildungssteigerung betrachtet. Die Hebung des Erziehungsniveaus hat die objektive Proletarisierung der Schicht nicht eingedämmt. Vorbildung war für viele moderne Angestellte entbehrlich, weil das erforderliche Geschick bei Ausübung der Funktion entwikkelt wurde und dies immer rascher, je weiter die Arbeitsteilung fortgeschritten war. Andererseits minderte die Verbilligung der Vorbildung, die mit der Ausrichtung der Lehrmethoden und Bildungsinhalte auf die praktischen Zwecke der Wirtschaft erfolgte, den gesellschaftlichen Wert der ›Bildung‹: Handels- und Sprachkenntnisse konnten wohlfeil erworben werden, standen also in gewissem Umfang auch Angehörigen von Schichten offen, die sich früher diese Bildung nicht aneignen konnten[21]. Die Folge war einerseits vermehrter Zugang von Kräften verhältnismäßig höherer Bildungsqualifikation, was den Unternehmern ermöglichte, diese Qualifikation auch dort zu verlangen, wo sie sachlich nicht erfordert war. Damit wurde der Gefährdung der gesellschaftlichen Hierarchie, die in der Demokratisierung der Bildung gelegen war, entgegengewirkt, denn höhere Qualifikation ist teurer und infolgedessen ein Index höherer gesellschaftlicher Geltung. Andererseits weckte die Konkurrenz von nachrückenden Kräften aus gesellschaftlich tieferen Schichten in den Kreisen der bedrohten Arbeitnehmer den Drang nach Beschränkung der Konkurrenz durch Verschärfung des Bildungsanspruchs, eines Anspruchs, der nicht die Gesamtinteressen des Volkes, sondern die Sonderinteressen der durch bessere Herkunft Privilegierten wahrte.

So ist nach der Rationalisierungsperiode, die mit der Maschinisierung des Büros eine weitere Senkung der hierarchischen Durchschnittsstellung und verstärkte Arbeitslosigkeit unter den kaufmännischen Angestellten herbeigeführt hat, vom DHV die Forderung nach Gehilfenprüfungen ernsthaft und z. T. mit Erfolg erhoben worden. Auch der GdA war der Ansicht, daß die Bildungsarbeit »der Träger der antiproletarischen Kräfte«[22] in der Angestelltenbewegung war, aber er hat sich mit sehr guten Gründen dagegen ausgesprochen, die kaufmännische Gehilfenprüfung »einfach nach dem Muster des Handwerks zu übernehmen«[23].

Eine ähnliche Erscheinung mit umgekehrtem Vorzeichen war die Steigerung des Bildungsanspruchs von seiten der Werkmeister. Während die Forderung der Gehilfenprüfung ein Ziel verfolgte oder mindestens mitverfolgte, das vor dem Kriege die meisten kaufmännischen Verbände in ihrem Kampf gegen die erwerbstätigen Frauen erstrebt hatten, nämlich die ›Hungerkonkurrenz‹ billigerer Arbeitskräfte zu unterbinden, entsprach die besondere Aufmerksamkeit, welche der DWV seit 1925 der Fachbildung der Werkmeister widmete, dem Wettbewerb mit den theoretisch besonders vorgebildeten Kräften; dem

Werkmeister ging es darum, durch Bildung diejenigen abzuwehren, die seine Betriebserfahrung mittels theoretischer Schulung niederzukonkurrieren drohten[24]. Zweifellos verhielten sich die Werkmeister klüger als die sozialistischen Angestelltenverbände der Vorkriegszeit, die ebenso wie sie der Einrichtung von Verbandskrankenkassen mißtrauten, weil diese standespolitisch nicht klassenkämpferisch wirkten, die Berufsbildung bewußt vernachlässigt hatten. Interessant ist in dieser Hinsicht ein Vergleich zwischen der hervorragenden Bildungsarbeit des Deutschen Bankbeamten-Vereins und dem radikalen Allgemeinen Verbande der Bankangestellten, der die berufliche Fachbildung ablehnte.

Schließlich sei noch am Rande bemerkt, daß die Bildungsziele der einzelnen Verbände und die Aktivität, mit der sich die Mitglieder ihrer verbandlichen Bildungseinrichtungen bedienten, in deutlichem Zusammenhang mit der betreffenden Verbandsideologie standen. Ziel der berufspädagogischen Arbeit des DHV war »die Unternehmerpersönlichkeit im besten Sinne des Wortes«. Die Arbeit des GdA beruhte auf einem »Kompromiß mit dem Leben«, einem »Sich-Abfinden mit den harten Tatsachen«. Im ZdA wandelte sich das Bildungsziel von einem »fachlichen zu einem gesellschaftlichen«. Der Afa-Bund gewährte die beste Betriebsräte-Schulung, im GdA trieb seit je ›Staatsbürgererziehung‹ zu seinem heroischen Ideal, im GDA zeigten die Mitglieder ein besonders starkes Interesse für Reisebeschreibungen, usw.[25].

In der Bildungsgeschichte der Angestellten, die hier kaum skizzenhaft angedeutet werden kann, ist der Zusammenhang von Bildung und sozialer Geltung leicht nachweisbar. Besonders aufschlußreich ist dafür die Entwicklung der technischen Intelligenz. Das Ansehen der deutschen Techniker war in der Mitte des vorigen Jahrhunderts recht gering; denn als gebildet galt nur, wer humanistisch gebildet war. Angehörige höherer Stände wurden daher nicht Techniker. Im Gegensatz zu England und Frankreich wird der Techniker in Deutschland um diese Zeit »als höherer Handwerker betrachtet, der Bauingenieur gilt für einen wissenschaftlich angefärbten Maurer oder Zimmerer, der Maschinentechniker für nicht mehr als einen verfeinerten Schlosser. Eine dementsprechende Enge des Urteils und des intellektuellen Blicks wurde ihnen a priori beigemessen. Solche Anschauungen hatten die öffentliche Meinung so irreleitend durchdrungen, daß man sogar beim Techniker Einseitigkeit des Strebens, Mangel an universeller Bildung, Vernachlässigung der gesellschaftlichen Erscheinung und

Form als vertrauenerweckende Attribute seiner fachlichen Tüchtigkeit betrachtete.«[26] Um die Jahrhundertwende kamen die ersten vereinsmäßigen Zusammenschlüsse von Technikern zustande. Ihre Ziele lagen nicht auf sozialpolitischem Gebiet, sondern lediglich auf dem der fachwissenschaftlichen Schulung. Diese Vereine waren die Geburtsstätten einer neuen erfahrungswissenschaftlichen Intelligenz, die in der Folge einen dreifachen Geltungsanspruch erhob. Erstens richtete sich der Geltungsanspruch gegen die Träger der humanistischen Bildung. Im Laufe des 19. Jahrhunderts ist es der technischen Intelligenz gelungen, wenn auch nicht völlige Gleichachtung, so doch einen beträchtlichen Ansehenszuwachs zu erlangen. Der Geltungsgewinn der technischen Intelligenz beruhte darauf, daß der Ingenieur die technischen Voraussetzungen der hochkapitalistischen Wirtschaft schuf und sozialer Repräsentant der populären Fortschrittsideologie wurde, mit deren Aufblühen die klassisch-humanistische Idee des Kulturfortschritts verdorrte. Er realisierte sich mittels der sozialen Differenzierung des technischen Personals in den industriellen Betrieben: Nicht die gesamte Trägerschaft der neuen Intelligenz erzielte den Geltungsgewinn, sondern nur eine Oberschicht, der mit der zunehmenden Verwissenschaftlichung der Produktionsweise die schwierigeren und ansehnlicheren Aufgaben übertragen wurden. Zu ihr zu stoßen war wegen der verhältnismäßig teuren technischen Ausbildung an die Vorbedingung eines gewissen Wohlstands der Eltern geknüpft. Der Geltungsanspruch richtete sich nämlich – zweitens – gegen die technischen Hilfskräfte, denen Hochschulvorbildung fehlte. Er stützte sich auf die allgemeinen Rangordnungsprinzipien in der Gesellschaft und hatte sich zum Teil bis in die Zeit nach dem Ersten Weltkrieg hinein mit der Ansicht auseinanderzusetzen, daß die schöpferische technische Leistung nicht unbedingt an akademische Vorbildung anknüpft[27]. Der Mittelschultechniker, der das Einjährige in der Regel nicht hatte[28], konnte nicht Reserveoffizier werden; die an Fachschulen gewonnene technische Bildung qualifizierte ihn dazu nicht, und die Zahl derer, die aufgrund des sogenannten ›Kunstparagraphen‹ (§ 589, Abs. 6 der Wehrordnung) die Einjährigenberechtigung erlangten, fiel überhaupt nicht ins Gewicht. Im Jahre 1899 wurde dann den akademischen Diplomingenieuren das Recht zuteil, zum Dr. Ing. zu promovieren, was sowohl eine formale Gleichstellung mit den Akademikern der älteren Fakultäten wie auch eine Auszeichnung gegenüber den Mittelschultechnikern bedeutete. Obwohl sich in der Weimarer Republik durch die Verelendung der Diplomingenieure im Zusammenhang mit der großen Arbeitslosigkeit dieser Berufstätigen die Distanz zum Mittelschultechniker objektiv verringerte, wirkte der alte, durch Unterschiede der sozialen Herkunft gefestigte Geltungsvorrang nach. Der Verein Deutscher Ingenieure nahm (seit 1921) die Inhaber eines Reifezeugnisses der (meisten) höheren Fachschulen erst nach fünfjähriger Ingenieurtätigkeit als ordentliche Mitglieder auf, die Reifeschüler anderer (niederer) technischer Schulen gar erst nach zehnjähriger Betätigung.

Drittens richtete sich der Anspruch der erfahrungswissenschaftlichen Intelligenz, insbesondere der Techniker, gegen das Monopol der juristischen Bildung im Verwaltungsdienst. Hier stieß sie auf den stärksten Widerstand und drang nicht durch. Das Monopol der juristischen Vorbildung für den Verwaltungsdienst beruhte auf der in der Hardenbergschen Periode ergangenen Instruktion vom 23.10.1817, mit der die Verdrängung der alten kameralistischen Erfahrungswissenschaft durch die juristische Disziplin als Erziehungsgrundlage begann[29].

So verschieden die einzelnen angedeuteten Bildungsinhalte und Bestrebungen bei Handlungsgehilfen, Werkmeistern und Technikern waren, allen eignete die Funktion, ihren Trägern soziale Geltung zu verschaffen bzw. sie zu verstärken. Aus diesem Funktionszusammenhang, in dem sich der Niedergang der klassisch humanistischen Bildung erfüllt hat, sprang auch der Bildungsanspruch derer nicht hinaus, die über das bloße ›triebhafte‹ Leben erhaben, etwa durch geistige Aneignung des »noch lange nicht aufgebrauchten« »deutschen Bildungsguts« danach trachteten, die Spannungen »zwischen ihrem Arbeitsleben und ihrem Persönlichkeitsstreben« auszugleichen. Sie übersahen, daß die Entstehung dieser Spannung zeitlich und sachlich verkoppelt gewesen war mit einer Zerstörung des humanistischen Bildungsideals durch die fachwissenschaftliche Intelligenz des kapitalistischen Zeitalters[30], die sie selbst repräsentierten. Auch die Politisierung des Bildungsinhalts vermochte diesen Prozeß nicht rückgängig zu machen.

Kapitel X
Die nationale Gesinnung

1. Soldaten und Krieger in Zivil

Verallgemeinerungen über die politische Orientierung der Angestellten in der Weimarer Republik verbieten sich wegen der Vielfältigkeit der Schicht. Die politischen Auffassungen der Angestellten waren ebensowenig einheitlich wie ihre Funktionen oder Betriebserfahrungen. Die verschiedenen Gewerkschaften der Angestellten, die im großen und ganzen gewissen sozialen Eigenschaften bestimmter Angestelltengruppen entsprachen, geben einige Anhaltspunkte für deren politische Orientierung – aber eben nicht mehr als Anhaltspunkte. Immerhin war das durchschnittliche Mitglied des Afa-Bundes kein Nationalist, und der durchschnittliche ›Handlungsgehilfe‹ im DHV kein Sozialdemokrat. Wenn man vom extremen Nationalismus der Angestellten in der Weimarer Republik genauer sprechen will, muß man in erster Linie den DHV ins Auge fassen und nicht den Afa-Bund; auch der GdA stand hinter dem DHV in dieser Hinsicht zurück.

Noch weniger spezifisch als die Urteile über die politische Haltung der Angestellten sind Behauptungen über die der ›Mittelschichten‹. Nach dem Zweiten Weltkrieg hat M. Rainer Lepsius die nationalistischen Gesinnungen und Bekenntnisse verschiedener sozialer Schichten zur Zeit der Weimarer Republik untersucht. Unter anderem hat er den Nationalismus des Mittelstandes zu identifizieren versucht und ihn von dem der Bauern, der Arbeiter und der Katholiken scharfsinnig unterschieden. Lepsius geht von der These aus, daß »im Selbstbild des Mittelstandes über einen Anspruch auf Schichtprivilegien hinaus konstitutiv auch ein Anspruch auf nationale Ehre und Geltung enthalten ist, ein Anspruch, Vertreter und Verwalter der Normalmoral der Gesellschaft zu sein«[1]. Lepsius' Thesen über den Mittelstand und dessen »schichteigenen Nationalismus« überschneiden sich in mancher Hinsicht mit einigen in diesem Kapitel vorzutragenden Ansichten, die in den Jahren vor Hitlers Machtübernahme entstanden sind. Aber seine Thesen bedürfen der Ergänzung.

Wenn Lepsius von Mittelstand spricht, hat er lediglich den sog. ›alten Mittelstand‹ im Auge, d. h. kleine selbständige Gewerbetreibende, Handwerker, »provinzielle Mittelständler« und dergleichen. Da sich die Mehrheit der deutschen Angestellten zum Mittelstand rechnete, ergibt sich die Frage, ob auf diese Angestellten – und übrigens auch auf die mittleren und unteren Beamten – die Ausführungen von Lepsius ebenso zutreffen wie auf die andern von ihm genannten ›älteren‹ Schichten. Lepsius behauptet, die Sozialmoral des Mittelstandes sei »vorindustrielles Relikt«, das sogar »heute noch fest in der Nationalkultur verankert« sei, da die Übertragung von Generation zu Generation im Schulwesen institutionalisiert sei. In bezug auf die Angestellten sind diese Ausführungen nur teilweise plausibel. Gewiß mögen sie auf viele kleinstädtische Angestellte zutreffen, aber wenn von den Mitgliedern des DHV behauptet würde, ihr antisemitischer Nationalismus habe einen Anspruch auf »Normalmoral« enthalten, so würde dies zu Weiterungen führen, die Lepsius wohl nicht im Sinne gehabt hat.

Ferner lassen sich die nationalistischen Emotionen der mittleren und höheren Angestellten in den Großbetrieben zur Zeit der Weimarer Republik jedenfalls nicht so leicht und nicht im gleichen Sinne als »vorindustrielles Relikt« verstehen wie die Emotionen vieler provinzieller Angestellter in Klein- und Mittelbetrieben. Es ist statt dessen wahrscheinlich, daß Verstädterung und Betriebsausdehnung die politischen Meinungen und Gefühle dieser Angestelltenschicht beeinflußt haben, wie hoch man auch die Rolle der Schule veranschlagen mag. Die in größeren Betrieben erlebte hierarchische Autoritätsaufteilung und Disziplin hat vermutlich die vorindustrielle Komponente des mittelständischen Nationalismus zugunsten modernerer politischer Leidenschaften geschwächt. Das bedeutet natürlich nicht, daß die Intensität des Nationalismus aus diesen Gründen nachgelassen hätte; das Gegenteil scheint der Wahrheit näher zu kommen.

Ferner fällt es auf, daß Lepsius die disziplinär-militärische Komponente des mittelständischen Nationalismus nicht erwähnt. Ihre Bedeutung für die Struktur des deutschen Großbetriebes und noch in der Weimarer Republik für die der deutschen Gesellschaft als ganze, die von vielen Beobachtern bemerkt worden ist, erheischt Beachtung auch bei der Beschreibung nationalistischer Orientierungen im ›neuen Mittelstand‹.

Die Eingliederung der arbeitenden Menschen in den Betrieb ist in ihrer Art nicht eindeutig durch die Organisationsform bestimmt. Vielmehr ist der Geist, der diese Formen belebt, von demselben Geist, der in der Gesellschaft herrscht. Gerade aus dem Bereich der Angestellten lassen sich dafür viele Beispiele anführen. Kurz nach der Staatsumwälzung von 1918 wurde z. B. in deutschen Werkmeisterkreisen darauf aufmerksam gemacht, daß der Werkmeister »kein Betriebsgendarm« mehr sein dürfe. Das frühere militärische System habe zwar seine guten Seiten gehabt, aber darin, daß die »seelischen Interessen« der Arbeiter nicht in der Arbeit, sondern außerhalb des Betriebs befriedigt wurden, habe sich die Schwäche dieses Systems gezeigt. Nunmehr müsse sich der Werkmeister bemühen, seine Arbeiter zu bewußter Mitarbeit zu erziehen, ihnen »Berater und Helfer und gegebenenfalls (!) Kamerad« zu sein[2]. Diese Selbstkritik ist deshalb interessant, weil sie eine Beichte war. Sie erhärtet die Ansicht von Götz' Brief, »daß in Deutschland Kaserne und Volksschule soziale Kategorien geprägt haben, die dann in die Gestaltung der Betriebsbeziehungen hineinwirkten... Es vollzog sich spürbar eine Formung der Betriebsleitung von der Spitze ihrer Hierarchie bis zum Werkmeister hinunter, durch das militärische Vorbild...«[3] In Holland, wo das Heer etwa das soziale Ansehen genoß, das in Deutschland die Feuerwehr hatte, wäre das angeführte Werkmeisterzitat wie die Tatsachen, die ihm zugrunde lagen, eine Absurdität gewesen. In Amerika verlangte man bereits in den 20er Jahren vom Werkmeister die Eigenschaften eines ›human engineer‹, der seine Untergebenen im Interesse des Produktionserfolgs klug und umsichtig behandelt; Maßstäbe des Handelns als Vorgesetzter aus der militärischen Sphäre zu entnehmen war deutsch, genauer: preußisch, folgte einer Tradition und konnte nur in einer Gesellschaft Billigung finden, deren soziale Vorbilder militärische Züge trugen. So konnte auch nur in Deutschland die Forderung, die »moralische Wucht« der Werkmeisterstellung dadurch zu stärken, daß man dem Werkmeister »nicht etwas zumutet – Zwiespalt mit seinen Lebensgenossen –, was kein Mensch auf die Dauer ertragen kann«, noch im Jahre 1922 als »grundsätzlich neu« bezeichnet werden[4].

Allerdings darf nicht vergessen werden, daß die überwiegende Mehrheit der organisierten Werkmeister im freigewerkschaftlichen Lager stand. Diese ehemaligen Arbeiter waren eher gemäßigte Sozialdemokraten als frühe Nationalsozialisten. Wenn sie für die SPD stimmten, so folgten sie oft einer gewerkschaftlichen Familientradition, ohne durch ihre Stimmabgabe den Geist der großbetrieblichen

Organisation entscheidend zu ändern oder ändern zu wollen. Ja, sie waren sogar an der Aufrechterhaltung dieser Organisation funktionell beteiligt.

In Deutschland, besonders in Preußen, galt jedenfalls als Vorbild von Disziplin und hierarchischer Ordnung die Armee. Seit 1866 war die herrschende nationale Gesinnung zugleich eine militärische. Man hat oft darauf hingewiesen, daß in Deutschland selbst die Organisation der freien Arbeitergewerkschaften die militärische Schulung des Volks verriet. Mit wieviel mehr Berechtigung gilt dieser Hinweis für den Geist in industriellen Großbetrieben. In den Büros wurden nach 1918 zu unmittelbaren Bewahrern des militärischen Geistes oft ehemalige Offiziere, denen in größeren wirtschaftlichen Unternehmen gern die Posten der Personaldirektoren zugewiesen wurden. Daneben wirkte der Stab der akademischen Adjutanten, die den Korpsgeist in die Betriebe trugen und ihn auch dadurch verbreiteten, daß sie als ›alte Herren‹ Verbindungsbrüder bei der Stellenbesetzung empfahlen und bevorzugten. Es galt als vorbildlich, wenn die leitenden ›Wirtschaftsbeamten‹ eine moralische Verantwortung fühlten, mit den untergeordneten Angestellten einen gewissen ›Korpsgeist‹ zu pflegen. Sie vergaben sich, wie versichert wurde, dadurch nicht mehr »als etwa der General, der mit den jüngeren Herren des Offizierskorps sich als Kamerad fühlt und als Kamerad verkehrt, ohne deswegen im geringsten seine Dienstüberlegenheit und Befehlsgewalt einzubüßen«[5].

Der Rest der Armee: Feldwebel, Unteroffiziere, Gefreite, die Mannschaft mit Abitur (denn in diesem Heer zählte das Einjährige wenig) wußte sich zu einem »intelligenten Gehorsam« (Spengler) verpflichtet, weil an ihn die Chance der Beförderung geknüpft war. Nur wer gehorchen konnte, durfte auch befehlen, und wer befehlen wollte, mußte gehorchen. Im deutschen Großbetrieb wurde nicht parlamentarisch regiert. »Aus dem Willen zur Leistung und zur Verantwortung so vieler Berufenen, die sich in einer Hierarchie der Verantwortlichkeit ordnen, wächst die Kraft, ... sich unabhängig von den Erwägungen der Massenseele zu halten, die von den Tagesstimmungen gespeist wird.« Mit diesen Worten kennzeichnete Max Habermann 1931 in einer »Rede an die junge Mannschaft des DHV«[6] den Geist seines Verbandes. Haben die jugendlichen Handlungsgehilfen, die ihrem damaligen Führer zuhörten, und denen ihr Verband als ein »Kasernenhof der ständischen Ehre«[7] erschien, nicht glauben sollen, zugleich eine beschwingende Darstellung ihrer Büroerfahrungen zu erhalten?

In den ersten Jahren der Weimarer Republik wies der Nationalismus noch auf den Militarismus des Kaiserreichs zurück. Er war reaktionär, ausgerichtet an den Zeitbildern der Wilhelminischen Ära: dem Offizier, dem Reserveoffizier, dem Couleurstudenten. Unter nationalistischen Angestellten zeigte sich die Neigung, Sitten der Vorkriegszeit fortzusetzen, deutlich in den Formen der Geselligkeit. Das begann beim Bierabend der Ortsgruppen des DHV in der Kleinstadt und endete in den großen repräsentativen Festen des Verbandes auf dem Verbandstag oder dem Ball der Kaufmannsgehilfen in den Großstädten. Das Vorbild studentischer Sitten leuchtete hierbei um so heller, als in ihm der Glanz militärischer Repräsentation erstrahlte. Dem Korps der Offiziere und dem der Studenten reihte sich so das der Handlungsgehilfen an. Die Ähnlichkeit läßt sich bis in die Liebeslieder nachweisen. Nach der Melodie »Keinen Tropfen im Becher mehr« sangen DHV-Mitglieder einen Cantus, in dessen letzten Strophen es vom Kaufmannsgehilfen hieß:

In des Herzens Memorial
trägt er junger Damen Zahl
ewig aufgeschrieben!
In des Herzens Kassabuch
stehn verzeichnet auch genug
Küsse unsrer Lieben!
In des Herzens Hauptbüchlein
trägt er oft nur Eine ein!
Einzig nur liebt er sie.
Aber ich gesteh es frei:
Mancher hat auch noch dabei
Contis pro Diversi
Wollt' man all die Kontis sehn,
würde darüber wohl vergehn
mehr als wohl ein Stündchen.
Hier ein blaues Augenpaar,
da ein lockig blondes Haar,
dort ein Rosenmündchen!
DHV, zu jeder Zeit
warst zum Kampf du bereit,
kämpfst für deine Rechte!
Doch dabei bist du nicht Gram
der Frau Eva wundersam
lieblichen Geschlechte.

Diesen Strophen gegenüber stand im Liederbuch des DHV[8] ein Gedicht von Matthias Claudius. Herausgeber des Liederbuches war nicht irgendein subalterner Beamter des Verbandes, sondern von der ersten bis zur einundzwanzigsten Auflage der Führer der Bewegung.

Die nationale Idee wurde 1918 durch die erzwungene Abrüstung Deutschlands gedemütigt. Dabei schwanden nicht nur die militärische Macht, sondern auch die dem Volke sichtbaren Repräsentanten der nationalen Idee von der gesellschaftlichen Bühne. Die völkischen, antipazifistischen, antiparlamentarischen, antisemitischen, antisozialistischen und antifeministischen Angestellten des DHV haben erfolgreich versucht, an ihrer nationalen Idee trotzdem festzuhalten. Sie konnten es nur, indem sie sie wandelten. Die Organisation der großen deutschen Industriebetriebe – in ihrem Geist durch das Betriebsrätegesetz nicht entscheidend geändert – half ihnen dabei. Die betriebliche Disziplin fungierte als Ersatz der militärischen. W. Stapel, laut Max Habermann »einer der gebildetsten Deutschen unserer Tage«, schrieb in seiner Schrift »Preußen muß sein« über die Stände wie folgt: Den ersten Stand bildeten die Krieger, den zweiten die Beamten (»Zivil ist freilich immer ein bisschen komisch, aber es muss das auch geben«), den dritten Stand bildeten die Bauern, den vierten die Gewerbe- und Handeltreibenden, die man gelten lassen müsse, weil sie für die Staatsfinanzen wichtig seien. In der Zeitschrift des DHV wurde diese Wertung der Beamten abgelehnt und die Vernachlässigung der Angestellten folgendermaßen ausgeglichen: »Objektiv kann man wohl den Krieger und den Kaufmann, aber nicht den Krieger und den Beamten vergleichen, wenn der Vergleich von den charakterlichen Eigenschaften und den Leistungen für das Ganze ausgehen soll. Der unternehmende Kaufmann stellt mit seinen Gehilfen eine Gefechtseinheit im... Lebenskampf der Nationen dar – er ist seinen Eigenschaften und seiner Aufgabe nach Krieger in Zivil.«[9]

Die absurde Bezeichnung des Angestellten als Krieger in Zivil beruhte auf extravaganten Vorstellungen, die in der bürgerlichen Jugend der Weimarer Republik, einschließlich der jungen Angestellten, um sich griffen. Sie verfälschten den herkömmlichen Sinn des Militärischen. Sie bezeugten nicht eigentlich Anhänglichkeit an traditionelle preußische Werte, sondern entstammten der Phantasie von Literaten, die vom ›Volk‹ statt von der ›Nation‹, vom ›Krieger‹ statt vom ›Soldaten‹ und von Abenteuern statt von Arbeit sprachen. Auf diese Weise wurde der Bürger nicht mehr durch den Untertanen, sondern durch den ›Helden‹ ersetzt. Der einflußreichste Literat dieser Art war Ernst

Jünger, der in der Zeit der Weimarer Republik von den Stahlgewittern des verlorenen Weltkrieges schwärmte und die »Normalmoral« des ›Mittelstandes‹ verachtete.

Der soziale Ursprung seiner Vorstellungen lag nicht im Stellungskrieg 1914 bis 1918, in dem die Fronten im Hagel der Bomben erstarrten, und die Soldaten Europas als Kanonenfutter verschlungen wurden. Statt dessen berief sich dieses neue Heldentum auf Erlebnisse im Stoßtrupp, d. h. besonders hart ausgebildeter Freiwilliger, die zu gefährlichen Sonderunternehmungen eingesetzt und, falls sie überlebten, aus der Front bis zum nächsten Einsatz wieder zurückgezogen wurden: eine kleine, hoch bezahlte, der Masse entfremdete Elite von Spezialisten der Gewalt. Die erstaunliche Popularität dieses kriegerischen Abenteuergeistes *nach* dem Kriege beruhte in Deutschland auf einem Unbehagen an der langweiligen zivilen Existenz, ihrer trockenen Arbeit und bitteren Arbeitslosigkeit, auf der enttäuschenden Risikolosigkeit des Alltags und auf dem Mangel an staatsbürgerlicher Bildung und Tradition[10].

Die ›kriegerische‹ Komponente des extremen Nationalismus zwischen den Weltkriegen war nicht auf Deutschland beschränkt. »Krieg ist für den Mann, was Mutterschaft für die Frau ist« war ein Ausspruch Mussolinis. Wie Henry Ashby Turner dargelegt hat, ist das heldische Ideal »für die Volkskulturen Europas bis in die heutige Zeit weitaus grundlegender als man gemeinhin anerkennt«[11]. Viele Beobachter haben die Vorformen des »utopischen Anti-Modernismus« (Turner) in Deutschland bis in das 19. Jahrhundert zurückverfolgt[12], obwohl weder Europamüdigkeit noch Unlust an der industriellen Gesellschaft auf deutsche Literaten- und Künstler-Kreise beschränkt waren.

2. DHV und NSDAP

Die Empfänglichkeit in der Weimarer Republik für die antimodernistische Abenteurer-Ideologie des ›kriegerischen‹, unbürgerlichen Lebens läßt sich weder als Folge wirtschaftlicher Not oder als Konsequenz parlamentarischer Lähmung noch als Erfolg der Propaganda und des Terrors der Nationalsozialisten zufriedenstellend erklären. Ohne Bezug auf die geistige Haltlosigkeit vieler Intellektueller und großer Teile des Volkes ist der Siegeszug des extremen Nationalismus und der nihilistischen Gewaltverherrlichung in der Weimarer Republik jedenfalls nicht zu verstehen.

Geistigen und moralischen Halt geben Überlieferungen, in denen das Ethos der Gesellschaft zum Ausdruck kommt. Im Wilhelminischen Deutschland waren die drei Traditionen mit der breitesten Basis in der Bevölkerung protestantisch-militärisch, katholisch und proletarisch-freigewerkschaftlich. Verschiedene Einzeluntersuchungen haben erwiesen, daß der Nationalsozialismus beim Masseneinbruch in die Weimarer Politik die geringsten Erfolge in katholischen Gegenden und in den großstädtisch-industriellen Hochburgen der freigewerkschaftlichen Organisationen hatte[13]. Daß Katholizismus und proletarisches Bewußtsein die festesten Stützen gegen den extremen Nationalismus boten, erwies sich bei jeder Wahl bis zu Hitlers Machtübernahme[14].

Die protestantisch-militärische Tradition war dagegen nach 1918 erschüttert. Sie gab schon deshalb nur wenig Halt gegen den Ansturm des neuen Nationalismus, weil ja jedenfalls seine Klassenkampf, Parlamentarismus, Freie Gewerkschaften, Sozialdemokratie und Kommunismus bekämpfende Propaganda sich alten deutschen Anschauungen empfahl. Militärische Kreise und die Reaktion nahmen keinen Anstoß an Hitlers Bürgerkriegspolitik, sondern allenfalls an den Ansprüchen seiner plebejischen, paramilitärischen Organisationen. In dieser Hinsicht sollte sich bald nach der Machtübernahme – im Blutbad des 30. Juni 1934 – zeigen, daß der »Führer« vor nichts zurückschreckte, um seinen Respekt vor den Trägern der militärischen Tradition zu beweisen.

Was die völkische und rassisch-antisemitische Komponente der NSDAP anbetraf, so wurde sie von den meisten Deutschen entweder akzeptiert oder bagatellisiert. Vor 1933 haben selbst viele deutsche Juden den Antisemitismus der NSDAP nicht ganz ernst genommen oder jedenfalls für bloße Stimmenfängerei gehalten. Den Mitgliedern des DHV sagte Hitlers Antisemitismus nicht viel Neues. Der Verband hatte eine alte völkische Tradition, wenn auch der rassische Antisemitismus neueren Datums war. Menschen mit eingefleischten Vorurteilen fällt es nicht schwer, Gewalt, Brutalität und selbst Mord zu übersehen oder gut zu heißen, wenn sich solche ›Exzesse‹ gegen die Opfer der Vorurteile richten. Jeder Haß ist im Grunde mörderisch, und man glaubt ja, nicht selber zu morden, wenn man Mord nur hinnimmt oder gegebenenfalls ihn sogar bedauert.

In den ersten Jahren der Weimarer Republik fanden die meisten parlamentarischen Vertreter des DHV ihre bevorzugte Wirkungsstätte bei der Deutschnationalen Volkspartei (DNVP), die zur Zeit ihrer Gründung im November 1918 die Anhänger aller konservativen Vorkriegsparteien anzog. In den Mai-Wahlen 1924 verdoppelte sie nahezu ihre Mandate im Reichstag, was eine Verstärkung der alldeutschen und wirtschaftsfriedlichen Interessen in der Partei mit sich brachte. Der Zusammenstoß mit den seit 1918 gewerkschaftlich orientierten Vertretern des DHV[15] war daher nur eine Frage der Zeit. Im Juni 1928 griff Walther Lambach, Mitglied des DHV und Reichstagsabgeordneter bei der DNVP, den »Monarchismus« der Partei an. Dies führte zu heftigen innerparteilichen Auseinandersetzungen und, nach Hugenbergs Wahl zum Parteivorsitzenden im Oktober 1928, schließlich zum Austritt Lambachs und anderer Arbeitnehmervertreter aus der DNVP.

Nur wenig später fand eine ähnliche Entwicklung bei der Deutschen Volkspartei (DVP) statt. Nach Stresemanns Tod im Oktober 1929 gewannen die Unternehmerinteressen in der DVP die Oberhand, wodurch Thiel und Glatzel, die DHV-Vertreter in der Reichstagsfraktion der Partei, in wachsende Schwierigkeiten verwickelt wurden. Unter der Führung Dingeldeys wurde die DVP immer reaktionärer. Beim kritischen Vertrauensvotum für Brüning am 16. Oktober 1930 stand die DVP-Fraktion im Lager der Opposition, aber Thiel und Glatzel brachen die Fraktionsdisziplin. Als Dingeldey Anfang Juli 1932 ein Wahlbündnis seiner zusammengeschmolzenen Partei mit der DNVP bekannt gab, traten Thiel und Glatzel aus der DVP aus[16].

Die Leitung des DHV suchte nach dem Bruch mit der Reaktion eine »volkskonservative« Orientierung der deutschen Politik zu fördern. Einerseits richteten sich diese Bestrebungen gegen die Reaktion, andererseits waren sie ›völkisch‹, wenn auch ›vornehmer‹ als die völkische Bewegung der NSDAP. Aber die DHV-Leitung setzte ernsthafte Hoffnungen auf eine Koalitionsregierung Brüning-Hitler. Der kulturpolitische Hauptsprecher der Volkskonservativen war Wilhelm Stapel, ihr prominentester politischer Förderer in der DHV-Leitung Max Habermann. Er hatte alte und enge Verbindungen mit Brüning aus dessen Zeit als Geschäftsführer der Christlichen Gewerkschaften und fühlte sich angesprochen von der klassenjenseitigen Nazi-Rhetorik. Er übersah die Exzesse der SA und hatte weniger Spürsinn für Hitlers unbegrenzten Machthunger als für Hugenbergs und Dingeldeys reaktionäre Ziele. Nach dem in diesem Fall wohl zutreffenden Urteil von Albert Krebs, einem führenden Nazi im DHV, war die NSDAP für Habermann »eine Partei wie alle anderen Parteien auch ...« Er »besaß keinen Zugang zu Bereichen, wo Gefühle, Begierden, Triebe, Sehnsüchte ungezügelt und ungeformt herrschten... Er verstand selbst zehn Jahre später... noch nicht die wilde Besessenheit, von der die Menschen im innersten Kreis der Partei ohne Rücksicht auf überlieferte moralische Wertordnungen ergriffen waren.«[17]

Habermann und Krebs bereiteten die erste Unterhaltung zwischen Brüning und Hitler im Herbst 1930 vor, und nach einem in der deutschen Presse oft nachgedruckten Aufsatz von Habermann »Brüning und Hitler« kam es durch Vermittlung Gregor Strassers am 6. November 1931 zu einer Aussprache zwischen Bechly und Habermann für den DHV, Hitler, Hess und Gregor Strasser für die NSDAP[18]. Habermann war der Ansicht, daß die Synthese Brüning-Hitler – d. h. der Christlichen Gewerkschaften und einer antiliberalen, antimarxistischen Massenbewegung – in der vierzigjährigen Geschichte des DHV »Gestalt geworden« sei[19]. Trotz Habermanns ›optimistischer‹ Beurteilung der Unterredung mit Hitler war die Begegnung jedoch ergebnislos. Hitler suchte in der »Harzburger Front« den Kontakt mit den reaktionären und kapitalistischen Kreisen der DNVP, nicht mit Brüning, dem Zentrum und den Christlichen Gewerkschaften. Als Bechly und die Verwaltung des DHV im Februar 1932 sich dann öffentlich für die Wiederwahl Hindenburgs erklärten, war der Bruch mit Hitler endgültig vollzogen. Lediglich die Verbindung zwischen Habermann und dem ›revolutionären‹ Gregor Strasser blieb bis zu dessen Tode am 30. Juni 1934 bestehen.

Max Habermann verkannte Hitler und überschätzte Brüning. Seine Bemühungen, den DHV vor der völkischen Bewegung abzuschirmen, bezogen sich stets auf das Sektierertum, die ›Führereifersüchteleien‹ und auf wirtschafts- und sozialpolitische Ansichten, nicht auf die »völkische Konzeption als solche«[20]. Und wenn er, Bechly und andere Funktionäre des DHV vom Führungsanspruch der Gewerkschaften sprachen, so meinten sie stets allein den christlich-nationalen Deutschen Gewerkschaftsbund, einschließlich DHV, nicht die mächtigen Freien Gewerkschaften. Sie hatten den ›nationalen Mythos‹ im Sinn – und redeten viel von ihm –, nicht republikanische Bürgertugend; sie sprachen von der »volksorganischen Demokratie der Massen«, hielten aber nicht Hitlers Bedrohung der Demokratie für eine Gefahr, sondern die SPD, die Freien Gewerkschaften und Hugenberg. Die parlamentarischen Querverbindungen des Verbandes erstreckten sich bis zur NSDAP, aber nicht bis zur SPD. Kein leitender Funktionär des DHV wandte sich gegen die Verunglimpfung des Parlamentarismus, kämpfte gegen Antisemitismus, warnte vor der Ausbeutung nationalistischer Gefühle oder entrüstete sich öffentlich über den Terror der SA. Nur die Gegnerschaft zum Marxismus und zur bornierten Reaktion war ernst.

Wie verdorben der Nationalismus der DHV-Leitung war, geht nicht nur aus ihrem Taktieren mit Hitler hervor, sondern bereits aus ihrem Schweigen zum Volksbegehren gegen den Young-Plan. In dem am 9. Juli 1929 geschaffenen »Reichsausschuß für das deutsche Volksbegehren gegen den Young-Plan«, dem Vorläufer der Harzburger Front, arbeiteten DNVP, Stahlhelm, NSDAP und Vaterländische Verbände zusammen. Der Reichsausschuß schlug ein Gesetz vor, das alle Vertreter des Reichs, die den Ansichten des Reichsausschusses über den Young-Plan und der Nichtanerkennung der deutschen Kriegsschuld zuwider handelten, als Landesverräter mit Zuchthausstrafen bedrohte. Trotz ihrer Sorgen wegen der Kooperation zwischen Hugenberg und Hitler nahm die Leitung des DHV zum Volksbegehren keine Stellung und Mitglieder der »Fahrenden Gesellen«, der Jugendorganisation des DHV, demonstrierten zusammen mit Nationalsozialisten gegen den Young-Plan.

Die Bedeutung des Versuchs der DHV-Leitung, einen nationalen Weg zwischen Reaktion und Extremismus, zwischen Hugenberg und Hitler zu finden, verursachte große Unruhe in der Mitgliedschaft des DHV; Bechlys und Habermanns Politik stieß auf erbitterte Kritik und geräuschvollen Widerstand innerhalb des Verbandes, besonders bei jugendlichen Angestellten. Es kam sogar zu Ausschlüssen von Mitgliedern, die die Verbandspolitik allzu extremistisch kritisierten. Die NSDAP hielt im Jahre 1930 drei Viertel der DHV-Jugend für Nazis[21].

Im Lichte der Septemberwahlen 1930, als die Zahl der Reichstagsmandate der NSDAP von 12 auf 107 hinaufschnellte, aber die von der DHV-Leitung unterstützten Volkskonservativen ebenso wie DNVP und DVP katastrophale Einbußen erlitten, war Habermanns politische Hoffnung kläglich gescheitert. Habermann hat nicht nur Hitler falsch beurteilt, sondern auch die Deutschen. Den Weg zur Opposition zu Hitler fand er erst nach dem Zusammenbruch der Weimarer Republik[22], zu dem der DHV das Seine beigetragen hatte.

Von nicht geringer Wichtigkeit für die Vernichtung von Weltoffenheit, Maß und Klarheit in der Weimarer Republik und für die Zubereitung einer geistigen Kost, die volkskonservativen Kulturbestrebungen entsprach, war die publizistische Tätigkeit des DHV.

Abgesehen von verschiedenen Verbandszeitschriften für Mitglieder und die »Jungmannschaft« verlegten die Publikationsunternehmen des Verbandes – die Deutsche Hausbücherei, die Hanseatische Verlagsanstalt, Georg Müller und Albert Langen – Autoren, deren Schriften weit über den Kreis der DHV-Mitgliedschaft hinaus dem »Aufbau« einer geistigen »Front« dienen sollten: in Stapels Wortschatz wurde selbst die schöngeistige Literatur militärisch beschrieben. Im Kreise dieser fronttümlichen Bücher war für Autoren, die nicht völkisch oder volkhaft schrieben, kein Platz. Georg Büchner und Georg Christoph Lichtenberg z. B. waren den DHV-Lesern wahrscheinlich, Friedrich Georg Forster war ihnen bestimmt unbekannt; Heine war »artfremd«. Fontane wurde wohl kaum gelesen – er erschien im S. Fischer Verlag – und wären seine Ansichten über Bismarck bekannt gewesen, so hätte er im DHV sicherlich als »volksfremd« gegolten[23]. Dafür verbreiteten die genannten Verlage Werke des Großadmirals von Tirpitz, von Werner Sombart, Walther Lambach, Moeller van den Bruck, Wilhelm Stapel, Hans Blüher, Adolf Bartels, Werner Jansen, August Winnig, Ernst Jünger, Erwin Guido Kolbenheyer, Hans Grimm, Hanns Johst, Hermann Ullmann, Albert Erich Günther, Wilhelm von Polenz. Auch ältere deutsche Schriftsteller mit antisemitischen Einflechtungen in ihre Prosa, wie Gustav Freytag und Wilhelm Raabe, standen auf der Liste der Publikationen[24]. Die Jahrbücher des DHV enthielten Hinweise auf viele völkische Autoren. In den Buchläden des DHV lag natürlich auch Theodor Fritschs »Handbuch der Judenfrage« aus, 1932 in der einunddreißigsten Auflage[25]. Kurzum, kulturpolitisch vertrieb der DHV Bücher, die sich bei den halbgebildeten Mittelschichten der Weimarer Republik gut verkauften und im Dritten Reich nicht verbrannt zu werden brauchten.

Im Winter 1933–1934 schrieb Max Habermann eine unveröffentlichte Geschichte des DHV. Sie enthält seine Schätzung, daß nicht weniger als die Hälfte der DHV-Mitglieder schon in den Reichstagswahlen am 14. September 1930 ihre Stimmen den Nationalsozialisten gegeben haben[26]. Es ist übrigens höchst beachtlich, wie weitgehend auch der GdA, den man gewöhnlich als demokratisch, d. h. der DDP nahestehend, anzusehen pflegte, bereits im Jahre 1931 vom Nationalsozialismus eingefangen war. Nach einer Erhebung des GdA waren von rund 1000 Mitarbeitern schon damals etwa ein Drittel Nationalsozialisten, rund ein Drittel waren angeblich Sozialdemokraten und der Rest verteilte sich auf andere Parteien[27]. Vermutlich war in den letzten Wahlen der Weimarer Republik der Anteil der Angestellten im DHV, GdA und bei den Unorganisierten an den Nazi-Stimmen noch beträchtlich höher als die Schätzungen von 1930 und 1931 andeuten.

Nach den oft zitierten Zahlen von Hans Gerth machten 1933 die Angestellten mehr als ein Fünftel (21,1 %) der Parteimitgliedschaft aus, aber nur ein Achtel (12,5 %) der Erwerbstätigen[28]. Sie waren also ähnlich wie die anderen Mittelschichten der Bevölkerung, d. h. die Selbständigen und Beamten, überrepräsentiert in der Partei, während das Umgekehrte für die Arbeiter zutraf. Für das Jahr 1930 hat Wolfgang Schäfer die Sozialgliederung der Partei mit der Gesellschaftsstruktur verglichen[29]. Wenn der prozentuale Anteil jeder Berufsgruppe an der Gesamtzahl der Erwerbstätigen 100 gleichgesetzt wird, war die Indexzahl für den prozentualen Anteil in der Partei bei den Arbeitern nur 61,2, bei den Angestellten dagegen 213,5; dieser Index der Überrepräsentation wurde im Jahre 1930 nur von den Selbständigen (230,0) übertroffen, nicht aber von den Beamten (162,7) oder Bauern (132,0).

Auch die Untersuchungen über die Wahlen in der Republik bestätigen die hohe Anfälligkeit der Angestellten für die Nazis. Am schwächsten wurde die NSDAP von den Arbeitern gewählt, am stärksten von den Selbständigen und in den Städten besonders von Selbständigen in Gewerbe und Handel. Aber Angestellte und Beamte standen den Selbständigen in dieser Hinsicht nur wenig nach[30]. Die genaue Untersuchung von Alexander Weber für die Gemeinden der Länder Baden und Hessen bestätigt diese Schichtung der NSDAP-Wähler[31].

3. ›Volk‹

Der Nationalismus der Angestellten hatte auch die soziale Funktion, ihrem gesellschaftlichen Geltungsanspruch Nachdruck zu verleihen. Vielleicht kann dies in Anknüpfung an eine Bemerkung Schopenhauers dargelegt werden. In seinem Essay »Von dem was einer vorstellt« sagte Schopenhauer vom Nationalstolz, er verrate »in dem damit Behafteten den Mangel an individuellen Eigenschaften, auf die er stolz sein könnte, indem er sonst nicht zu dem greifen würde, was er mit so vielen Millionen teilt. Wer bedeutende persönliche Vorzüge besitze, wird vielmehr die Fehler seiner eigenen Nation, da er sie beständig vor Augen hat, am deutlichsten erkennen. Aber jeder erbärmliche Tropf, der nichts in der Welt hat, darauf er stolz sein könnte, ergreift das letzte Mittel, auf die Nation, der er gerade angehört, stolz zu sein:

hieran erholt er sich...«[32] Schopenhauers Ausführungen eröffnen keine unmittelbare Einsicht in die soziale Funktion des Nationalismus, aber sie betonen jedenfalls, daß Nationalstolz den Mangel schätzenswerter Eigenschaften erträglicher macht.

Der Nationalismus der deutschen Mittelschichten hatte in der Wilhelminischen Ära diskriminierende Züge; in der Weimarer Republik erfüllte er außerdem die Funktion der Kompensation von sozialen Nachteilen, welche die Mittelschichten den Arbeitern gegenüber unverdientermaßen zu erleiden glaubten.

Der Nationalsozialismus der Vorkriegszeit war sozial diskriminierend, insofern als die sozialdemokratische Arbeiterschaft für internationalistisch und vaterlandslos galt. Nationalisten fühlten sich ihr moralisch überlegen. Die Arbeiter, die ihrerseits dem Staat mißtrauten, gehörten sozusagen nicht zur Nation. Die Armen des ›Mittelstandes‹ glaubten, durch Betonung ihrer nationalen Gesinnung vor der Verwechslung mit Proletariern gefeit zu sein. Sozial diskriminierende Vorurteile sind immer besonders scharf bei Grenzschichten ausgeprägt, die den Opfern der Vorurteile, d.h. den Diskriminierten, geographisch, ökonomisch, religiös oder in anderer Hinsicht nahe stehen: »Konvertiten gegenüber Mitgliedern ihrer alten Glaubensgemeinschaft; assimilierte Juden in der Weimarer Republik gegenüber den ›Ostjuden‹; die armen Weißen (the poor white trash) gegenüber den Farbigen in den Vereinigten Staaten; die Neureichen stets gegenüber den Schichten, aus denen sie stammen«; ja sogar frühere, z.T. assimilierte Emigranten gegenüber den Mitgliedern einer späteren Emigrationswelle, z.B. die Hugenotten in Preußen gegenüber den französischen Emigranten nach 1789, die in Städten seit langem ansässigen gegenüber neu vom Lande zugewanderten Schwarzen in den USA oder in einem gewissen Grade auch die deutschen Emigranten nach 1933 gegenüber den etwas später geflohenen Österreichern.

Die sozial diskriminierende Herabsetzung der deutschen Arbeiter wurde durch den Burgfrieden während des Krieges, in dem die Sozialisten ebenso wie die Nationalisten das Vaterland verteidigten, kaum gemindert und nach der Staatsumwälzung eher verschärft. Selbst noch als die Arbeiter der SPD für Hindenburg in der Präsidentschaftswahl stimmten, warfen ihnen die extremen Nationalisten Mangel an Patriotismus vor. Die politische Funktion des Nationalismus zur Zeit der Weimarer Republik glich freilich nicht der der nationalistischen Gesinnung in der Wilhelminischen Ära. Im Gegensatz zu den Konservativen, Nationalliberalen und Antisemiten der Vorkriegszeit konnten die Nationalisten nun nicht mehr wähnen, daß sie staatserhaltende Ansichten vertraten, denn sie trugen zur Zerstörung des neuen bestehenden Staates bei. Weder die reaktionäre DNVP noch die NSDAP schreckten vor beharrlichen Lügen und vergiftender Propaganda über die Ursachen und Folgen der deutschen Niederlage im Weltkrieg zurück, und beide verunglimpften republikanische Politiker. Schon zu Beginn der Weimarer Republik waren die Nationalisten über Fememorde und andere Beweise der Verwilderung des politischen Lebens weniger bestürzt als über dessen Demokratisierung. Insbesondere die politische und soziale Erhöhung des Status, den die Arbeiter und ihre Organisationen in der Weimarer Republik gewonnen hatten, war den Nationalisten aller Schattierungen ein Stein des Anstoßes. Die politische Funktion des Nationalismus gewann einen sozialen Aspekt.

Was die deutschen Mittelschichten anbetraf, so erbitterte sie der Vergleich ihrer Lage mit der der Arbeiter. Da Geltung und Status der Arbeiter sich nach der Staatsumwälzung verbessert hatten, erschien den Mittelschichten ihr eigenes gesellschaftliches Schicksal um so unerträglicher. Der Nationalismus der Mittelschichten erfüllte nun eine neue, kompensierende Funktion zusätzlich zu seiner diskriminierenden Funktion in der Vorkriegszeit.

Die sozialen Folgen der Inflation, der Rationalisierung und der Krise seit 1929: Entzug der Rentengrundlage, Verringerung der Aufstiegschancen im Betrieb, Entstehung einer Massenarbeitslosigkeit unter den Angestellten, Ausgabenschrumpfung infolge der zahlreichen Gehaltsabbaumaßnahmen – dies alles verschärfte die nationalistische Gesinnung der Mehrzahl der Angestellten. Sie lehnten den Afa-Bund und seine Politik ab, ihr Wille, nicht Proletarier zu sein, blieb ungebrochen; ihr Anspruch sozialer Überlegenheit über die Arbeiter wurde durch die erhöhte Verunsicherung ihrer Lage und den gleichzeitigen Zuwachs an Macht und Prestige der Arbeiter nur gesteigert. Aber im Zuge der wirtschaftlichen und parteipolitischen Entwicklung nach 1918 differenzierten sich die nationalistischen Gesinnungen der antisozialistischen Angestellten. Von den wirtschaftlich mächtigen Reaktionären, den auf nichts als Restauration bedachten Nationalisten, hoben sich trotz nicht geringerer Feindschaft gegen das herrschende parlamentarische System diejenigen ab, die wie die ›Handlungsgehilfen‹ wirtschaftlich abhängig waren und im wirtschaftlichen Interessengegensatz zu den Unternehmern standen. Sie pochten darauf, zum ›Volk‹ statt zum Proletariat zu gehören:

›Volk‹ nämlich, weil sie die kapitalistische Geltung infolge ihrer Proletarisierung verloren hatten, aber eben Nicht-Proletariat kraft ihrer nationalistischen Gesinnung blieben. Das ›Volk‹ umfaßte sozusagen nicht die Kapitalisten, ähnlich wie vor dem Kriege die ›Nation‹ nicht das Proletariat einschloß.

Der idealtypische Vertreter des Mannes aus dem Volke, der »ehrliche Mann und Kind des Volkes« – wie sich Adolf Stöcker seinerzeit bei den Berliner Arbeitern einführen wollte – ist in kapitalistischen Gesellschaften jemand, der den unteren, weder durch Reichtum noch durch Bildung ausgezeichneten Mittelschichten angehört oder entstammt. Der Adlige steht über dem ›Volk‹, der Gebildete wird der Volksfremdheit leicht verdächtigt, der Kapitalist und der Proletarier aber scheinen die Volkseinheit zu bestreiten und zu sprengen, solange sie im Klassenkampf stehen. In dem Maße, in dem die Mittelschichten den Klassenkampf ablehnten, konnten sie glauben, echtere Repräsentanten des ›Volkes‹ zu sein als diejenigen Schichten, die an dem Kampf nicht nur teilnahmen, sondern ihm gemäß der sozialistischen Ideologie eine moralische Mission zuschrieben. Trotz der gewerkschaftlichen Vertretung ihrer wirtschaftlichen Interessen lehnten die nicht im Afa-Bund organisierten Angestellten den Gedanken des internationalen Klassenkampfes strikt ab. Dementsprechend galten die vom Afa-Bund propagierten Vorstellungen einer Umgestaltung des kapitalistischen Systems durch Klassenkampf als proletarisch, unmoralisch und als schädlich für das Wohlergehen des deutschen ›Volks‹.

Im DHV gehörten völkische Ideen seit den neunziger Jahren des vorigen Jahrhunderts zum Bestand der Verbandsideologie. Die Mitglieder waren wohl vorbereitet für die Durchdringung des völkischen Gedankens mit der antimodernen Pseudomythologie von Blut und Rasse, die in den letzten Jahren der Weimarer Republik so viel begeisterte Zustimmung fand. Darüber hinaus waren sie empfänglich nicht nur für die volkskonservativen Ideen Stapels und Habermanns, sondern besonders für die politische Verfälschung des Volksbegriffes, zu der – wie bei der Verfälschung der militärischen Idee – wiederum geschäftige Schriftsteller ihr gut Teil beitrugen. So bezeichnete z. B. Professor Hans Freyer im Jahre 1931 das Volk als »revolutionären« Ort des Ausbruchs aus der Klassengesellschaft und des Aufbruchs zu einer vagen, aber enthusiastisch verkündeten klassenjenseitigen Zukunft. Er tat dies in seiner einflußreichen Schrift »Revolution von rechts«. »Nachdem die Gesellschaft ganz Gesellschaft geworden ist, alle Kräfte als Interessen, alle Interessen als ausgleichbar, alle Klassen als gesellschaftlich notwendig erkannt und anerkannt hat, erscheint in ihr dasjenige, was nicht Gesellschaft, nicht Klasse, nicht Interesse, also nicht ausgleichbar, sondern abgründig revolutionär ist: das Volk.«[33] Auf solche Weise wurde der Klassenkampf als überlebt abgelehnt, der gesellschaftliche Ausgleich entwertet, der politische Kompromiß verunglimpft. Laut Hans Freyer war das Volk »der Gegenspieler der industriellen Gesellschaft: der einzige, den die Geschichte für sie bereit hat. Es ist der einzige legitime Fragesteller der Frage: für wen?, denn die Antwort, die es selber gibt, lautet: für mich.«[34] In seiner enthusiastischen Wirrköpfigkeit betonte Freyer auch noch, daß es »schlechterdings verboten« sei, das Volk, dieses »neue Subjekt der Geschichte« »mit den Formeln der alten Welt theoretisch begreifen zu wollen«; die Frage »zu welcher Form es sich fügen wird, wenn es am Ziel seiner Bewegung ist«, sei »nicht nur falsch sondern auch feige«[35]. Diese Unsinnigkeiten, in denen man das Echo nationalsozialistischer Rhetorik hören konnte, wurden von der halbgebildeten bürgerlichen Jugend, die auch junge Angestellte umfaßte, ernstgenommen, und galten für respektabel, da sie ja nicht von einem ehrgeizigen Politiker, sondern von einem Wissenschaftler stammten[36].

All dies hatte mit »Normalmoral« wenig zu tun: es war dazu viel zu maßlos: Gestammel statt vernünftiger Rede. Aber gegen Ende der Weimarer Republik war es nichtsdestoweniger ein Bestandteil des ›mittelständischen‹ Nationalismus in Deutschland.

Die nationale Gesinnung der Angestellten, die ihren sozialen Geltungsansprüchen dienlich war, war keineswegs eine kohärente, schichteigene Ideologie. Sie schillerte in mehreren Farben. Die Bestandteile dieser Ideologie lassen sich nicht klar bestimmten Jahren oder bestimmten deutlich voneinander geschiedenen Bestandteilen der Schicht zuordnen. Aber wenn die Angestellten als Mitglieder des ›Volkes‹ einen Geltungsanspruch erhoben, so konnte er auf verschiedene Weise als ›moralisch‹ erscheinen: (1) durch Anrufung des Geistes und Benutzung von Organisationsformen desjenigen sozialen Gebildes, das vor 1918 die alte Nation verkörpert hatte und den sozialen Figuren, an denen das ›Volk‹ seine Eingliederung in die gesellschaftliche Ordnung erkannte, Repräsentationskraft verliehen hatte: der Armee und ihren Führern; (2) durch Verfälschung der militärischen, im wesentlichen preußischen Tradition, d. h. durch die Mythologisierung des ›Kriegers‹ als Kontrastfigur zu den verächtlichen Figuren des

Zivilisten und Staatsbürgers; (3) durch Ablehnung des lediglich reaktionären Nationalismus der Unternehmer und ihrer Ideologien, der Gegner des ›Volkes‹; (4) durch Kampf gegen die liberal-demokratische Idee, die das ›Volk‹ auf unordentliche Weise ›atomisierte‹; (5) durch Kampf gegen die marxistische Idee des Klassenkampfes, der das ›Volk‹ zu bedrohen schien; und (6) durch Heiligung der Rasse, in welcher die im ›Volk‹ aufgehobenen oder ihm verdeckten Interessengegensätze ausgeglichen zu sein schienen.

Kapitel XI

Die Verbände bis zum Ende des Kaiserreichs

In diesem Abschnitt und den folgenden Kapiteln wird versucht, eine Übersicht über die geschichtliche Entwicklung der Angestelltenverbände bis zu ihrem Verfall im Jahre 1933 zu geben.

Zusammenschlüsse von Angestellten in Verbänden erfolgten seit der zweiten Hälfte des 19. Jahrhunderts auf berufsständischer Grundlage. Die Verbände dienten nicht der Sicherung sozialpolitischer oder wirtschaftlicher Vorteile ihrer Mitglieder, sondern sie widmeten sich vorwiegend geselligen Zwecken und der Selbsthilfe. Mitgliedschaft stand auch wirtschaftlich Selbständigen offen. Der Verein für Handlungs-Kommis von 1858 war z. B. der Ansicht, »daß eine Trennung in der Verfolgung der Standesinteressen von beiden Seiten aus zum besten des gesamten Kaufmannsstandes unbedingt vermieden werden muß. Nicht für die Trennung, sondern für die Festigung der Bande wollen wir eintreten...«[1] Auch der Verband deutscher Handlungsgehilfen zu Leipzig, gegründet im Jahre 1881, empfahl, »die Standesarbeit nicht auf einen feindseligen Gegensatz der beiden Gruppen [Prinzipale und Angestellte] einzustellen, sondern das Gefühl der Zusammengehörigkeit festzuhalten und soweit möglich nach Verständigung und Ausgleich zu suchen«[2].

Etwa im letzten Jahrzehnt vor Ausbruch des Ersten Weltkrieges zeigten die Verbände ein steigendes Interesse an der Schaffung rechtlicher Privilegien gegenüber den Arbeitern, besonders auf den Gebieten der Sozialversicherung und des Arbeitsrechts. Sie wurden dabei von gewissen Unternehmern unterstützt, von anderen bekämpft. Mit gewerkschaftlichen Methoden zur Verbesserung der Lohnregelung und der Arbeitsverhältnisse hatten die Handlungsgehilfen noch nichts zu tun. Solche kollektiven Methoden lagen im Aktionsbereich der Arbeiterverbände, die sie zumindest rhetorisch mit sozialistischen Anschauungen über die Änderung der kapitalistischen Gesellschaftsordnung verknüpften. Bei den Angestellten entwickelten sich verwandte

Vorstellungen zuerst bei denjenigen, die einerseits den Arbeitern im Betrieb relativ nahe standen und andererseits nicht, wie die Handlungsgehilfen in kleineren Betrieben, auf ein Vertrauensverhältnis zu den Prinzipalen bauten, d. h. bei technischen Angestellten, einschließlich der Werkmeister, und bei den schlechtest bezahlten und in zunehmender Unsicherheit lebenden, unteren kaufmännischen Angestellten.

Im Jahre 1884 entstand der Deutsche Werkmeisterverband durch Zusammenschlüsse örtlicher Vereine. Der finanziell kräftige DWV bemühte sich um die Ausdehnung der Schutzgesetze für Handelsangestellte auf die technischen Angestellten. Obwohl die meisten Werkmeister durch die Herkunft aus der Arbeiterschaft gewerkschaftlich geschult waren, war der DWV verhältnismäßig gemäßigt und stand auch später auf dem konservativen Flügel der Freien Gewerkschaften.

Die frühen Organisationen der Techniker in den sechziger Jahren waren ebenfalls kleine, örtliche Vereine. Sie schlossen sich erst 1884 mit einer Gesamtmitgliedschaft von 500 zum Deutschen Technikerverband zusammen. Der Verband gründete eine Hilfskrankenkasse, widmete sich dem Erfinderschutz und war an der sozialen Gesetzgebung interessiert, legte aber Wert darauf, eine Standesorganisation zu sein. In dieser Hinsicht ähnelte er den z. T. schon in den fünfziger Jahren gegründeten Vereinen der Ingenieure, Architekten und Chemiker, Eisenhüttenleute etc.

Die ersten radikal gewerkschaftlichen Verbände der technischen Angestellten und der Werkmeister entstanden nach der Jahrhundertwende. Es waren der Bund der technisch-industriellen Beamten (Butib), gegründet 1904 in Berlin – später (seit Mai 1919): Bund der technischen Angestellten und Beamten (Butab) – und der Deutsche Steigerverband, gegründet von dem Grubensteiger Georg Werner im Jahre 1907. Beide Verbände wurden von den Unternehmern scharf bekämpft; die Mitglieder wurden gemaßregelt, verfolgt und bei der Bewerbung um Anstellung benachteiligt. Der Butib organisierte 1911 den ersten Technikerstreik mit 244 Eisenkonstrukteuren. Die das ›Gedinge‹, d. h. den Akkordlohn festsetzenden Steiger im Bergbau, die sich als Mitglieder des Deutschen Steigerverbands mit den Bergarbeitern solidarisch erklärten, wurden von den Bergbehörden terrorisiert; Funktionäre des Deutschen Steigerverbandes wurden in viele Strafprozesse verwickelt, und der anfänglich trotz aller Verfolgungen wachsende Verband unterlag schließlich im Kampf mit den Unternehmern[3]. 1918 wurde er eine Fachgruppe des Butib.

Unter den kaufmännischen Angestellten gab der seit 1884 bestehende Verein der deutschen Kaufleute das erste schwache Zeichen gewerkschaftlicher Haltung, jedenfalls insofern als er sich mit den liberalen Hirsch-Dunckerschen Arbeiterverbänden durch Anschluß an ihren Gesamtverband verbündete. Seit 1906 nahm er auch weibliche Angestellte als gleichberechtigte Mitglieder auf. Trotz erklärter parteipolitischer Neutralität stand er der liberalen Fortschrittspartei nahe. Der Einfluß des Vereins unter den kaufmännischen Angestellten war relativ gering; 1912 hatte er 20300 Mitglieder, weniger als ein Sechstel der im DHV organisierten Angestellten.

Als die deutschen kaufmännischen Angestellten aus ihrer Berufsgemeinschaft mit den Selbständigen des alten Mittelstandes ausgegliedert und der wirtschaftlichen Unsicherheit überantwortet wurden, erwachte in ihnen der Wille zur kollektiven Verfolgung ihrer eigenen Interessen. Die alten ›Harmonie-Verbände‹ waren durch Mitgliedschaft und Einfluß der Prinzipale an energischem Vorgehen gehemmt. Im Jahre 1897 wurde durch Zusammenschluß von örtlichen, nach Aufhebung des Sozialistengesetzes entstandenen kaufmännischen Gewerkschaften der Zentralverband der Handlungsgehilfen und Handlungsgehilfinnen (ZdH) gegründet[4]. Er hielt die Angestellten schlechthin für Proletarier, lehnte daher den Gedanken einer selbständigen Angestelltenbewegung neben der Arbeiterbewegung ab und schloß sich der Generalkommission der Freien Gewerkschaften an. Wie die Techniker im Butib mußten sich die Mitglieder des ZdH »zwei Jahrzehnte hindurch durch eine Flut von Arbeitgeberterror, Verfolgungen und Maßregelungen hindurchkämpfen...«[5]. Der ZdH vertrat sozialistische Grundsätze und stellte schon 1911 die nach dem Ersten Weltkrieg so stark diskutierte These auf, daß die Einführung von Maschinen in die Büros ein Prozeß sei, welcher der Maschinisierung der Werkstatt prinzipiell gleiche[6]. Seine Mitgliedschaft rekrutierte sich jedoch nur aus dem schlechtest bezahlten jungen Handelspersonal und bestand (seit 1904) überwiegend aus Mädchen. Größere Erfolge konnte der ZdH vor dem Ersten Weltkrieg nicht erringen: Die kaufmännischen Angestellten wären durch das Bekenntnis zu sozialistischen Ansichten Gefahr gelaufen, zu der Unsicherheit ihres Arbeitnehmerschicksals auch noch das ›Stigma‹ der Proletarität zu erhalten. Aus ihrer alten, erschütterten, mittelständischen, d. h. klassenjenseitigen Position brachten sie die Ablehnung des als anti-national verrufenen Proletariats und des Sozialismus mit. Der ZdH hatte 1912 noch weniger Mitglieder als der Verein der deutschen Kaufleute.

Nicht der Zentralverband, dessen Führer Karl Marx zitierten, erlangte die Führung der kaufmännischen Angestellten, die sich in einen Interessengegensatz zu den Prinzipalen gebracht sahen, sondern der Deutschnationale Handlungsgehilfen-Verband zu Hamburg (DHV), dessen geistige Schöpfer der Hofprediger Adolf Stöcker und Adolf Wagner waren. Der Verband wurde 1893 gegründet, um der Agitation der Sozialdemokraten unter den kaufmännischen Angestellten zu begegnen. Laut § 1, Abschnitt 5 seiner Satzung bezweckte der Verband ausdrücklich, »dem Eindringen der Sozialdemokratie in den Kaufmannsstand zu wehren«[7]. Um aber diesen Kampf zu führen, mußten die antisemitischen Führer des DHV sich viele sozialpolitische Ziele der SPD und des ZdH zu eigen machen, z. B. die gesetzliche Festlegung eines Maximalarbeitstages, die Einführung einer gesetzlichen Sonntagsruhe, gesetzliche Kündigungsfristen, Regelung der Lehrlingsausbildung u. a. Durch die Verknüpfung radikaler sozialpolitischer Ziele mit laut verkündetem Antisemitismus, Antifeminismus, nationalistisch-völkischen Anschauungen und dem immer wieder betonten Anspruch auf ständische Geltung, d. h. auf soziale und moralische Überlegenheit über die sozialistischen Arbeiter, übte der DHV eine bemerkenswerte Anziehungskraft auf die deutschen Angestellten aus. Sie fürchteten die Proletarisierung und verachteten Sozialdemokraten und Juden. Von Anfang an führte der DHV den Kampf gegen SPD und ZdH mit Worten, die eine Generation später in Streichers »Stürmer« zu finden waren. So sprach der Antisemit Johann Irwahn in seinem 1895 verteilten Flugblatt »Ein Wort an alle deutschen Handlungsgehülfen« von dem notwendigen »rücksichtslose[n] Kampf der Arbeit gegen den Kapitalismus ... Überall erblicken wir die Folgen dieses Kampfes, sehen wir, wie der Gehülfenstand mehr und mehr aus dem Mittelstande herausgedrängt wird«. Mit Bezug auf die Parole gegen die Beschäftigung weiblicher Angestellter, die ebensowenig wie »Juden und nachweislich von Juden abstammende Personen« (§ 2 der DHV-Satzung) Mitgliedschaft im DHV erwerben konnten, scheute Irwahn nicht davor zurück zu schreiben, man wisse ja, daß sich in Geschäften mit weiblichen Angestellten für einige Kaufleute die Gelegenheit biete, »eine gewisse soziale Einrichtung des Orients, die bei uns verboten ist, für sich privatim in aller Stille einzuführen, siehe die Fälle: Rosenthal, Singer, Tietz, Gattel usw.«[8].

Nicht nur infolge seiner straffen Organisation und infolge seiner entschiedenen Vertretung von ›Standesinteressen‹, sondern infolge seiner politischen Orientierung hatte der DHV sehr großen Erfolg. 1905 war er der größte Handelsgehilfenverband Deutschlands. 1912 hatte er 130000 Mitglieder; er sollte sich, durch die Staatsumwälzung 1918 nur vorübergehend seiner Übermacht beraubt, auch in der Republik seine dominierende Stellung erhalten.

Das bezeichnende Merkmal der Ideen und der Politik des DHV war die Verschränkung von anti-proletarischen und gewerkschaftlichen Gedanken. Obwohl der DHV bis 1918 auch Selbständige als Mitglieder aufnahm, vertrat er die Interessen der kaufmännischen Angestellten gegenüber unsozial handelnden Unternehmern. Er bemühte sich trotzdem, die gesellschaftliche Distanz der Angestellten den Arbeitern gegenüber zu halten. Auf diese Weise fand der Verband einen nationalpolitischen Weg, auf dem ihm das sozialpolitische Bekenntnis zu Stöckers »reinem Sozialismus« möglich war, einem Sozialismus, der frei war »von allen marxistischen Schlacken«[9].

Die christlich-soziale Bewegung, die Stöcker in der auf die Gründerjahre nach 1871 folgenden Krise unter den Berliner Arbeitern zu entfachen versucht hatte, war an dem Widerstand der Sozialdemokraten rasch gescheitert. Johann Most, der Mann des Proletariats, hatte Stöcker, dem Kind des Volkes, unter tosendem Beifall den demagogischen Rat gegeben, er solle seine Rechnung mit dem Himmel, nicht mit den Arbeitern machen. In abgewandelter Form, mit stärkerer Profilierung der antisemitischen Seite, erwiesen sich dagegen die Gedanken Stöckers als einflußreich beim Mittelstand[10].

Die Gründer des DHV hatten eingesehen, »daß die Sozialdemokratie, wenn sie andauernd als die einzige Trägerin des Gewerkschaftsgedankens auftrat, in der Handlungsgehilfenschaft unbedingt das Feld erobern müsse. Sie stellten dem sozialdemokratischen den antisemitischen [Gedanken] gegenüber, und dieser antisemitische Gedanke erwies sich dem sozialdemokratischen in bezug auf gewerkschaftliche (!) Zugkraft in der Handlungsgehilfenschaft als überlegen. Es ergab sich bald – wie man auch heute von ihm denken mag –, daß er überhaupt der ideale Gedanke war, der allein die Handlungsgehilfenschaft zum gewerkschaftlichen Zusammenschluß zu bringen vermochte.«[11] Von Anfang an zog der DHV in den ersten Jahren antisemitische männliche Handlungsgehilfen an; auch seine Führer stammten ausschließlich aus antisemitischen Parteien und aus der Jugendbund-Bewegung. Mit steigender Dringlichkeit, Sozialpolitik für die kaufmännischen Angestellten in Konkurrenz mit dem Zentralverband zu treiben, rückte jedoch die gewerkschaftliche Arbeit stärker in den Vordergrund. Sie war freilich bis in die Zeit nach dem Ersten Weltkrieg belastet mit gewissen Rücksichten auf Interessen der nicht-arbeitnehmenden Schichten, andererseits aber erleichtert durch die Überzeugung, daß insbesondere in wirtschaftspolitischer Hinsicht die Interessen-Solidarität zwischen Angestellten und Unternehmern stärker sei als die zwischen Angestellten und Arbeitern. In vielen paritätischen Angestelltenverbänden vor 1914 vertrug sich das freihändlerische Interesse des Handelskapitals mit dem Konsumenteninteresse der Angestellten an niedrigen Lebensmittelpreisen. Diese Verbände waren daher vor dem Ersten Weltkrieg Gegner der Agrarzölle. Sie erhoben gegen den DHV den Vorwurf, daß seine politischen Funktionäre im Reichstag die Schutzzollpolitik zum Schaden der Angestellten unterstützten. Bechly, der Führer des DHV, wies die Angriffe 1911 zurück: Der DHV sei erstens an der Wirtschaftspolitik überhaupt desinteressiert. Zweitens hinge aber die Beurteilung der Wirtschaftspolitik davon ab, »ob wir sagen können, daß Handel und Industrie ihrer Lage nach im Stande sind, den Gewinnanteil der Angestellten (sic) gemäß dem gesteigerten Kapitalgewinn zu erhöhen... Ich glaube, wir können diese Frage bejahen. Wenn wir das aber tun, sollen wir dann... fordern, daß die gesamte Wirtschaftspolitik von Grund auf geändert wird, nur damit die Angestellten eine billigere Lebenshaltung erlangen?«[12]

Eine gewerkschaftliche Ideologie, die sich von der des DHV wesentlich unterschied, drang bei den kaufmännischen Angestellten Deutschlands im Gegensatz zu andern Ländern nicht durch. Der im Jahre 1908 unternommene Versuch des Butib, eine Gewerkschaft der kaufmännischen Industrieangestellten in der Angestelltenschaft durchzusetzen, welche die gewerkschaftlichen Grundsätze des Butib vertreten sollte, d. h. weder antisemitisch-ständisch noch an die Arbeiterbewegung organisatorisch angeschlossen sein sollte, scheiterte an dem Widerstand aller Angestelltenverbände einschließlich des Zentralverbandes[13].

Der Radikalisierung einiger Angestelltengruppen waren bis zum Ausbruch des Ersten Weltkrieges sehr enge Grenzen gesetzt. Die Masse der Angestellten, einschließlich der überwiegenden Mehrheit der Organisierten, lehnte jegliche Solidarität mit den proletarischen Arbeitern ab. In den lang ausgedehnten Debatten über das Angestelltenversicherungsgesetz von 1911 war der mittelständische Charakter der Angestellten oft betont worden, nicht nur von Vertretern der antiproletarisch orientierten Angestellten, sondern auch von Parteipolitikern, von Regierungsbeamten, die durch besondere ›Fürsorgemaßnahmen‹ die Angestellten dem Staat zu verpflichten hofften, und von denjenigen Unternehmern, die mittels der Sonderversicherung für Angestellte die Solidarität zwischen Arbeitern und Angestellten verhindern wollten.

Der Erste Weltkrieg gab der Vergewerkschaftung einen gewissen Auftrieb. Diese Entwicklung war zum Teil die Folge wirtschaftlicher und sozialer Verschlechterungen der Lebensbedingungen, worunter die Angestellten härter zu leiden hatten als die Arbeiter; zum Teil war der sog. »begrenzte Linksrutsch«[14] der Angestellten eine Erscheinung der Kriegsmüdigkeit und der politischen Erbitterung, die weite Kreise des deutschen Volkes in zunehmendem Maße ergriff. Die revolutionären Ereignisse in Rußland, die militärische Niederlage und vor allem der politische Zusammenbruch des Kaiserreichs führten schließlich zu einer strukturellen Umwandlung der Angestelltenbewegung und vorübergehend zu einer wahren Hochkonjunktur der Vergewerkschaftung.

Während die Lebenshaltungskosten nach dem Kriegsausbruch stiegen – bis Ende 1915 bereits um etwa 30 % –, waren selbst die Nominalgehälter der Angestellten im Gegensatz zu den Arbeiterlöhnen rückläufig. Weder die absolute Verschlechterung des Einkommens der Angestellten im Verhältnis zu den steigenden Preisen noch die relative Verschlechterung im Vergleich mit dem Durchschnittseinkommen der Arbeiter war – wie die Massenarbeitslosigkeit unter Angestellten kurz nach Ausbruch des Krieges – eine vorübergehende Erscheinung.

Die wirtschaftliche Verunsicherung der Angestellten setzte sich bis zum Kriegsende fort und erschütterte die traditionelle Selbsteinschätzung der Angestellten als Gehilfen des Prinzipals in kleineren Betrieben und als ›Privatbeamte‹ in größeren Unternehmen. Ihre Arbeitslage war auch deshalb ›proletarischer‹ als vor dem Kriege, weil die Unternehmer die Zersplitterung und die mangelnde Vergewerkschaftung der Angestellten rücksichtslos ausnutzten. Sie reduzierten ihr Realeinkommen; sie schafften viele Privilegien der Angestellten im Betriebe ab, sie bezahlten die Frauenarbeit schlechter als die Arbeit der männlichen Angestellten, so daß die unvermeidlicherweise zunehmende Beschäftigung von Mädchen und Frauen als Gehaltsdruck empfunden wurde. Sie taten wenig oder nichts, um die Sorge um Wiederbeschäftigung der zum Heeresdienst eingezogenen Angestellten nach dem Kriege zu beheben. Viele Angestellte sanken unter das wirtschaftliche Niveau der Arbeiter. So fand eine gewisse Umschichtung der Arbeitnehmerschaft auf Kosten der Angestellten und zugunsten der Arbeiter statt. Sie trat besonders in der Kriegsindustrie zutage, war aber nicht auf sie beschränkt.

Die Verbände der Angestellten suchten der wirtschaftlichen Bedrängnis ihrer Mitglieder durch gewisse Maßnahmen zu begegnen, die bei den mittelständischen Verbänden das traditionelle Vertrauensverhältnis zu den Arbeitgebern in Frage zu stellen begannen und den eigentlichen Gewerkschaften der Angestellten, besonders dem Butib, dem ZdH und dem Verband der Büroangestellten bereits im Kriege einen sichtlichen Zuwachs an Mitgliedern gegenüber dem 1913 erreichten Bestande eintrug.

Die Afa-Verbände wuchsen 1913–1918 von 80000 Mitgliedern auf 146300, während die Gesamtzahl der mittelständischen kaufmännischen Verbände von 450000 auf 437900 zurückging[15].

Es kam zu kollektiven Forderungen der Angestellten von Mindestgehaltsätzen und Teuerungszulagen, zu kollektiven Eingaben, die Ernährungslage betreffend, und zu gemeinsamen Stellungnahmen zur Durchführung des Hilfsdienstgesetzes. Das Gesetz wurde allerdings in radikalen Massenaktionen der Arbeiter wegen seines Zwangscharakters scharf bekämpft, obwohl die Mehrheitsparteien im Reichstag ebenso wie die Spitzenfunktionäre der Arbeitergewerkschaften von seiner Notwendigkeit überzeugt waren. Auch die ablehnende Haltung zum Streik, der in den ›bürgerlichen‹ Angestelltenverbänden als unstandesgemäß verpönt gewesen war, wurde in Anbetracht der intransigenten Politik der Unternehmer schon während des Krieges schwächer. Schließlich kam es zu organisatorischen Zusammenschlüssen, die der Aufsplitterung der Angestelltenbewegung in viele Berufsverbände entgegenwirkte.

Die bereits 1913 gegründete Arbeitsgemeinschaft zur Herbeiführung eines einheitlichen Angestelltenrechts, in der die kleinen radikalen Angestelltenverbände zusammengefaßt waren, wurde die Keimzelle des freigewerkschaftlichen Afa-Bundes. Im mittelständischen Lager schlossen der DHV und der Verein für Handlungskommis von 1858, die beiden größten Verbände, im Mai 1915 ein Abkommen im Sinne des Burgfriedens, das der Konkurrenz und den gerichtlichen Auseinandersetzungen zwischen ihnen ein Ende setzte. Im Juli 1916 folgte die einheitliche Organisation der Stellenvermittlung für Kaufmannsgehilfen und schließlich, am 8. Oktober 1916, die Gründung der großen Arbeitsgemeinschaft der kaufmännischen Verbände, welcher elf Vereine mit insgesamt 600000 Mitgliedern[16] angehörten. Diese

Gründung diente dem Gros der kaufmännischen Angestellten nicht nur gegenüber den organisatorisch vereinheitlichten Arbeitgeberinteressen, sondern auch gegenüber den Massenorganisationen der Arbeiter.

Vorsitzender der Arbeitsgemeinschaft war seit dem 15. Oktober 1917 Hans Bechly vom DHV. Auf der ersten öffentlichen Reichstagung der Arbeitsgemeinschaft am 10. März 1918 wandte er sich in einer programmatischen Rede ebenso gegen die SPD und ihr Bestreben, »uns in die Masse hineinzuziehen«[17], wie gegen die organisierten Unternehmer, welche die Angestellten behandelten, als seien sie Arbeiter. Einstimmig wurde auf der Reichstagung die Entschließung gefaßt, an die Arbeitgeber die Aufforderung zu richten, das Gehaltsniveau der Angestellten zu heben, »damit es den Angestellten möglich ist, ihre bürgerliche Mittelstellung im Wirtschaftsleben aufrecht zu erhalten«. Trotz der starken Einkommensschrumpfung und trotz der Ablehnung der Industriellen, mit der Arbeitsgemeinschaft kaufmännischer Verbände zu verhandeln – wie sie es mit den Arbeitergewerkschaften taten –, wurde auf dieser Tagung erklärt: »unsere Taktik werden wir deshalb nicht zu ändern brauchen. Wir wollen keinen Utopien nachjagen und lehnen es im Bewußtsein unserer Verantwortung ab, den bestehenden Verhältnissen Gewalt anzutun und die Arbeitertaktik auf die Angestelltenbewegung zu übertragen. So liegen die Dinge in unserem Beruf denn doch nicht.«[18]

Die Unternehmer suchten nichtsdestoweniger das kollektive Vorgehen der Angestellten während des Krieges auf verschiedene Weise hintanzuhalten: durch Maßregelungen und Entlassungen von organisierten Angestellten und vor allem durch Unterstützung bestehender und Gründung neuer Werkvereine, die unter der Flagge eines angeblichen Interessenausgleichs zwischen Unternehmern und Arbeitnehmern die Interessen des Kapitals fördern sollten[19].

Die Radikalisierung gewisser Angestelltengruppen im Ersten Weltkrieg kann jedoch nicht ausschließlich auf spezifische wirtschaftliche und soziale Ursachen zurückgeführt werden. Die allgemeine politische Entwicklung wirkte destabilisierend auf die deutsche Gesellschaft. Trotz der patriotischen Begeisterung zu Beginn des Krieges verbreitete sich Kriegsmüdigkeit bei großen Teilen des Volkes, als Sieg und Frieden dem Blick entschwanden. Zu der besonders in den Großstädten verbreiteten Unzufriedenheit mit der durch Mißwirtschaft und Blockade verschärften Ernährungslage und mit Kohlen- und Bekleidungsknappheit kam der erbitterte Streit um die Kriegsziele und um die Reform des Drei-Klassen-Wahlrechts in Preußen. In den Großstädten herrschte ein chronischer Mangel an Speisefetten; auf dem Lande schmierte man die Maschinen mit Butter. Diese in allen lebensbedrohenden Notlagen der industriellen Gesellschaft auftauchende Feindschaft zwischen Stadt und Land erbitterte die Massen weniger als die politischen Streitfragen, die ideologisch vertraute Antworten nach dem Muster gewohnter Klassenkämpfe nahelegten. Siegfrieden und soziale Ausbeutung schienen ebenso zueinander zu gehören wie Verständigungsfrieden und soziale Reform. Die freigewerkschaftlich organisierten Arbeitnehmer standen der SPD nahe. Aber die Führer der SPD und der Gewerkschaften waren durch Vaterlandsliebe und Burgfrieden, durch Amt und Alter gehemmt, die Unzufriedenheit der Massen in radikale Aktionen umzusetzen.

Gewisse Elemente der Arbeitnehmerschaft, einschließlich von Funktionären und Mitgliedern des ZdH, sympathisierten mit der radikaleren USPD und zogen in großen politischen Streiks, zu denen die Gewerkschaftsführer nicht aufgerufen hatten, Arbeiter und Angestellte trotz des Burgfriedens auf die Straße. Am 28. Juni 1916, dem Tage des Prozesses für Karl Liebknecht vor dem Kriegsgericht, kam es zu einem eintägigen Proteststreik für den Angeklagten, der wegen seines unerschrockenen Eintritts für den Frieden große Sympathien auch bei den vielen Arbeitnehmern genoß, die dem Spartakusbund fern standen. Ende 1916 stieg unter Arbeitern und radikalen Angestellten die Mißstimmung gegen das Hilfsdienstgesetz, und im April 1917 streikten in Berlin 200000 Arbeiter mehrere Tage als Protest gegen die unzulängliche Lebensmittelversorgung. Bei einem gleichzeitigen Streik in Leipzig, wo die USPD stark vertreten war, betrafen die Forderungen der streikenden Arbeitnehmer nicht nur wirtschaftliche Maßnahmen – ausreichende und billigere Versorgung mit Lebensmitteln und Kohlen und die Aufhebung des Hilfsdienstgesetzes – sondern vor allem politische Ziele: »Eine Erklärung der Regierung zur sofortigen Friedensbereitschaft unter Verzicht auf jede offene und verdeckte Annexion... Aufhebung des Belagerungszustandes und der Zensur... sofortige Aufhebung aller Schranken des Koalitions-, Vereins- und Versammlungsrechts... allgemeines, gleiches, geheimes und direktes Wahlrecht zur Wahl für alle öffentlichen Körperschaften im Reich, in den Bundesstaaten und in den Gemeinden.«[20] Fünf der sieben Punkte des Streikprogramms bezogen sich auf politische Reformen. Im Juli 1917 kam die Friedensresolution der Reichstagsmehrheit zustande.

Im Anschluß an die November-Revolution in Rußland streikten Hunderttausende von Arbeitern in Wien, Budapest und andern Industriestädten Österreich-Ungarns. Trotz der Militärzensur erfaßte die Erregung auch die deutschen Arbeiter. Am 28. Januar 1918 legten in Groß-Berlin 400000 Arbeitnehmer die Arbeit nieder. Am nächsten Tage überschritt die Zahl der Streikenden eine halbe Million; der Streik griff auf viele andere Großstädte über, so daß die USPD die Zahl der Streikenden schließlich auf über eine Million schätzte. Das Streikprogramm stimmte mit den Leipziger Forderungen von 1917 überein; lediglich »Zuziehung von Arbeitervertretern aller Länder zu den Friedensverhandlungen« war eine neue Forderung. Sie erklärt sich aus der Tatsache, daß, während in England, Frankreich und Belgien Sozialisten in der Regierung saßen, in Deutschland eine Militärdiktatur herrschte. Obwohl diese Streikforderungen sich nicht von den politischen Zielen der SPD, die zusammen mit der USPD auch im Aktionsausschuß vertreten war, unterschieden, und durchaus noch nicht einen revolutionären Charakter trugen, wurde der Streik von Ludendorff rücksichtslos niedergeschlagen. Massenverhaftungen fanden statt, sieben Berliner Großbetriebe wurden unter militärische Leitung gestellt, Tausende von Arbeitern wurden zum Heeresdienst einberufen, Versammlungen wurden von der Polizei gesprengt. Am 3. Februar 1918 brach der Streik zusammen. Es war eine schwere Niederlage für die Reichstagsmehrheit und ein Triumph für Ludendorff und die Anhänger des Siegfriedens.

Der begrenzte ›Linksrutsch‹ der Angestellten während des Krieges darf angesichts der politischen Ereignisse wohl nicht nur als Folge wirtschaftlicher Bedrängnis verstanden werden, sondern muß in den Zusammenhang der politischen Gesamtlage gestellt werden. Deutschland führte einen industriellen Volkskrieg mit einer feudalisierten Großindustrie und einer vorindustriellen Gesellschaftsstruktur. Im Streit um die Kriegsziele stand nicht nur die Friedenssehnsucht der Massen imperialistischen Annexionswünschen der herrschenden Schichten gegenüber, sondern auch der demokratisch alle Volksschichten erfassende Tod auf den Schlachtfeldern der undemokratischen Gesellschaftsstruktur des geplagten Volkes.

Bei der Bewertung des »Linksrucks« der Angestellten muß ferner betont werden, daß es sich um eine gespaltene Bewegung handelte. Verbände wie der ZdH und der Butib waren klassenkämpferisch und sozialistisch; sie standen auch parteipolitisch z. T. links von der SPD und betonten die soziale Ähnlichkeit von Arbeitern und Angestellten. In bezug auf diese Verbände bedeutete der »Linksruck« der Angestellten primär eine Zunahme ihrer Mitgliedschaft. Bei den mittelständischen Verbänden dagegen, deren Politik gegenüber den Unternehmern sich verschärfte, bedeutete die begrenzte Radikalisierung keine sichtliche Annäherung an die Arbeiter. Nach wie vor glaubten sie, Proletarität vermeiden zu können und Sozialismus bekämpfen zu müssen.

Kapitel XII
Die Vergewerkschaftung zu Beginn der Weimarer Republik

Die eigentliche Vergewerkschaftung der Angestellten fand erst infolge der Staatsumwälzung im November 1918 statt. Am 15. November 1918 trafen die deutschen Arbeitgebervereinigungen, einschließlich der Verbände der Schwerindustrie, mit der Generalkommission der Gewerkschaften und den wichtigsten übrigen Gewerkschaftsverbänden eine Vereinbarung, durch welche das Arbeitsverhältnis auf die Grundlage der Parität gestellt wurde. Die Unternehmer bestanden nicht mehr darauf, Herren im Hause zu sein. Das Chaos der Revolution fürchtend, begaben sie sich sozusagen in den Schutz der Gewerkschaften und akzeptierten die prinzipiellen gewerkschaftlichen Forderungen. Die Gewerkschaften wurden als Vertragspartner anerkannt; die ›gelben‹ Organisationen sollten von den Arbeitgebern nicht mehr unterstützt, die Arbeitsbedingungen von nun an kollektiv vereinbart, der Achtstundentag eingeführt werden; auch die Demobilisierung und die Aufrechterhaltung des Wirtschaftslebens sollten von einem paritätisch besetzten Zentralausschuß geregelt werden.

Am 4. Dezember entstand die »Zentralarbeitsgemeinschaft der industriellen und gewerblichen Arbeitgeber und Arbeitnehmer«. Wenig später, am 23. Dezember 1918, verkündete der Rat der Volksbeauftragten die Rechtsverbindlichkeit der Tarifverträge, und schließlich sicherte die Weimarer Reichsverfassung die Verhandlungs- und Vertragsfähigkeit aller Berufsvereine (Art. 165, Abs. 1, Satz 2).

Angesichts dieser sozialen Umwälzung, welche die Macht der Gewerkschaften im neuen Staat begründete, standen die mittelständischen Angestelltenverbände vor drei Möglichkeiten ihrer zukünftigen Politik.

1. Wenn sie versucht hätten, ihre traditionelle Organisationsform aufrecht zu erhalten und ihre Standespolitik ungewerkschaftlich fortzusetzen, so hätten sie jeglichen Einfluß auf Gesellschaft und Gesetzgebung verloren. Sie hätten den Freien Gewerkschaften das Feld

überlassen müssen und wären rasch als gesellige Vereine mit geringer Mitgliederzahl verkümmert.

2. Sie hatten die theoretische Möglichkeit, in Anpassung an die neuen Verhältnisse nicht nur ihren bisherigen mittelständischen Charakter aufzugeben und von nun an gewerkschaftliche Ziele zu verfolgen, sondern darüber hinaus auch die politische Führung der Freien Gewerkschaften zu akzeptieren. In diesem Falle wäre es schließlich zur Bildung von Einheitsgewerkschaften gekommen, wie unter einem anderen politischen Vorzeichen, in pervertierter Form, im Jahre 1933.

Beide Wege waren ungangbar, teils wegen der Beharrungstendenz, die allen sozialen Gebilden innewohnt und nur durch Gewalt oder Katastrophen gebrochen werden kann, teils wegen der tief verwurzelten Abneigung der meisten Angestellten gegen die radikalen freigewerkschaftlichen Verbände. Diese schienen den Anspruch der mittelständisch orientierten Angestellten auf soziale Geltung und Privilegien abzulehnen; sie redeten von Klassenkampf und Sozialisierung, obwohl sie trotz ihres Machtzuwachses eben doch die Gesellschaft nicht revolutionär zu ändern vermochten.

3. So blieb den mittelständischen Verbänden als dritte Möglichkeit nur ein Kompromiß: die Anpassung an die neuen Verhältnisse, d. h. ihre Vergewerkschaftung, aber trotzdem Fortführung der anti-sozialistischen Politik und zäher kontinuierlicher Kampf für den privilegierten Status und die soziale Geltung der Angestellten. Die Vergewerkschaftung der mittelständischen Verbände, welche die Verfolgung ihrer alten sozialen Ziele nicht hinderte, war der Tribut, den sie im eigenen Interesse und dem ihrer Mitglieder dem politischen Umsturz zollten. Funktionäre der mittelständischen Organisationen gaben offen zu, daß ihre Vergewerkschaftung eine Anpassung an die politische Situation bedeutete und nicht der Einsicht in die proletarische Lage der Angestellten zu verdanken war. So hieß es im ersten Jahresbericht des GdA über die Arbeitsgemeinschaft kaufmännischer Verbände (AkV), der alle wichtigen bürgerlichen Organisationen einschließlich des DHV angehörten: »Sie war durch den Verlauf der Dinge gezwungen, sich organisatorisch auf eine andere Grundlage zu stellen und eine reinliche Scheidung zwischen reinen Angestelltenorganisationen und den sogenannten paritätischen Verbänden eintreten zu lassen.«[1] Es ist zu vermuten, daß viele untere und mittlere Angestellte nach vier Jahren Krieg in der Revolutionszeit die Vergewerkschaftung begrüßten; bei höheren Angestellten und bei Akademikern war die Lage anders[2] und selbst die nicht-leitenden, im DHV und GdA organisierten

Angestellten lehnten trotz ihrer Vergewerkschaftung den politischen Radikalismus ab. Beim GdA war diese Ablehnung weniger aggressiv als beim DHV, aber auch der GdA suchte energisch die ›Standesüberlegenheit‹ der Angestellten zu bewahren.

Der politische Umsturz führte zu Zusammenschlüssen bei den technischen und kaufmännischen Angestellten aller Richtungen und zu einem stürmischen Zustrom von bisher unorganisierten Angestellten zu den linksgerichteten Verbänden, die im Afa-Bund vereinigt waren. So wuchs z. B. der Butib, der mit dem Deutschen Techniker-Verband im Mai 1919 fusionierte und als Butab »die wirtschaftliche Befreiung der gesamten arbeitenden Klasse«[3] auf sein Banner schrieb, von 30000 Mitgliedern gegen Ende 1918 auf 48000 Mitglieder am 1. April 1919 und – z. T. durch die erwähnte Fusion, z. T. durch Neueintritte – auf 100000 Mitglieder im Herbst 1919.

Ebenso bemerkenswert war die Entwicklung des ZdA. Er hatte bereits während des Krieges seine Mitgliedschaft erhöht. Im ersten Vierteljahr 1919 schnellte sie nunmehr von 66000 auf 138000 Personen empor.

Viele jugendliche männliche Angestellte und in noch stärkerem Maße weibliche Kräfte drängten zu den Freien Angestelltengewerkschaften, während die andern 1919 bzw. 1920 neu geformten Spitzenverbände – der christlich-soziale Gesamtbund Deutscher Angestelltenverbände (Gedag) und der der DDP nahestehende GdA – zunächst hinter dem Afa-Bund zurückblieben. Welcher Anteil dieser Radikalisierung den wirtschaftlichen und innenpolitischen Entwicklungen während des Krieges zuzuschreiben war und welcher Anteil der Revolution, die ja ihrerseits durch diese Entwicklungen ebenso wie durch militärische und außenpolitische Ereignisse verursacht worden war, kann nicht genau bestimmt werden. Jedenfalls waren es gewerkschaftlich undisziplinierte Massen, die in den nächsten Jahren die radikalen Verbände wieder verließen, damals aber Enthusiasten glauben machten, daß die aus der Indifferenz zur Aktivität erwachten Schichten – ›Jugendliche‹, Eisenbahner, Landarbeiter, Angestellte – die »Bannerträger der Revolution«[4] seien.

In politisch und gewerkschaftlich einflußreichen Kreisen wurden nun alle paritätischen Verbände, die gemäß den alten mittelständischen Prinzipien auch Unternehmer als Mitglieder aufnahmen, als »gelb« gekennzeichnet. Die ›bürgerlichen‹ Angestelltenverbände entschlossen sich daher, die Arbeitnehmereigenschaft ihrer Mitglieder, die sie bisher abgestritten hatten, anzuerkennen und zeitweise sogar doktrinär zu betonen. Die Organisationsform der Verbände wurde dementsprechend geändert; wirtschaftlich Selbständige konnten die Mitgliedschaft wie in den ›Harmonieverbänden‹ der Vorkriegszeit nicht mehr erwerben. Kollektive Gehaltsregelung statt individueller Verträge zwischen Unternehmern und Angestellten und selbst der Streik wurden nunmehr von früher intransigent mittelständischen Verbänden gerechtfertigt[5]. Verbände, die ihre Mitgliedschaft auf bestimmte höher qualifizierte Angestellte beschränkt hatten, gewährten jetzt auch Kollegen auf den unteren Rangstufen Zugang. So nahm der Deutsche Techniker-Verband bereits vor seiner Fusion mit dem Butib nicht mehr nur Mittelschultechniker als Mitglieder auf, sondern auch Zeichner und technische Büroangestellte, die bis zur Revolution ausgeschlossen waren. Emil Lederer, der wissenschaftlich geschulteste zeitgenössische Beobachter der Angestelltenbewegung, hielt diese Demokratisierung des Verbandes für eine wichtigere Neuerung als die Anerkennung des Streikrechts, »welches sozusagen sozial durch die Ereignisse während des Krieges im Range gestiegen war und nicht mehr verachtungsvoll als ›proletarisches Kampfmittel‹ abgetan werden konnte«[6]. Der DHV, der nunmehr auch Unternehmer von der Mitgliedschaft ausschloß, trieb allerdings die Demokratisierung nicht so weit, daß er Frauen und jüdische oder von Juden abstammende Kollegen als Mitglieder aufnahm. Die Beschäftigung von Frauen, hieß es in der Verbandszeitschrift im Juni 1919, führe zur »Rassenverschlechterung«[7].

Den mittelständischen Verbänden erschien es, daß der Streik 1918 »zum ersten Mal in der Geschichte der Angestelltenbewegung ... seinen bisher ihm anhaftenden Makel« verlor[8]. Der erste bedeutende Streik der Angestellten in der Berliner Metallindustrie vom 2. bis 19. April 1919 war vor allem verursacht durch die Forderung des Mitbestimmungsrechtes der Angestellten bei Einstellungen, Kündigungen und Entlassungen. Nicht nur der Afa-Bund, sondern rückblickend auch der GdA sprach von den »industriellen Scharfmachern Borsig und v. Siemens«, die sich dieser Forderung widersetzten[9]. Gleiche Ursachen hatte der Streik der Bankangestellten vom 8. bis 19. April[10].

Auch in andern Städten kam es zu großen Ausständen von Angestellten, z. B. in Lübeck, Mühlheim-Ruhr, Leipzig, Ludwigshafen, Mannheim und Hamburg. »Alle Räder stehen still, wenn dein starker Arm es will« – mit diesen Worten wurde in einem nationalen Verbandsblatt der Streik[11] als ein neues und in der damaligen Lage dem Unternehmer gegenüber schlagkräftiges Kampfmittel gefeiert[12]. Von dem Angestelltenstreik in Lübeck wurden 25 Werke, also fast die gesamte Industrie betroffen. Nach drei Tagen mußten die Unternehmer den Arbeitern sagen, daß ihre Weiterbeschäftigung nicht möglich sei. Ähnliche Erfahrungen machten die Angestellten im mitteldeutschen Bergbaurevier. So waren die Ausstände der Angestellten nicht nur den Unternehmern gegenüber erfolgreich, sondern sie schienen auch eine beachtliche Lehre über das Verhältnis von Angestellten und Arbeitern zu enthalten. Dies war den mittelständischen Angestellten besonders willkommen. Ihre Funktionäre propagierten die Ansicht, daß die soziale Herrschaft durch die Revolution von den Unternehmern auf die radikalen Arbeiter übergegangen war. »Die Angestellten kamen nur aus der einen Abhängigkeit in die andere. Ja, sie kamen nur aus einer drückenden Abhängigkeit in eine noch drückendere.«[13] Bechly, der Vorsitzende des DHV, war der Ansicht, daß die Revolution den »alten Klassenstaat« nicht durch einen Volksstaat, sondern durch einen andern »einseitigen Klassenstaat der sozialdemokratischen Arbeiter« ersetzt habe. »Das Wirtschaften für den eigenen Vorteil der Klassen, die gerade die politische Macht haben, ist weit, weit schamloser wie früher.«[14] In der Tat wirkte sich das stets gehegte Mißtrauen der Arbeiter gegen die Angestellten sehr merklich aus. Bei den Vorarbeiten zum Betriebsrätegesetz erhoben die Arbeiter den Anspruch, bei Einstellung und Entlassung von Angestellten mitzuentscheiden. Sie wünschten die Verschmelzung der Angestelltenversicherung mit der Invalidenversicherung und suchten, die Erweiterung der Gehaltsgrenze in der Angestelltenversicherung – zum Zweck ihrer finanziellen Festigung – in der Nationalversammlung zu verschleppen. Sie wollten die selbständigen Krankenkassen der Angestelltenverbände beseitigen, um die Angestellten in die Ortskrankenkassen hineinzuzwingen. Im Lager der bürgerlichen Angestellten wurde dagegen mit bemerkenswertem Freimut erklärt, »das Haupthindernis der von den Angestelltenfeinden erstrebten Vollsozialisierung der Angestellten« seien die »Versicherungseinrichtungen, die für die Angestellten geschaffen worden sind, und die der Eigenart des Angestelltenstandes entsprechenden Einzelvorschriften in verschiedenen Versicherungsgesetzen«[15].

Selbst der österreichische Sozialist Karl Renner hat einmal in einer Rede vor Angestellten dargelegt, daß ›die geistigen Arbeiter‹ eine Kampforganisation brauchen »1. gegenüber dem Staat und seiner Gesetzgebung, 2. gegenüber den organisierten Unternehmern, 3. im Verhältnis zu den Arbeitern«. Er hat hinzugefügt: »Sie werden es von mir als Sozialdemokraten vielleicht auffällig finden, daß ich Ihnen dies sage. Ich bin aber weit entfernt davon, als Sozialdemokrat einseitig zu sein und Einseitigkeiten vorauszusetzen... Die organisierte Arbeitermasse ist stark, die organisierte Unternehmerschaft ist stark. Sie sind drinnen in der Mitte und Sie haben daher das Recht, ebenso organisiert zu sein und so stark zu sein, in jeder Hinsicht, daß Sie nicht in die Lage kommen, zwischen zwei Mühlsteinen zerrieben zu werden.«[16]

War die Art, in der die mittelständischen Angestellten kurz nach der deutschen Staatsumwälzung ihre Streiks beurteilten, mit dieser Ansicht vereinbar? Triumphierend wurde aus den Erfahrungen in Lübeck die Folgerung gezogen, »daß der Streik der Angestellten ein Schwert ist, das zugleich die Arbeitgeber nach rechts und nach links die Arbeiter trifft«[17]! »Mehr als dieses Nachweises bedarf es nicht, um zu wissen, daß sich der Stand der Angestellten und als sein Glied besonders der der kaufmännischen Angestellten auch heute inmitten allen Streitens zu behaupten vermag, wenn er geschlossen auftritt.«[18] Solche Äußerungen kamen einem Lob des ›Klassenkampfes‹ – von Angestellten gegen Arbeiter – recht nahe!

Wenn die Arbeiter den bürgerlichen Angestellten vorwarfen, daß sie im Lager des Klassenfeindes standen, so wiesen die mittelständischen Verbände darauf hin, daß die radikalen Angestellten, deren Radikalismus den der Arbeiterschaft oft überbot und die zu einem erheblichen Teil bei der USPD standen, Arbeiter- statt Angestelltenpolitik trieben. Der Gegensatz war politisch unlösbar. Wie immer die Angestellten und ihre Verbände sich politisch entschieden, sie mußten die Bezichtigung gewärtigen, Verrat geübt zu haben. In einem Fall wurde ihre Entscheidung als Bekenntnis zur kapitalistischen Herrschaft, im anderen als bedingungslose Solidarität mit den Arbeitern hingestellt. Während selbständige Berufsverbände von Angestellten bestanden, die sich von denen der Arbeiter unterschieden und nun, nach der allgemeinen Aufgabe des Harmoniestandpunktes, auch von den Unternehmern distanziert waren, mußte jede staats- und wirtschaftspolitische Entscheidung aufgrund einer allgemeinen Orientierung an dem alten sozialen Gegensatz zwischen kapitalistischen und antikapitalistischen Mächten erfolgen. Dieser Gegensatz spaltete die Angestelltenschaft, weil ihrer sozialen Eigenart politische Integrationskraft mangelte. Sozial zu heterogen und zahlenmäßig zu schwach, um selbständig zu handeln, durch Tradition an bürgerliches Denken und kapitalistische Wirtschaft gebunden, im Falle eines Bruchs mit der Tradition von der organisatorisch mächtigen und in ihrem Geschichtsbild verheißungsvollen Bewegung der sozialistischen Arbeiter entweder unwiderstehlich angezogen oder tief verstört, fanden die Angestellten keinen schichteigenen politischen Standort.

Mit welcher Energie die neuen vergewerkschafteten Verbände die alte ›Standesüberlegenheit‹ der Angestellten über die Arbeiter zu behaupten suchten, erwies sich sehr bald bei der Behandlung von wichtigen politischen Tagesfragen, bei der Stellungnahme zur Sozialisierung und bei den Beratungen des Betriebsrätegesetzes.

Innenpolitisch zeigte sich die Betonung des Unterschieds von den Arbeitern sehr bald nach dem Umsturz auf unzweideutige Weise. Der DHV wurde sehr rasch einer der sozialen Träger der Dolchstoßlegende, durch welche die Autorität der neuen republikanischen Staatsgewalt in Frage gestellt wurde[19]. Der GdA war gemäßigter, aber den Mangel wirklicher Verpflichtung zur Staatsform der Weimarer Republik zeigte auch er bereits deutlich beim Kapp-Putsch. Während die Freien Arbeiter- und Angestelltengewerkschaften zum Generalstreik aufriefen, um die reaktionäre Gefahr zu bannen, überließ der GdA die Stellungnahme seinen Mitgliedern[20].

In den beiden wichtigsten wirtschaftspolitischen Kämpfen, die kurz nach dem Umsturz die Gemüter erhitzten – in der Sozialisierungsdebatte und in dem Kampf um das Betriebsrätegesetz –, haben die ›bürgerlichen‹ Angestellten die kapitalistische Position gestärkt und die revolutionäre geschwächt. An der Sozialisierungsdebatte nahmen sie nur warnend und hemmend teil. Freilich verlangte die Zeit, daß sie sich nicht in Ablehnungen erschöpften, aber ihre Gegenvorschläge enthielten mehr Kritik an den Plänen zur einschneidenden Änderung der Wirtschaftsordnung als konstruktive Lösungen. Auf der Suche nach den Argumenten, die im Interesse der Angestellten gegen die Sozialisierung geltend gemacht werden könnten, fanden sie zwei Gedanken, die zum Bestande des Liberalismus gehörten: die allgemeine Gefahr einer Bürokratisierung der Wirtschaft und im besonderen die Verminderung der Aufstiegschancen, welche die Angestellten in einer sozialisierten Wirtschaft zu gewärtigen hätten. Ihr Vertrauen in das gesellschaftliche System des Kapitalismus übertraf die Erwartungen, die sie in ihre unsichere Zukunft setzten. Von dieser war ihnen nur eines gewiß, daß die Arbeiter für sie kämpften. Die Chancen, die ihnen die Privatwirtschaft bot, hatten den Vorzug, bekannt zu sein, und die Erinnerungen an das kaiserliche Deutschland ließen sich nicht mit einem Mal auslöschen.

Viele Freie Angestelltenverbände standen zusammen mit den Arbeitern im Lager der Sozialisierungsfreunde. Der radikale Vorschlag I auf Vollsozialisierung des Kohlenbergbaus war mitunterzeichnet von den Vertretern des Butab, Kaufmann und Werner. Hinter Werner[21] stellte sich der Afa-Bund, der Werkmeisterverband freilich blieb reserviert[22]. Die Organisationen der kaufmännischen Angestellten waren mit Ausnahme des ZdA und des Allgemeinen Verbands der deutschen Bankangestellten Gegner der Sozialisierung. Der DHV suchte sie als einen mechanischen Eingriff in das organische Gefüge der Wirtschaft zu diskreditieren und unterschied sich – wie des öfteren in allgemeinen wirtschaftspolitischen Debatten – nicht wesentlich von den Unternehmern. »Die kaufmännischen Angestellten, denen bisher die Aufstiegsmöglichkeiten in den einzelnen Werken in ziemlich weitem Maße offen standen – so hieß es in einem vorsichtig formulierten Gutachten des DHV – würden im sozialisierten Betriebe bald vor Hemmnissen stehen.« Man fürchtete nicht nur die Bürokratisierung als solche, sondern die »völlige Veränderung der Mentalität der Angestellten«[23].

Der GdA, in der Sozialisierungskommission nicht vertreten, lehnte ebenfalls beide Vorschläge der Kommission ab, den radikalen wie den gemäßigten. Auch er verwies auf die Bürokratisierungsgefahr und auf das drohende Risiko, daß sich die Aufstiegs- und Verselbständigungschancen vermindern würden[24]. Durch sein Vorstandsmitglied Wilhelm Bergmann, das der Siebener-Kommission des Reichswirtschaftsrats zur Prüfung der Sozialisierungsvorschläge angehörte, machte er einen eigenen Vorschlag zur »Ausgestaltung der Besteuerung« in geeigneten Fällen[25].

Im Kampf um das Betriebsrätegesetz war die Angestelltenschaft ähnlich gruppiert wie in der Sozialisierungsdebatte. Der Gegensatz zwischen der hemmenden und der treibenden Richtung trat dabei, wenn man sich auf das Grundsätzliche beschränkt, in zwei Punkten besonders deutlich zutage. Für die mittelständischen Verbände lag – erstens – das Schwergewicht einer gesetzlichen Regelung des Räte-Wesens auf sozialpolitischem Gebiet. Gemäß dem Bild eines ›sozialen, gerechten Kapitalismus‹, das ihnen vorschwebte, verstanden sie das Mitbestimmungsrecht der Betriebsräte als einen Schutz gegen innerbetriebliche Eigenmächtigkeiten des Arbeitgebers. Der möglichen wirtschaftspolitischen Funktion der Räte, die bald durch die Rechtsprechung verschleiert, zum Teil zerstört wurde und nur noch schwer erkennbar war, standen sie dagegen verständnislos und ablehnend gegenüber. Ihre Ausübung hätte die volkswirtschaftliche Herrschaft des

Unternehmers geschwächt. Es darf nicht vergessen werden, daß das Betriebsrätegesetz aus dem unmittelbaren Kampf der sozialistischen Arbeitnehmer gegen Staat und Unternehmertum hervorgegangen war, und Streiks die letzten Anlässe zur gesetzlichen Regelung gegeben haben[26].

Der Einsatz dafür, den wirtschaftspolitischen Charakter des Gesetzes zu festigen, war nur von einem radikal sozialistischen Standpunkt aus möglich, da er die Anerkennung eines prinzipiellen Gegensatzes zwischen Unternehmertum und Proletariat, sowie den Willen zur Überwindung dieses Gegensatzes voraussetzte. Daß die Vertreter der mittelständisch orientierten Angestelltenschaft die wirtschaftspolitische Funktion des Gesetzes ablehnten oder verkannten und nur auf die sozialpolitische Wert legten, bzw. jene in diese umzubiegen trachteten, geht deutlich aus ihrer Stellungnahme zur Entsendung von Betriebsratsmitgliedern in den Aufsichtsrat hervor. Eine repräsentative Haltung zeigte dabei Gustav Schneider, der Führer des GdA. Er hat sich in der Nationalversammlung an der Rätegesetzgebung besonders aktiv beteiligt, während der DHV praktisch einflußlos blieb, denn seine Vertreter saßen in den Fraktionen der Rechtsparteien, die das Betriebsrätegesetz im ganzen ablehnten. Maßgebliche Führer des Afa-Bundes standen bei der USPD, die vergeblich die gesetzlichen Bestimmungen revolutionärer zu gestalten suchte und schließlich das ganze Gesetz wegen seines Kompromiß-Charakters ablehnte. Wie weit auch Schneider als Mitglied der Demokratischen Fraktion durch Rücksichten auf die Vertreter der Großhandelsinteressen in seiner Partei beengt war, mag dahingestellt sein. Bei der Abstimmung am 18.1.1920, als das Gesetz mit 213 gegen 64 Stimmen angenommen wurde, stimmten Deutschnationale, Volkspartei und USPD außer 2 Abgeordneten dagegen, Mehrheitssozialisten, Zentrum und Demokraten dafür. Von den Demokraten waren aber nur 39% der Abgeordneten anwesend gegen 66% beim Zentrum und 73,5% im ganzen Hause[27]. Jedenfalls hatte Schneider infolge der für ihn günstigen Koalitionsverhältnisse in der Versammlung einen ungleich größeren Einfluß auf das Gesetz, als es der Bedeutung des GdA entsprach.

Die Bedenken der Unternehmer gegen die Vertretung des Betriebsrats im Aufsichtsrat, – so führte Schneider aus[28] –, hätten mancherlei für sich. Der Aufsichtsrat vertrete das Kapital, und es sei zweifelhaft, ob eine Einfügung von Vertretern der Arbeit »der organische Weg« sei, »um die an sich wünschenswerte Berührung beider Interessengruppen herbeizuführen«. Die betreffende Bestimmung im Betriebsrätegesetz reize überdies den Unternehmer zur Umgehung an und werde unter Umständen die Geschäftsmoral verschlechtern. »Jede unnötige Erschwerung« der industriellen Tätigkeit könne aber zu einer schweren Schädigung der Gesamtwirtschaft und damit der Arbeitnehmer führen. Die Demokraten hatten den Vorschlag gemacht, statt Mitglieder des Betriebsrats in den Aufsichtsrat zu entsenden, dem Betriebsrat das Recht zu geben, Aufsichtsratssitzungen durch den Vorsitzenden des Aufsichtsrats einberufen zu lassen, in denen Beschwerden über die Betriebsleitung und betriebsorganisatorische Fragen in Anwesenheit von ein oder zwei stimmberechtigten Betriebsratsmitgliedern hätten verhandelt werden können. Dieser Vorschlag enthielt also ebenso wie die oben wiedergegebene Kritik Schneiders an dem § 70 BRG den grundsätzlichen Verzicht auf wirtschaftspolitische Aktivität der Arbeitnehmer. Das ganze Problem wurde sozialpolitisch vom Gesichtspunkt einer ›Berührung‹ beider Interessentengruppen aus entschieden. Die Erwartung Schneiders, der Aufsichtsrat werde Mittel finden, ihm unerwünschte wirtschaftspolitische Folgen des Gesetzes abzuschwächen, ist eingetroffen. Bestimmte Verhandlungen wurden vom Aufsichtsrat in Ausschüsse verschoben, zu denen Betriebsratsvertreter keinen Zutritt hatten[29].

Auf den Druck der mittelständischen Organisationen, insbesondere wiederum auf die Tätigkeit Gustav Schneiders, ist es – zweitens – zurückzuführen, daß im Betriebsrätegesetz die Angestellten eine eigene, ursprünglich nicht vorgesehene Berücksichtigung gefunden haben und vor Majorisierungen durch die Arbeiter geschützt worden sind (besondere Angestelltenräte). Dabei wurde der Kampf wiederum nicht nur gegen die Unternehmer geführt, sondern kaum mit geringerer Schärfe zwischen den bürgerlichen Angestellten und den Arbeitern. In den ersten Vereinbarungen zwischen dem Reichsarbeitsministerium und dem Aktionsausschuß des Mitteldeutschen Generalstreiks, den Arbeitnehmerorganisationen und Arbeitgebervertretern (4. und 5. Mai 1919 in Weimar) war z. B. zunächst festgelegt worden, daß der Betriebsrat von den Arbeitern und Angestelltenausschüssen gemeinsam gewählt werden sollte. Auf diese Weise wäre es möglich gewesen, diejenigen Angestellten auszuschalten, die den Arbeitern politisch fernstanden. Im Gegensatz zu diesen Plänen verlangte der GdA, der bei den erwähnten Verhandlungen übergangen worden war, paritätische Besetzung der Betriebsräte, d. h. er spielte die qualitative Bedeutung der Angestellten in der Wirtschaft gegen das demokratische Wahlprinzip aus; ferner verlangte er getrennte

Wahlen für Arbeiter und Angestellte. Während das Mißtrauen der Arbeiter gegen die Angestellten sich zu der Forderung auf grundsätzlichen Anschluß an das ›alte Proletariat‹ zuspitzte, wehrten sich nicht nur die bürgerlichen Angestelltenverbände, sondern selbst der Afa-Bund gegen die »Nivellierungssucht der Arbeiterschaft«[30].

Der erste Referentenentwurf zum BRG sah eine Beseitigung der alten Angestelltenausschüsse vor; die bürgerlichen Angestelltenverbände forderten leidenschaftlich ihre Erhaltung und ihren Ausbau. Aber nicht allein den Sozialisten, auch dem Zentrum gingen die Forderungen Schneiders zu weit. Sie liefen auf ein Mehrstimmrecht für Angestellte bei den Wahlen zur Betriebsvertretung hinaus, d. h. auf die Herstellung einer Art ›potentieller Gleichheit‹ zwischen Arbeitern und Angestellten, nicht unähnlich dem Gleichheitsbegriff, mit dem während des Krieges das Preußische Innenministerium die politische Wahlrechtsfrage zu lösen gesucht hatte. Schneider betonte, daß die Angestellten nicht ihrer Zahl nach, sondern nach ihrer wirtschaftlichen Leistung behandelt werden müßten. Es verstehe sich doch von selbst, »daß die Angestellten eines Betriebes für den Betrieb selbst genau die gleiche Bedeutung haben wie die Arbeiter. Die Arbeiterschaft eines Betriebes kann die Angestelltenschaft arbeitslos machen, indem sie streikt, aber umgekehrt auch können die Angestellten eines Betriebes, wenn sie ihre Arbeit einstellen, auch die Arbeiter hindern zu arbeiten. (Zuruf: Macht ihr ja schon!) – Auch das ist schon dagewesen. Im mitteldeutschen Bergbau waren die Verhältnisse vorhanden.«[31] Der Abg. Koenen (USPD) hatte schon vorher polemisch ausgeführt, daß Schneider wie die »Herren von der äußersten Rechten, die auch das ›teile und herrsche!‹ so gern wollen«, bewußt oder unbewußt die »Geschäfte der Unternehmer« betreibe[32].

Das BRG wurde ein Ausdruck der gesellschaftlichen Schichtung, soweit diese die Zusammensetzung der gesetzgebenden Körperschaft mitbestimmt hatte. Das Verhältnis der sozialen Kräfte, die seine Entstehung und seinen Inhalt beeinflußt haben, wird nur richtig bestimmt, wenn man die Rolle, welche die Angestelltenvertreter dabei gespielt haben, berücksichtigt. Das Gesetz wurde ein Kompromiß und wurde als solches von den einzelnen Angestelltenverbänden und selbst innerhalb des Afa-Bundes verschieden beurteilt, d. h. auf der einen Seite – vom DWV – als »ungeheurer Fortschritt«, auf der anderen – vom Butab – als »sozialdemagogisches Machwerk«[33].

Trotz der Vergewerkschaftung haben die bürgerlichen Angestelltenverbände danach getrachtet, sich nicht zu weit von der mittelständischen Linie in den sozialpolitischen Kämpfen der Nachkriegszeit zu entfernen. Oft haben sie darauf hingewirkt, die alten Sondervorrechte zu erhalten, neue zu erlangen, Gleichstellungen mit den Arbeitern zu verhindern. Zuweilen ist es ihnen aufgrund des Widerstandes der Linken mißglückt. Häufig ist ihnen diese Politik mit Hilfe parlamentarischer ›Querverbindungen‹, mit Unterstützung von Unternehmervertretern gelungen. Zur Illustration seien noch zwei wichtige Beispiele kurz erwähnt. Bei den Beratungen des Arbeitsnachweisgesetzes 1922 standen sich im Reichswirtschaftsrat wie auch im Reichstag zwei Auffassungen gegenüber. Freie Gewerkschaften und SPD hielten es für zweckmäßig, die Angestellten in das öffentliche Vermittlungsmonopol einzubeziehen. Weite Kreise der Angestelltenschaft lehnten zusammen mit den Arbeitgebern diese Regelung entweder überhaupt ab – wie z. B. die Akademiker – oder verlangten doch, daß die nicht gewerbsmäßigen Arbeitsnachweise der Berufsverbände selbständig blieben. Für die ›berufsständische‹ Vermittlung setzte sich mit besonderem Eifer der DHV ein[34]. »So konnte es nicht ausbleiben« – hieß es dann in »Der Arbeitgeber« –, »daß viele Bestimmungen gegen den Willen der Sozialisten im Gesetz Aufnahme gefunden haben.«[35]

Bei der Schaffung des Arbeitslosen-Versicherungsgesetzes im Jahre 1927 entbrannte der alte Streit von neuem[36]. Die im sogenannten Siebenerausschuß vereinigten mittelständischen Angestelltenverbände stellten die Forderung auf Zulassung der Ersatzkassen in der Arbeitslosenversicherung, der Afa-Bund sprach sich, gemeinsam mit dem ADGB, aufs schärfste gegen die Ersatzkassen aus. Die bürgerlichen Angestelltenverbände wiesen bei dieser Gelegenheit darauf hin, daß fast alle Sondereinrichtungen und Sondervorschriften für Angestellte gegen die freigewerkschaftlichen Arbeitnehmervertreter erkämpft worden seien: 1911 die besondere Angestelltenversicherung, 1920 die Angestelltenräte im Betriebsrätegesetz, die Angestelltenabteilungen 1922 im Arbeitsnachweisgesetz, 1926 im Reichsknappschaftsgesetz.

Die große Wirtschaftskrise stellte in diesem Punkte die Gemeinschaft zwischen Angestellten und Arbeitern nicht her: Die Forderung nach den Ersatzkassen, vorwiegend finanziell mit der Notwendigkeit begründet, die besseren Versicherungsrisiken der Angestellten nicht mit den schlechteren der Arbeiter zu vermischen, wurde vom GdA und vom DHV unermüdlich erhoben.

Schließlich sei noch ein Beispiel dafür angeführt, daß die bürgerlichen Angestelltenverbände ihre Selbsthilfe-Einrichtungen dazu benutzten, um den gesellschaftlichen Vorrang der Angestellten zu behaupten. Die Krankenkassen der Angestelltenverbände standen im Gegensatz zur allgemeinen Ortskrankenkasse, mit der sie konkurrierten[37]. Sie entzogen ihr relativ gute Risiken, andererseits verstärkten sie die ständische Abschließung der Angestellten von den Arbeitern. In einer kleinen Werbeschrift für seine Krankenkasse stellte der DHV zwei Photographien gegenüber. Die erste zeigte einen Mann in Zimmermannshosen vor dem Eingang des »Allgemeinen Krankenhauses«. Die zweite zeigte einen Herrn, dem nicht nur an der gebügelten Hose, sondern auch an der Aktentasche, die er unter dem Arm hielt, anzusehen war, daß er ein Herr war. Mit allen Zeichen der Bereitwilligkeit öffnete ihm ein Assistenzarzt in weißem Kittel das Portal, an dem eine Tafel »Privatklinik Professor Dr....« angebracht war. Dem Arbeiter auf dem ersten Bild blieb dagegen nichts übrig, als das Tor eigenhändig zu öffnen. In die gleiche Kerbe schlug die schriftliche Propaganda für die Sonderkasse des DHV. In einer Werbeschrift wurde der Handlungsgehilfe mit den Worten zum Eintritt ermuntert: »Wie sehr die geistige Arbeit durch Krankheit beeinträchtigt wird, bezeugt u. a. der größte Denker unseres Volkes. Er berichtet nämlich in einem seiner Werke, daß ein mit Kopfbedrückung verbundener Katarrh ihn für Kopfarbeiten gleichsam deorganisiert, wenigstens geschwächt und stumpf gemacht habe.« Es handelte sich um Immanuel Kant.

Die Verbände gaben Prämien für geworbene Mitglieder aus und zwar nicht nur in Form von Büchern und andern Gütern, sondern auch in bar. Der GdA, in seinem ständischen Absonderungswillen hinter dem DHV nur wenig zurückstehend, führte zu diesem Zweck ein besonderes Punktsystem ein. Er berechnete den Werbern für jede Aufnahme in den Bund zwei Punkte (gleich 2 RM), für jede Aufnahme in die Krankenkasse des Bundes jedoch drei Punkte. Auch der DHV belohnte erfolgreiche Werbung für seine Krankenkasse besonders, d. h. zur Werbung für die Krankenkasse wurde dringlicher aufgefordert als zur Werbung neuer Mitglieder der Gewerkschaft. So zeigte sich auch in dem Punktsystem, was es mit der ›Vergewerkschaftung‹ auf sich hatte. Selbst die Freien Sozialistischen Angestelltenverbände mußten aus Gründen des Wettbewerbs, in dem sie mit den andern Verbänden standen, die Kassen pflegen. Insbesondere der ZdA geriet dadurch in gewisse Schwierigkeiten, da relativ viele seiner Mitglieder bei den Ortskrankenkassen angestellt waren.

Die Mitgliedschaft des DHV hatte sich 1918–1919 von 148000 auf 208000 erhöht, die des Afa-Bundes dagegen viel eindrucksvoller auf das Vierfache, von 94000 auf 366000. Diese Revolutionskonjunktur dauerte jedoch nicht an. 1921 bereits gab es etwa 565000 Angestellte, die Mitglieder mittelständischer Verbände waren (GdA und DHV), während der Afa-Bund nur noch 313000 Mitglieder zählte. Bald danach gewann der DHV seine alte absolute Vormachtsstellung in der deutschen Angestelltenbewegung zurück.

Seine Organisation war effizient. Seine politische Macht beruhte auf parlamentarischen Querverbindungen, die vom Zentrum bis zu den Nationalsozialisten reichten. Im September 1930 saßen z. B. als Vertreter des DHV im Reichstag Stöhr und Forster bei der NSDAP, Lambach bei der konservativen Volkspartei, Rippel bei den Christlich-Sozialen, Thiel und Glatzel bei der Deutschen Volkspartei, Gerig beim Zentrum. Nach der Lossage des DHV von der Partei Hugenbergs hatte sich die Zahl der DHV-Parlamentarier im Reichstag, in den Landtagen und Kommunalvertretungen verringert. 1926 noch waren 302 von insgesamt 1391 Parlamentariern des DHV Mitglieder der DNVP; gefolgt von 291 DVP-Mitgliedern, 101 Mitgliedern von völkischen Parteien und 98 vom Zentrum. Ende des Jahres 1931 war die Gesamtzahl auf 1078 gesunken, aber die NSDAP-Mitglieder hatten sich mehr als verdoppelt, auf 210. Die Zahl der Vertreter bei der DVP war mit 118 auf fast ein Drittel zusammengeschrumpft und die Vertretung bei der reaktionären DNVP fiel nun ganz aus. Die Zahl der DHV-Mitglieder, die durch Wahl bürgerlicher Einheitslisten zu Parlamentariern wurden, war von 1926 bis 1931 von 745 auf 451 gesunken[38].

Der DHV erreichte auch durch seine publizistische Arbeit, die von Zeitschriften und großen Buchverlagen gepflegt wurde[39], weite Kreise des Volkes außerhalb seiner Mitgliedschaft. Zeugnis seiner wirtschaftlichen Macht war ein Konzern, der Banken, Versicherungsanstalten, Buchverlage und Unternehmen anderer Art umfaßte[40].

Zusammenfassend kann über die Vergewerkschaftung der Angestellten zu Beginn der Weimarer Republik folgendes gesagt werden. Abgesehen von einer relativ kleinen Minderheit lag der hervorstechende Zug dieser Vergewerkschaftung nicht in der Anerkennung der Proletarisierung, d. h. der Arbeitnehmerqualität des ›neuen Mittelstandes‹. Er lag auch nicht in der Tatsache, daß nunmehr die überwiegende Mehrheit der organisierten Angestellten ihre ökonomische Lage innerhalb des Kapitalismus mit gewerkschaftlichen Mitteln zu verbessern trachtete[41]. Dasselbe taten praktisch auch die fast ausschließlich im Afa-Bund organisierten Werkmeister und viele im ADGB organisierte Arbeiter, von den Mitgliedern der beiden andern

Spitzenverbände der Arbeiter ganz zu schweigen. Nur eine kleine radikale Minderheit wollte den Kapitalismus statt ihn zu reformieren durch eine sozialistische Ordnung ersetzen. Der politisch entscheidende Zug der gewerkschaftlichen Tätigkeit der Angestellten in der Weimarer Republik lag vielmehr darin, daß sie der Erhaltung von Status und Geltung der Angestellten den Arbeitern gegenüber diente. Darüber hinaus vertrug sich diese gewerkschaftliche Arbeit zumindest bei einer starken militanten Minderheit mit anti-proletarischen, antidemokratischen, antisemitischen und anti-republikanischen Anschauungen. 1929 wetterte der Vorsitzende des DHV gegen die »pazifistischen, verjudeten und verspießerten Revolutionsnutznießer[n] von der Linken«[42].

Während unter den Arbeitern und ihren Funktionären das Phänomen der Verbürgerlichung die Aufmerksamkeit von Kritikern der Bewegung erregte, verkannten sie die Tendenzen der politischen Entfremdung weiter Kreise des ›neuen Mitelstandes‹ von den demokratischen Institutionen der Republik. Man könnte dieses Phänomen der Entfremdung auch als ›Entbürgerlichung‹ bezeichnen. Aber die Angestellten waren im Kaiserreich nie eigentlich Staatsbürger, sondern Untertanen gewesen, und obwohl sie in der Republik ihre Interessen gewerkschaftlich verfolgten, waren sie nun Feinde des Staates, dessen Verfassung die Macht aller Gewerkschaften garantierte; sie verachteten ihn und wußten zu wenig von bürgerlicher Gesittung.

Kapitel XIII

Die Verbände gegen Ende der Weimarer Republik

Vor der Zerstörung der Gewerkschaften im Jahre 1933 bestanden folgende Spitzenorganisationen von Angestelltenverbänden: 1. der christlich-nationale Gesamtverband der Angestelltengewerkschaften (Gedag) mit dem DHV und dem VWA als größten Unterverbänden; die im Gedag vereinigten Verbände bildeten zusammen mit den christlichen Arbeitergewerkschaften den Deutschen Gewerkschaftsbund. – 2. die freiheitlich-nationalen (Hirsch-Dunckerschen) Angestellten-, Arbeiter- und Beamtenverbände waren im Gewerkschaftsring Deutscher Arbeiter-, Angestellten- und Beamtenverbände (Gwr) zusammengeschlossen. Größte Angestelltenorganisation. Zugleich größter Verband des Gwr überhaupt war hier der GdA, eine ›Einheitsgewerkschaft‹, die im Gegensatz zum DHV auch weibliche Angestellte, im Gegensatz zu allen übrigen Verbänden Angestellte aller Art, d. h. kaufmännische und Büroangestellte, Techniker und Werkmeister umfaßte. Daneben spielten der DBV und der AVV, die größten Verbände der Bank- bzw. der Versicherungsangestellten, in dieser Gewerkschaftsrichtung eine wichtige Rolle. – 3. Die Freien Angestelltenverbände waren im Allgemeinen Freien Angestelltenverbund (Afa-Bund) zusammengeschlossen, der mit dem ADGB und dem Allgemeinen Deutschen Beamtenbund in einem Kartellverhältnis stand. Der Mitgliederzahl nach waren von den Verbänden des Afa-Bundes der ZdA und der DWV am wichtigsten, an gewerkschaftlicher Bedeutung übertraf sie jedoch der zahlenmäßig kleinere Butab. – Die Verteilung der organisierten Angestellten auf die drei Gewerkschaftsgruppen zeigt Tabelle 16.

Neben diesen gewerkschaftlichen Spitzenverbänden und den zahlreichen selbständigen Angestelltenverbänden bestanden noch die »Vela« (Vereinigung der leitenden Angestellten) mit rund 30000 Mitgliedern und der wirtschaftsfriedliche, relativ bedeutungslose Reichsbund Deutscher Angestellten-Berufsverbände mit 47964 Mitgliedern.

Tab. 16: Die Organisationsverhältnisse bei Angestellten und Arbeitern (nach dem Stande von Ende 1931)[1]

Verbandsgruppen	Angestellte			Arbeiter	
	insgesamt	% der Gesamtzahl	davon weiblich	insgesamt	% der Gesamtzahl
christl.-national	593800	34,1	93432	689472	13,2
freiheitlich-national	392850	22,6	117060	181100	3,5
freigewerkschaftlich	465591	26,8	109,331	4104285	79,0
Gewerkschaften insgesamt	1452241	83,5	319823	4974857	95,7
kommun., syndikalist. u. a. revolut. Vbde.	–	–	–	35774	0,7
wirtschaftsfriedl. Verbände	–	–	–	123083	2,4
selbständige	286530	16,5	66472	62034	1,2
insgesamt	1738771	100,0	386295	5195748	100,0
Anteil an Gesamtheit aller Organisierten		25,1			74,9

Eine Übersicht über die Verbände der Angestellten und Arbeiter gegen Ende der Weimarer Republik gibt ein unentbehrliches Hilfsmittel an die Hand, die politische und ideologische Differenzierung der Arbeitnehmer von den Interessenvertretungen aus zu erkennen.

Zunächst ist zu bemerken, daß die Organisationsquote der Angestellten höher war als die der Arbeiter. Selbst wenn man die selbständigen Verbände der Angestellten, die etwa ein Sechstel aller Organisierten umfaßten, nicht in Betracht zieht, und von den ungleich weniger wichtigen Arbeiterverbänden dieser Art nebst den ›gelben‹, wirtschaftsfriedlichen und den bedeutungslosen revolutionären Arbeiterverbänden ebenfalls absieht, so standen noch immer beinahe 1,5 Millionen Angestellte etwa 5 Millionen Arbeitern in den drei großen Gewerkschaftsrichtungen gegenüber. Dies bedeutet, daß etwa jeder dritte Arbeiter gewerkschaftlich organisiert war, aber immerhin etwa 37 % der Angestellten.

Der zweite Haupteindruck, den die Tabelle vermittelt, ist die überaus starke Stellung der sozialistischen Gewerkschaften bei den Arbeitern und die gegensätzliche Bevorzugung von nicht- und antisozialistischen Verbänden durch die Angestellten. Von zehn organisierten

Arbeitern gehörten acht Freien Gewerkschaften an; von zehn organisierten Angestellten bekundeten etwa sieben durch Mitgliedschaft in den christlich-nationalen und freiheitlich-nationalen Verbänden ihre Gegnerschaft zu den Freien Gewerkschaften und zum Sozialismus. Im Gegensatz zu den Arbeitern war bei den Angestellten die christlich-nationale Richtung führend. Die Bedeutung dieser Tatsache verstärkt sich noch, wenn man berücksichtigt, daß die christlichen Arbeiter fast ausschließlich Katholiken waren und dem Zentrum nahestanden, während nur eine Minderheit der christlich-nationalen Angestellten katholisch war und die meisten zu dieser Gewerkschaftsrichtung gehörenden Angestellten politisch rechts vom Zentrum standen.

Wenn auch die Quote der freiheitlich-nationalen Angestellten die der freigewerkschaftlichen nicht ganz erreichte, so war sie doch fast siebenmal so hoch wie die der Arbeiter, von denen nur eine sehr kleine Minderheit auf diesem Gewerkschaftsflügel stand. Die Angestellten hatten hier sogar ein erhebliches absolutes Übergewicht über die organisierten Arbeiter; bei den Freien Gewerkschaften waren dagegen die Arbeiter ungefähr neunmal so stark wie die Angestellten. Die Bedeutung der freiheitlich-nationalen Angestelltenverbände wird aus der Geschichte verständlich: Ihre größte Organisation, der GdA, war 1919 durch Zusammenschluß von sogenannten ›Harmonie-Verbänden‹ entstanden, denen vor dem Ersten Weltkrieg die Mehrzahl aller organisierten Angestellten angehört hatte. Entsprechende Gründe hatte der hohe Anteil von selbständigen Verbänden: er erklärt sich durch die große Zahl kleinerer Organisationen, die zum Teil Vereinscharakter hatten oder Angestellte bestimmter kleiner Berufsgruppen, häufig zusammen mit Selbständigen, erfaßten[2].

Die schwache Position der freigewerkschaftlichen Verbände, d. h. die Ungeneigtheit der Angestellten zu sozialistischen Anschauungen, wird in ihrer ganzen Bedeutung erst ersichtlich, wenn man alle übrigen Organisationen aufgrund ihrer mehr oder weniger deutlich hervortretenden mittelständischen Ausrichtung zu einer Einheit zusammenfaßt. Es ergibt sich dann, daß rund Dreiviertel aller organisierten Angestellten im ›bürgerlichen‹ Lager standen. Die Organisationsverhältnisse der Angestellten zeigten also in großen Zügen das umgekehrte Bild der Verhältnisse bei den Arbeitern; nur eine Minderheit der Angestellten bekannte sich durch Zugehörigkeit zu freigewerkschaftlichen Verbänden zu der sozialistischen Auffassung der eigenen Lage und der kapitalistischen Gesellschaft.

Das Bild verfeinert sich auf nicht uninteressante Weise, wenn man

Tab. 17: Gewerkschaften der kaufmännischen und Büroangestellten (Ende 1931)[3]

	insgesamt	%	davon weiblich	%
Deutschnationaler Handlungsgehilfen-Verband	409022			
Verband der weiblichen Handels- und Büroangestellten	92390		92389	
Reichsverband der Büroangestellten und Beamten	12677			
I. christlich-national	514089	47,5	92389	29,9
kaufmännische Angestellte im Gewerkschaftsbund der Angestellten	296238*		103078	
Deutscher Bankbeamtenverein e. V.	39700		6972	
Allgemeiner Verband der Versicherungsangestellten	18405		4600	
II. freiheitlich-national	354343	37,8	114650	37,1
Zentralverband der Angestellten	203489		102007	
Allgemeiner Verband der deutschen Bankangestellten	9635			
III. freigewerkschaftlich	213124	19,7	102007	33,0
Summe I–III	1081560	100	309046	100

* Vgl. Anm. 8.

die Organisationsverhältnisse bei den einzelnen Berufsgruppen der Angestellten betrachtet (Tabellen 17–19). Die mittelständischen, antisozialistischen Verbände hatten ihre stärkste Position bei den kaufmännischen Angestellten, während die Freien Gewerkschaften bei Technikern und Werkmeistern dominierten; bei diesen war übrigens auch die allgemeine Organisationsquote am höchsten. Unter den Werkmeistern hatte der dem Afa-Bund angehörende (aber nicht radikale) DWV fast Monopolcharakter; er umfaßte über 80 % der organisierten Werkmeister[4]. Unter den Technikern konnte keine ›bürgerliche‹ Organisation mit dem Butab konkurrieren. Auch die Fördermaschinisten standen fast alle im freigewerkschaftlichen Lager[5]. Dem rechts-

Tab. 18: Gewerkschaften der Werkmeister (Ende 1931)[6]

	insgesamt	%	davon weiblich
Deutscher Werkmeister Verband Düsseldorf	120117		400
Polier-, Werk- und Schachtmeisterbund für das Baugewerbe Deutschlands	12189		
Werkmeister-Verband der Schuhindustrie	2910		123
I. freigewerkschaftlich	135216	82,7	523
II. freiheitlich-national: Werkmeister im GdA	12782*	7.9	
Deutscher Werkmeisterbund Essen (Ruhr)	15039		
Verband deutscher Polier-, Schacht- und Ziegelmeister für das Bau- und Ziegelgewerbe sowie verwandte Berufsarten	375		
III. christlich-national	15414	9,4	
Summe I–III	163412	100	

* Vgl. Anm. 8.

radikalen, christlich-nationalen Gedag gehörte aber der Fachverband der Eisenbahner mit 9000 Mitgliedern an.

Monopolcharakter hatten die freigewerkschaftlichen Verbände mit der Genossenschaft deutscher Bühnenangehöriger und der Internationalen Artistenloge sonst nur noch bei den Künstlern.

Unter den kaufmännischen und Büroangestellten, wenn man sie zunächst als Ganzes betrachtet, dominierten dagegen die antisozialistischen Verbände mit insgesamt 80%. Insbesondere der DHV und seine Schwesterorganisation für weibliche Angestellte, der VwA, übten eine klare Vorherrschaft aus.

Tabelle 20 zeigt, daß nur in bestimmten Wirtschaftszweigen die freigewerkschaftliche Organisation der kaufmännischen und Büroangestellten, der ZdA, den mittelständischen Verbänden den Rang ablief: bei den Genossenschaften, den Behörden und behördenähnlichen Betrieben. Im Einzelhandel war der ZdA in den Warenhäusern und den Einheitspreisgeschäften durch weibliche Mitglieder stark vertreten.

Allerdings ist dabei zu berücksichtigen, daß – wie bereits erwähnt –

Tab. 19: Gewerkschaften der technischen Angestellten (Ende 1931)[7]

	insgesamt	%	davon weiblich
Bund der techn. Angestellten und Beamten	63115		434
Deutscher Fördermaschinisten-Verband	1970		
Verband der Zuschneider und Zuschneiderinnen und Direktricen	2800		200
Verband deutscher Kapitäne und Steuerleute der Handelsschiffahrt und Hochseefischerei	2000		
Verband deutscher Schiffsingenieure	3700		
I. freigewerkschaftlich	74585	61,1	634
Techniker im GdA	15722*		
Reichsbund technischer Assistentinnen	2300		2300
Verband deutscher Seeschiffer und Seesteuerleute	1012		
Verband technischer Schiffsoffiziere	1568		
Berufsvereinigung deutscher Flugzeugführer	247		
II. freiheitlich-national	20849	17,1	2300
Verband deutscher Techniker	14258		106
Bund angestellter Akademiker technisch-naturwissenschaftlicher Berufe	6979		
Verband deutscher Kapitäne und Schiffsoffiziere	5354		
III. christlich-national	26591	21,8	106
Summe I–III	122025	100	

* Vgl. Anm. 8.

66 % der Mitglieder des ZdA, aber nur 41 % der DHV-Mitglieder und nur 56 % der GdA-Mitglieder in Großstädten mit mehr als 100000 Einwohnern lebten[8]. Ferner ist nochmals darauf hinzuweisen, daß die kaufmännischen Angestellten in mittleren Betrieben relativ stärker vertreten waren als in den größten Betrieben[9]. Man darf daraus vielleicht schließen, daß trotz der Zahlen in Tabelle 20 für die Industrie im allgemeinen der ZdA in großstädtischen industriellen Großbetrieben stärker vertreten war als der DHV und der GdA. Endlich ist aus der

Tab. 20: Angestellten-Gewerkschaften nach Wirtschaftszweigen (Ende 1931)[10]
Von 100 Mitgliedern der Verbände waren tätig in:

							Versicherung		
	Industrie	Bergbau	Großhandel	Einzelhandel	Genossenschaft	Privat	Sozial	Behörd.	Sonst.
DHV	m. 36,2	1,6	19,6	15,3	1,1	1,7		2,3	21,9
ZdA	m. 24,5	1,0	8,5	8,1	10,7	4,2	13,2	22,0	7,7
	w. 15,6	–	6,8	33,3	27,4	1,5	3,0	5,2	7,2
GdA*	(34)		(17,6)	(13,8)	(1,1)	(1,7)		(11,8)	(20,0)

* Männliche und weibliche kaufmännische Angestellte (vgl. Anm. 8).

Stärke der weiblichen Mitgliedschaft im ZdA zu entnehmen, daß dieser freigewerkschaftliche Verband mehr als DHV und GdA in den Großbetrieben kaufmännische Angestellte der unteren Rangstufen anzog.

Die Gruppierung der Spitzenverbände der Angestellten war im wesentlichen ein Produkt der Staatsumwälzung von 1918. Mit ihr wurde eine Entwicklung vorläufig abgeschlossen, die schon vor dem Kriege in die Richtung einer stärkeren Vereinheitlichung der vielen Angestelltenverbände gewiesen hatte. Im Zusammenhang mit der ›Vergewerkschaftung‹ wurde 1918/19 auch die vor dem Kriege stark umkämpfte organisatorische Verbindung der Angestelltenverbände mit den Arbeiterorganisationen bei allen drei Gewerkschaftsrichtungen hergestellt. Gleichwohl waren seitdem die Spannungen zwischen den Angestellten und den Arbeiterverbänden *innerhalb* jeder Gewerkschaftsrichtung groß, ja vielleicht sogar *größer* als die Unterschiede zwischen den einzelnen Gewerkschaftsrichtungen[11], was aus der Interessendifferenzierung der Arbeitnehmerschaft, aus der ungleichen Rechtslage von Angestellten und Arbeitern sowie aus den Geltungsprivilegien und Geltungsansprüchen der Angestellten aller Richtungen folgte.

Auf dem christlich-nationalen Gewerkschaftsflügel waren die Spannungen besonders stark, weil hier zu dem scharfen sozialen Gegensatz (zwischen Bergarbeitern, welche die Sozialisierung des Bergbaus forderten, und Handlungsgehilfen, deren Funktionäre gesellschaftliche Fühlung mit dem Herrenclub hatten) der konfessionelle Gegensatz trat. Im DHV machten die Katholiken nur eine sehr schwache Minderheit aus, und der Protestantismus wurde gerade von diesem Verband, oder genauer von protestantischen Schriftstellern, die ihm nahe standen, den Zeitläuften gemäß politisch in einer Weise angepaßt und als Theologie des Nationalismus, die sich auf Luther berief, so militant vertreten, daß katholische Kritiker gelegentlich nichts geringeres als den Geist des Kulturkampfs beschworen sahen[12]. Nach der nationalsozialistischen Erhebung betonte denn auch der DHV, daß er im Gegensatz zu den christlichen Arbeitergewerkschaften nicht eigentlich christlich-sozial, sondern immer national-sozial gewesen sei.

Durch eine sehr geschickte Personalpolitik verstand es der DHV in der Weimarer Republik, die in seinem exponierten Protestantismus gelegene Belastung seiner katholischen Mitglieder zu vermindern: In katholischen Gegenden wurden die Funktionärsposten meist mit Katholiken besetzt. Die weltanschauliche Kluft zwischen dem DHV und den christlichen Arbeiterverbänden aber wurde nicht zuletzt durch das ökonomische Interesse an gemeinsamen wirtschaftlichen Unternehmungen überbrückt.

Auch bei den Freien Gewerkschaften war der Gegensatz zwischen Afa-Bund und ADGB deutlich sichtbar, obgleich nicht ganz so stark wie der Gegensatz zwischen Angestellten- und Arbeiterorganisationen auf dem ›rechten‹ Gewerkschaftsflügel. Hier wie dort übertrafen jedoch die Angestellten beziehungsweise ihre Funktionäre die Arbeiter der betreffenden Richtung im Radikalismus der politischen Haltung. Der DHV war viel entschiedener antimarxistisch als die christlichen Arbeiterverbände, der Afa-Bund viel ›sozialisierungswilliger‹ als der ADGB. Man kann zuspitzend sagen, daß die Theorie der Wirtschaftsdemokratie eine Theorie der Freien Arbeitergewerkschaften war, von der sich der Afa-Bund merklich distanzierte, während das Aktionsprogramm der Freien Gewerkschaften aus dem Jahre 1932 den Zielen des Afa-Bundes näher kam als denen des ADGB: In Zeiten der Konjunktur lag die ideologische Führung der Freien Gewerkschaften eher bei den Arbeitern; mit zunehmender Verschärfung der Krise gewann die radikalere Aktivität der Angestellten an öffentlicher Bedeutung.

Personell entsprach diesem Spannungsverhältnis, das auch in der besonders heftigen Konkurrenz der einzelnen Gewerkschaftsrichtungen innerhalb der Angestelltenschaft seine Ursache hatte, die unterschiedliche Zusammensetzung der Funktionäre: Die Führer des ADGB waren älter als die des Afa-Bundes, und dieser hatte eine größere Quote von Akademikern mit den zentralen wirtschafts- und sozialpolitischen Aufgaben betraut als der ADGB. Drückt man es vergröbernd aus, so standen jüngere, radikalere ›Intellektuelle‹ des Afa-Bundes erfahrenen, eher zum Kompromiß geneigten ›Praktikern‹ des ADGB gegenüber.

Auch der DHV hat viele akademische Funktionäre mit allgemeineren Aufgaben betraut, während bezeichnenderweise die ideologische Führung des GdA fast ausschließlich von älteren Praktikern mit ein wenig provinziellem geistigem Habitus ausgeübt wurde. Viele Veröffentlichungen des GdA waren vielleicht auch deshalb langweiliger – um es exakt auszudrücken – als die Arbeiten des DHV oder des Afa-Bundes.

Kapitel XIV

Der Verfall der Gewerkschaften 1933

Nach der Machtergreifung Hitlers am 30. Januar 1933 bestand keine Möglichkeit mehr, den Widerstand der Arbeiter gegen die Nationalsozialisten zu mobilisieren. Die letzte Chance, den Weg zur Diktatur durch einen Generalstreik zu versperren, war am 20. Juli 1932, dem Tag des Staatsstreichs gegen Preußen, verpaßt worden. Am 30. Januar 1933 war das Ende der Weimarer Republik besiegelt, obwohl viele namhafte Führer der Großindustrie, der Banken, der Armee, der Kirche, der Gewerkschaften und aller Parteien von Hugenberg bis zu den Kommunisten Illusionen über die Kurzlebigkeit des neuen Regimes hegten. Auch außenpolitisch hatte Hitler bald Erfolge, die sich auf die Befestigung seiner Macht in Deutschland günstig auswirkten, insbesondere die rasche faktische Anerkennung seines Regimes seitens Stalins im Mai 1933 durch die Verlängerung des Berliner Vertrags von 1926. Bereits seit Anfang März benutzten Hitler und Papen die Bestrebungen um das Reichskonkordat dazu, um den Widerstand der deutschen Katholiken zu schwächen[1], und am 17. Mai erfolgte die sozialdemokratische Zustimmung zu der von NSDAP, DNVP, Zentrum und BVP eingebrachten Entschließung zu Hitlers außenpolitischer Friedenserklärung im Reichstag[2].

Wenn Hitler gewerkschaftliche Aktionen gegen die neue Regierung befürchtete, so zeigte sich nur allzubald, wie grundlos solche Sorgen waren. Den Gewerkschaften drohte zwar keine Gefahr von der nationalsozialistischen Betriebszellenorganisation (NSBO), da diese vor der Machtergreifung einflußlos geblieben war, aber die Verbände waren geschwächt durch Weltwirtschaftskrise, Arbeitslosigkeit, Mitglieder- und Kassenschwund. Und ihre Führer waren Männer der Vergangenheit, die, in Legalitätsvorstellungen befangen, den Einbruch ungezügelter Gewalt in die Politik verständnislos über sich und Deutschland ergehen ließen. Trotz des Terrors der SA, SS und NSBO, der nach dem 30. Januar rasch einsetzte, glaubten die Führer aller drei

Gewerkschaftsrichtungen zunächst, durch Anpassung an die ungewohnten politischen Verhältnisse ihre Organisationen bewahren zu können. Ihre Versuche, mit den Machthabern Kompromisse zu schließen, beschleunigten die Demoralisierung und Nazifizierung der Arbeitnehmer und den Zerfall ihrer Verbände[3].

In diesem Prozeß der Selbstzerstörung waren die Führer der christlichen und der Hirsch-Dunckerschen Verbände noch emsiger tätig als die der Freien Gewerkschaften, obwohl der ADGB nicht weit zurückblieb. Wie zu erwarten war, machten die mittelständischen Angestelltenverbände besonders rasch Anbiederungsversuche bei den Nazis, die gar keine drastischen Maßnahmen zu ergreifen brauchten, um sie aus der Gewerkschaftsfront herauszubrechen. Lediglich der Afa-Bund war eine rühmliche Ausnahme. Sein Vorsitzender, Siegfried Aufhäuser, der von Anfang an die Anpassungstaktik des ADGB bekämpft hatte, legte am 28. März sein Amt nieder. Ein neuer Vorstand wurde nicht gewählt, und am 30. April beschlossen die Afa-Verbände, ihre Dachorganisationen aufzulösen.

Die Zersetzung der anderen Gewerkschaften war zu dieser Zeit bereits weit fortgeschritten. Schon Mitte März hatten sich die christlichen Verbände für unpolitisch erklärt und zusammen mit Vertretern der Hirsch-Dunckerschen Gewerkschaften Goebbels aufgesucht, um mit ihm über die Teilnahme ihrer Anhänger am neuen Staat zu verhandeln. Im gleichen Monat schrieb Theodor Leipart, der Vorsitzende des ADGB, zweimal an Hitler; er betonte die Loslösung der Freien Gewerkschaften von der SPD und bot die Zusammenarbeit mit den Unternehmern an, um die Freien Gewerkschaften zu retten.

Im Angestelltenlager mußte der DBV Mitte April auf Druck seiner nationalsozialistischen Mitglieder mit der NSBO verhandeln; der Zentralvorstand trat zurück und die wichtigsten Funktionen wurden von Nazis übernommen. Etwa zur gleichen Zeit überreichte der GdA Hitler den »GdA-Plan zur Vereinheitlichung der deutschen Gewerkschaftsbewegung« und schaltete sich bald darauf durch die Wahl eines nationalsozialistischen Vorsitzenden gleich. Auch die christlichen Gewerkschaften schlossen sich den Anschauungen der NSDAP an. Am 22. April traten Gedag und DHV aus dem christlichen DGB aus, und eine Woche später zog der DHV durch Gleichschaltung offen in das nationalsozialistische Lager. Der Verband, der seinen Namen beim Übergang vom Kaiserreich zur Republik beibehalten hatte, nannte sich nun anders: »Deutscher Handlungsgehilfen-

Verband«, offenbar um jeden Verdacht früherer Nähe zu den Deutschnationalen abzuweisen.

Die Nazis waren geschickt in der Aneignung und politischen Ausbeutung fremder Gefühlswerte und ihrer Symbole für die Zwecke der Partei. Diese Technik erstreckte sich von der Verwandlung beliebter Melodien in Nazi-Lieder durch Unterlegung nationalsozialistischer Texte bis zur heuchlerischen Ehrung Hindenburgs, um den Traditionen des Offizierskorps und der konservativen Nationalisten billig, ostentativ und unverbindlich Genüge zu tun. Bei den Arbeitern war der Erste Mai ein sozialistischer Feiertag von großer Bedeutung, aber selbst in der Weimarer Republik war es ihnen nicht gelungen, seine staatliche Anerkennung durchzusetzen. Auf den propagandistisch meisterhaften Vorschlag von Goebbels hin wurde nun am 10. April 1933 ein »Gesetz über die Einführung eines Feiertags der nationalen Arbeit« verkündet. Die mit dem Ersten Mai verbundenen Erinnerungen und Emotionen der Arbeiter wurden damit scheinbar geehrt, aber faktisch von den Nazis in Besitz genommen. Am nächsten Tag sprachen Vertreter der christlichen Gewerkschaften bei Goebbels vor, um eine Zusage der Beteiligung an den Feiern für die Rücksichtnahme auf ihre Organisationen einzuhandeln. Goebbels beschrieb sie in seinem Tagebuch als »harmlose Naivlinge«[4]. Am 15. April begrüßte der ADGB den Ersten Mai als Volksfeiertag und empfahl vier Tage später die Beteiligung der Freien Gewerkschaften. Die internationale Gewerkschaftspresse war empört. Am 22. April kam es zum Bruch zwischen dem ADGB und dem Internationalen Gewerkschaftsbund, der seinen Sitz von Berlin nach Zürich verlegte. Nach wohl vorbereiteten Plänen besetzten SA und SS am Morgen nach dem Feiertag der nationalen Arbeit im Gewaltstreich die Gewerkschaftshäuser.

Die Zerstörung der deutschen Gewerkschaften erfolgte in zwei Phasen, zunächst durch Eingliederung aller Organisationen in zwei große Gesamtverbände von Arbeitern und Angestellten und in einige wenige Unterverbände, dann durch endgültige Eingliederung von achtzehn Reichsbetriebsgemeinschaften und zwei Reichsfachgruppen, denen sowohl Arbeitgeber als auch Arbeitnehmer angehörten, in die Deutsche Arbeitsfront (DAF).

Mit der Schaffung der DAF entfielen die alten Gegensätze der verschiedenen Gewerkschaftsrichtungen. Vergleicht man die neue Organisationsform mit der beseitigten, so fallen drei Tatsachen besonders deutlich ins Auge: erstens die Rationalisierung des Verbandswesens, zweitens die politische Vereinheitlichung, drittens die Durchsetzung des Führerprinzips.

Was das erste betrifft, so bestanden nun statt der rund 100 Angestelltenverbände, die das Statistische Jahrbuch für Ende 1931 aufführte, nurmehr neun; sie wurden in dem Gesamtverband der deutschen Angestelltenverbände unter der Führung des nationalsozialistischen DHV-Funktionärs A. Forster (Danzig) wie folgt zusammengefaßt:

1. Deutscher Handlungsgehilfenverband
2. Verband Deutscher Techniker
3. Verband Deutscher Werkmeister
4. Verband Deutscher Büro- und Behördenangestellter
5. Verband Deutscher Land-, Guts- und Forstwirtschaftsangestellter
6. Verband angestellter Ärzte und angestellter Apotheker
7. Verband seemännischer Angestellter
8. Verband der deutschen Theater-Angestellten und ähnlicher Berufe
9. Verband der weiblichen Angestellten

Diese Rationalisierung des Verbandswesens wurde im wesentlichen innerhalb weniger Wochen beendet. Die in der politischen Umwälzung freigesetzte Rücksichtslosigkeit beseitigte alle Hemmnisse im Sturm und schloß eine Entwicklung ab, deren evolutionäre Vollendung Jahrzehnte erfordert hätte.

Ein Beispiel möge die in Traditionen verwurzelten Widerstände gegen die Vereinheitlichung der Gewerkschaften verdeutlichen. Dem ehemaligen Afa-Bund gehörten neben dem DWV noch einige kleinere Werkmeister-Verbände an. Die vor 1933 immer wieder versuchte Verschmelzung mit dem großen DWV scheiterte an dem Widerstand der Werkmeister in der Pirmasenser Schuhindustrie, die aus ihrer Berufsverbundenheit heraus ihren alten kleinen Verband nicht in den großen DWV aufgehen lassen wollten. Hierbei handelte es sich wohlgemerkt um Verbände der gleichen Gewerkschaftsrichtung und um Verbände einer Angestelltengruppe, innerhalb deren ein Verband, der DWV, ohnehin bereits dominierte. Bei den übrigen Angestelltengruppen, besonders bei den kaufmännischen Angestellten, war die Aufsplitterung in eine Unzahl von Verbänden verschiedener gewerkschaftlicher und ungewerkschaftlicher Ausrichtung unverhältnismäßig viel größer als bei den gut organisierten Werkmeistern. Der Vereinheitlichung waren also hier noch höhere Schranken gesetzt.

Zu der Rationalisierung des Verbandswesens, die noch im Jahre

1932 von Erkelenz freilich aus ganz anderen Erwägungen heraus erfolglos gefordert wurde[5], bedurfte es ja nicht nur der politischen Gleichschaltung, d. h. der Vereinheitlichung verschiedener politischer, gesellschaftlicher und gewerkschaftlicher Anschauungen, sondern auch der Überwindung all jener in der Trägheit der Organisationen gelegenen Hindernisse. So war z. B. der Erkelenzsche Vorschlag, die Gewerkschaften zu vereinheitlichen, schon deshalb zum Scheitern verurteilt, weil die Freien Gewerkschaften kein Interesse daran hatten, die Hirsch-Dunckerschen Arbeiter zu ›schlucken‹; denn diese waren überdurchschnittlich alt und hatten daher besonders hohe Rentenansprüche. Andererseits war der GdA deshalb nicht für eine Zusammenlegung, weil er durch sie seine führende Stellung in einem Spitzenverband verloren hätte. Seine hohen Funktionäre wären Gefahr gelaufen, dann nicht mehr beim Reichsarbeitsministerium usw. vorgelassen zu werden. Die Verschmelzung moderner Gewerkschaften ist in mancher Hinsicht nicht ganz unähnlich der Fusionierung von Wirtschaftsunternehmen. Gerade die Schwierigkeiten aber, die sich aus dem erforderlichen Kräfteausgleich der verschiedenen gewerkschaftlichen Wirtschaftsunternehmen ergaben und die sich bis auf die neue Kompetenzabgrenzung, d. h. auch auf die neue Verteilung der Einnahmen von leitenden Gewerkschaftsbeamten erstreckten, waren unrevolutionär kaum zu beseitigen.

Bei der Rationalisierung der Angestelltenverbände verfolgten die Nazis die Ziele ihrer anti-gewerkschaftlichen Politik zunächst nicht stur, sondern mit einer gewissen Nachgiebigkeit gegenüber bestehenden Organisationen. Die weiblichen Angestellten wurden ohne Rücksicht auf die Zugehörigkeit zu ihrem Beruf, aufgrund ihres Geschlechts einem besonderen Verband zugewiesen. Der DHV andererseits erfaßte dagegen wie früher nur männliche Handlungsgehilfen, aber männliche kaufmännische Angestellte aller Berufe. Die beruflichen Sondervertretungen der Bank-, Versicherungs-, Buchhandels-Angestellten usw. fanden in der DAF keinen Platz mehr. Die männlichen Mitglieder des Deutschen Bankbeamten-Vereins z. B. wurden in den DHV überführt, um dort in der »Reichsfachgruppe Banken« »ihre gewerkschaftliche Heimat zu finden«. Die weiblichen Mitglieder mußten in den VwA übertreten[6].

Bei der Umorganisation fuhren zunächst diejenigen Verbände am besten, die seit 1918 am schärfsten den Parlamentarismus, den Marxismus und die Freien Gewerkschaften bekämpft hatten. Führende Organisationen im neuen Gesamtverband waren der DHV und seine

Schwesterorganisation, der VwA. In einem Brief an den Verbandsvorsitzenden des DHV, der am 4.5.1933 in der Presse veröffentlicht wurde, erklärte Dr. Ley ausdrücklich: »Ich werde als vernünftiger Mensch nicht hingehen und die vom Mißerfolg gekrönte Organisation etwa des Afa-Bundes dem vorzüglichen Verbande des DHV aufoktroyieren, sondern im Gegenteil ich bitte Sie und Ihren gesamten Verband, die Führung in der neu aufzubauenden Angestelltensäule zu übernehmen. Ich bin überzeugt, daß ich damit einer großen Sorge enthoben bin...«

Der Sieg der anti-sozialistischen Verbände beruhte freilich auf der unbedingten Überantwortung der Führung an Nationalsozialisten, auf der Zurückdrängung aller Funktionäre, die in den entschwundenen Zeiten der parlamentarischen Querverbindungen in anderen Parteien als der NSDAP gearbeitet hatten. Im DHV fand diese ›Gleichschaltung‹ ihren prägnantesten Ausdruck im Rücktritt Bechlys, der bei der letzten Reichspräsidentenwahl gegen eine schon damals nicht unerhebliche Gegnerschaft innerhalb seines Verbands für die Wiederwahl Hindenburgs eingetreten war.

Auf dem 1. deutschen Angestelltenkongreß in Berlin am 19.5.1933 führte der Führer der Angestelltenschaft in der deutschen Arbeitsfront A. Forster (Danzig) aus, daß die Übereinstimmung zwischen den Einzelorganisationen und der Staatsleitung notwendig sei, da die Organisationen nicht Selbstzwecke sein dürften, sondern allein Mittel zum Zweck des nationalen Wiederaufstiegs.

Die politische Vereinheitlichung der Verbände war garantiert durch das Führerprinzip. Wie es verwirklicht war, zeigt Tabelle 21 (vgl. S. 194). In keiner Organisation wurde ›abgestimmt‹. Die Führer wurden ernannt, dergestalt daß die Gauführer von dem Führer des Gesamtverbandes, die Kreisführer von den Gauführern, die Ortsgruppenführer von den Kreisführern eingesetzt wurden. Der oberste Führer des Gesamtverbandes ernannte die Mitglieder des Führerbeirats, die in der Gesamtvertretung erscheinenden Vertreter der Verbände, die Vorsitzenden und die beamteten Sachbearbeiter von Arbeitsausschüssen. Er selber war gesetzlicher Vertreter des Gesamtverbands und leitete ihn »gestützt auf den Rat und die Hilfe des Führerbeirats«. Er gehörte der leitenden Körperschaft jedes angeschlossenen Verbandes an, konnte an allen Sitzungen und Tagungen aller Organe der Verbände teilnehmen, ihre Einberufung verlangen oder selbst vornehmen und Anträge zur Beratung stellen. Er war schließlich befugt, gegen Maßnahmen der Verbände Einspruch zu erheben und ihre Durchfüh-

Tab. 21: Deutsche Arbeitsfront (Anfang 1933)

Führer: R. Ley
Leitung: Zentralbüro

Kleiner Arbeitskonvent (14 Mitglieder)

1 Führer der Arbeitsfront (R. Ley)
2 Führer des Gesamtverbands der Arbeiter (R. Schumann)
3 Führer des Gesamtverbands der Angestellten (A. Forster)
4 Leiter des Führungsamts (R. Schmeer)
5 Leiter des Amts für soziale Fragen (F. Stöhr)
6 Leiter des Organisationsamts (R. Muchow)
7 Leiter des Propaganda- und Presseamts (H. Biallas)
8 Leiter des Tarifamts
9 Leiter der Rechtsabteilung
10 Leiter des Amts für berufsständischen Aufbau (M. Fraunhofer)
11 Leiter des Schulungsamts (O. Gohdes)
12 Leiter der wirtschaftlichen Betriebe der Gesamtverbände der Arbeiter und Angestellten (K. Möller)
13 Schatzmeister (P. Brinkmann): verwaltet gleichzeitig die Kasse des Gesamtverbandes der Arbeiterverbände
14 Leiter des Jugendamtes

Großer Arbeitskonvent (60 Mitglieder)

1–14 Mitglieder des kleinen Arbeitskonvents
15 B. Otte
16 J. Kaiser
17 Th. Brauer
18 Fr. Behrens
19 A. Fultin
20–60 Die Leiter der Hauptberufs- und Hauptfachgruppen und sonstige Vertreter der Gewerkschaftsbewegung.

Die beiden Säulen:

I *Gesamtverband der Arbeiterverbände*
Führer (R. Schumann)

II *Gesamtverband d. Angestelltenverbände*
Führer (A. Forster)
Geschäftsführer (G. Schloder)
Führerbeirat
Gesamtvertretung: Vertreter der 9 Verbände
Arbeitsausschüsse:
Vorsitzende – Beamtete
Sachbearbeiter
Gauführer
Kreisführer
Ortsgruppenführer

rung zu verbieten. Auch die ›Gesamtvertretung‹ wurde von ihm einberufen. Er und der Geschäftsführer, der Stellvertreter des Führers war, hatten also eine Macht, die nach unten hin unbegrenzt war.

In ihrer endgültigen Form umfaßte die DAF mit etwa 25 Millionen Mitgliedern fast die Hälfte des deutschen Volkes. Die sozialen Unterschiede zwischen Arbeitgebern und Arbeitnehmern, und erst recht die zwischen Angestellten und Arbeitern, waren organisatorisch irrelevant geworden. Betriebsräte und Gewerkschaften hatten bereits im April 1933 durch verschiedene Gesetze und Verordnungen ihre Funktionen verloren. Durch das »Gesetz zur Ordnung der nationalen Arbeit« vom 20. Januar 1934 und weitere staatliche Maßnahmen im März 1935 wurde die DAF zur Zwangsorganisation aller »Soldaten der Arbeit«, ein der NSDAP angeschlossener Verband, welcher primär der Willensübermittlung der Parteiführung diente.

Reichsleiter der DAF war Dr. Robert Ley, ein halbgebildeter Parteibonze, der im Gegensatz zu Gregor Strasser seine Macht Handlangerdiensten als Verbindungsmann zu Unternehmern und Banken verdankte. Unter dem Reichsleiter und dem Zentralbüro der DAF standen 16 Ämter, 18 Reichsbetriebsgemeinschaften und zwei Reichsfachgruppen. Diese Organisation wiederholte sich auf den unteren Ebenen der Gau-Obmänner, Kreisobmänner und Ortsobmänner, um schließlich unter der Führung von Betriebsverwaltern in der Form von Betriebszellen und Betriebsblocks die unterste Stufe zu erreichen, welche den Straßenzellen und Straßenblocks entsprach[7].

Das Führerprinzip fand seine ideologische Rechtfertigung in der Annahme der Willensgleichheit aller früheren Gewerkschaftsmitglieder als Genossen des Volkes und in der Annahme des Vertrauens der Geführten in die Führung. Wenn der Organisationsleiter des Aktionskomitees zum Schutze der deutschen Arbeit, R. Muchow, von dem früheren deutschen Gewerkschaftler am 15.5.1933 noch nicht verlangte, daß er Nationalsozialist werde[8], durfte doch von der überwiegenden Mehrzahl der deutschen Angestellten angenommen werden, daß sie den »Sieg des deutschen Arbeitertums«, wie Muchow seine Ausführungen überschrieb, als einen Sieg gerade ihrer Sozialanschauungen erkannten, d.h. als einen Sieg derjenigen Arbeitnehmer in der deutschen Gesellschaft der Weimarer Republik, die nicht Proletarier sein wollten.

Anhang A

Die Entwicklung der Angestellten 1907–1925 in Zahlen

Die Schichtung der Angestellten nach Berufsgruppen, Geschlecht und Wirtschaftszweigen ist vom Afa-Bund aufgrund der amtlichen Zählung von 1925 wie folgt berechnet worden:

Tab. 22: Schichtung der Angestellten 1925[1]

	Insgesamt		Männlich		Weiblich	
Berufsgruppen	Zahl in 1000	%	Zahl in 1000	%	Zahl in 1000	%
Kaufmännische Angestellte	2290	65	1370	60	920	77
davon Verkaufspersonal[a]	(800)	–	–	–	–	–
Büroangestellte	280	8	176	7	104	8
Technische Angestellte	280	8	260	11	10	1
Werkmeister	220	6	220	10	–	–
Sonstige Angestellte	440	13	274	12	166	14
insgesamt	3500	100	2300	100	1200	100
davon Stenotypistinnen[b]					(540–672)	
»Leitende Angestellte«	145	–	–	–	–	–

[a] Nach Schätzung von Th. Geiger, Soziale Gliederung der deutschen Arbeitnehmer, in: ASS, Bd. 69, 1933, S. 187.

[b] Nach Schätzungen des VwA (F. Glass u. D. Kische, Die wirtschaftlichen und sozialen Verhältnisse der berufstätigen Frauen, Berlin 1930) waren 56 % aller weiblichen Angestellten Stenotypistinnen; nach Schätzung des ZdA (S. Suhr, Die weiblichen Angestellten, Berlin 1930) waren es 40 %.

Die stärkste Berufsgruppe bildeten also die kaufmännischen Angestellten, d.h. alle nicht-technischen Angestellten, die in einem handelsrechtlichen Unternehmen arbeiteten. Von ihnen waren die Büroangestellten (bei Behörden, Selbstverwaltungskörpern, Interessenvertretungen, Rechtsanwälten. Notaren usw.) abgesetzt. Beide Gruppen zusammen machten nahezu drei Viertel aller Angestellten aus.

An die Gruppe der Büroangestellten reichte die der technischen Angestellten beinahe heran. (Zu ihnen hat der Afa-Bund – im Unterschied zur amtlichen Zählung – auch die Steiger gerechnet.) Diese Gruppe umfaßte technisches Betriebspersonal aller Art und jeder Vorbildung, also auch akademische Diplomingenieure, Architekten und Chemiker, jedoch nicht die besonders herausgehobenen Werkmeister; zu diesen hat der Afa-Bund – wiederum im Unterschied zur amtlichen Statistik – bestimmte Personen, wie z. B. die Textilmeister gestellt, um deren Anerkennung als Angestellte gekämpft wurde.

Bei den ›sonstigen Angestellten‹, die ihrem Umfang nach hinter dem technischen Personal (Werkmeistern und Technikern) kaum zurückstanden, erschienen Angestellte sehr verschiedener Art: Krankenpfleger, Sozialbeamte, Apotheker, Gutsinspektoren, Schauspieler, Artisten, Musiker, Kapitäne, angestellte Lehrer, Ärzte, Redakteure usw.

Die Zahl der weiblichen Angestellten machte mehr als die Hälfte der männlichen aus. Diese innerhalb der Angestelltenberufe charakteristische Bedeutung der Frauenarbeit trat vor allem bei den kaufmännischen Angestellten hervor, wo neben je 3 Männern nicht weniger als je 2 Frauen standen. Dagegen gab es fast keine weiblichen Werkmeister, auch von den technischen Angestellten waren nur 4 % weiblich, die vor allem in der Textilindustrie und der chemischen Industrie (als Laborantinnen) tätig waren. Bei den Büro- und den sonstigen Angestellten aber war die Frauenquote fast ebenso hoch wie bei den kaufmännischen Angestellten.

Das Gros der Angestellten war in Handel und Verkehr tätig. 1,53 Millionen Handelsangestellte oder 44 % standen 1,35 Millionen industriellen Angestellten oder 38 % der Gesamtheit gegenüber. Der Rest entfiel mit 0,49 Millionen oder 14 % auf Verwaltung, Gesundheitswesen usw. und mit 130000 oder 4 % auf Land- und Forstwirtschaft. Die Frauen waren im Handel erheblich stärker als in der Industrie vertreten, während den Männern die Industrie das Hauptbetätigungsfeld bot. In der Industrie standen 1015000 Männern nur 335000 Frauen gegenüber, im Handel dagegen 918000 männlichen 612000 weibliche Personen. Über die Hälfte der Frauen (51 %), aber nur 4/10 der Männer arbeiteten in Handel und Verkehr; nicht viel mehr als ein Viertel (28 %) der Frauen, aber fast die Hälfte der Männer (44 %) arbeiteten in der Industrie. In der Verwaltung erreichte die Zahl der weiblichen Angestellten mit 241000 fast die der Männer (249000). In der Landwirtschaft endlich traten die weiblichen Angestellten sehr weit hinter den Männern zurück.

Obwohl die Angestellten überwiegend im Handel tätig waren, hatte sich doch ihr Bestand in diesem Wirtschaftszweig während der Jahre 1907–1925 relativ langsamer erhöht als in der Industrie; hier hatte er sich fast verdreifacht, dort nur verdoppelt. In der Industrie waren insbesondere für die weiblichen Kräfte mit erstaunlicher Schnelligkeit viele neue Arbeitsplätze entstanden. Ihre Zahl war auf das fünfeinhalbfache hochgeschnellt.

Da vorwiegend Mädchen und Frauen die unteren Stellungen in der Schicht innehatten, während Männer im Durchschnitt gehobenere Positionen bekleideten, ist die sehr viel stärkere Zunahme der weiblichen Angestellten ein indirekter Beweis dafür, daß das Anwachsen der Angestelltenschaft mit einer Verbreiterung der sozialen Pyramide der Schicht verbunden war:

Das Durchschnittsniveau der Angestellten war abgesunken, die ›Proletarisierung‹ fortgeschritten. Tabelle 23 (Zeile 7–9) zeigt die Entwicklung genauer.

Tab. 23: Die soziale Umschichtung der Bevölkerung und des Proletariats
Zunahme 1907–1925 (in % von 1907)[2]

	insgesamt	männlich	weiblich	Personen 1925 in Mio.
1 Gesamtbevölkerung	+ 14	+ 11	+ 16	62,410
2 Erwerbstätige überhaupt	+ 27	+ 23	+ 35	32,009
3 Selbständige (einschließl. der Hausgewerbetreibenden und der leitenden Angestellten und Beamten)[3]	+ 7	+ 6	+ 11	5,013
4 Mithelfende Familienangehörige	+ 44	+ 34	+ 48	5,437
5 Beamte (ausschl. der leitenden)	etwa 40			1,450
6 Arbeiter (ausschl. Heimarbeiter und Hausangestellte)	+ 24	+ 24	+ 24	14,434
7 Angestellte (ausschl. der leitenden) insgesamt	+133	+104	+224	3,500
8 Angestellte in Industrie und Handwerk	+146	+108	+458	1,350
9 Angestellte in Handel und Verkehr	+ 86	+ 35	+167	1,530

Die soziale Umschichtung der deutschen Gesellschaft von 1907 bis 1925 spiegelt sich in den folgenden, vom Afa-Bund berechneten Verhältniszahlen.

Die Arbeiterschaft war demnach 1907–1925 – wenn man von den stark zurückbleibenden Selbständigen absieht – als einzige Schicht langsamer gewachsen als die Gesamtheit der Erwerbstätigen; d. h. ihr Anteil an den Erwerbstätigen hatte abgenommen: Die Zunahme der Erwerbstätigen ging auf die Ausdehnung anderer Gesellschaftsschichten zurück. Der Intensität nach übertraf dabei die innerhalb von 18 Jahren um 2 Millionen Personen verstärkte Angestelltenschaft alle übrigen Bevölkerungsteile. Ihr Anteil an der Gesamtheit der Erwerbstätigen hatte sich von 6 % auf 10,9 % erhöht. Jeder zehnte Erwerbstätige war Angestellter, und neben jedem Angestellten war in der Gesellschaft nur mehr jeder vierte Erwerbstätige ein Arbeiter. In der Industrie lag freilich das Verhältnis für die Angestellten mit 1:6 ungünstiger als im Handel, wo der Angestellte der typische Arbeitnehmer war. Während aber vor dem Kriege (1907) die Zahl der Angestellten, die in den einzelnen Industriezweigen auf je 1000 Arbeiter entfiel, zwischen 56 und 202 schwankte, lagen die Grenzen nach dem Kriege (1925) bei 89 und 382.

In der Industrie hatte sich die Zahl der Angestellten schneller erhöht als im Handel. Das Übergewicht der Handelsangestellten hatte von 1907 bis 1925 erheblich nachgelassen. Allerdings fand nach 1925 in dieser Hinsicht eine rückläufige Entwicklung statt. Die Zahl der Angestellten in Industrie und Handwerk war von 1,35 Millionen im Jahre 1925 auf 1,30 Millionen im Jahre 1933 gesunken, in Handel und Verkehr dagegen von 1,53 Millionen auf 1,78 Millionen gestiegen. Die Gesamtzahl der Angestellten war 1925–1933 um mehr als 0,5 Millionen auf 4,033 Millionen angewachsen [4].

Die Entwicklung der einzelnen Angestelltengruppen von 1907–1925 war nicht einheitlich. Die Zahl der Werkmeister hatte sich seit 1907 nur wenig – von 193000 auf 220000 – erhöht, was eine relative Schrumpfung der Gruppe bedeutete. Sowohl im Verhältnis zur Arbeiterschaft als auch im Verhältnis zu den anderen Angestelltengruppen verloren die Werkmeister zahlenmäßig an Bedeutung. Auch die technischen Angestellten wiesen trotz einer absoluten Erhöhung von 99000 auf 215000 einen relativen Rückgang von 18 % auf 15,8 % der gesamten Industrie- und Handwerksangestellten auf. Dagegen war der Anteil der kaufmännischen Angestellten im Gewerbe von 46,7 % auf 63,7 % gestiegen. Mit einer Steigerung von 256000 auf 900000 Personen hatte es diese Gruppe auf das Dreieinhalbfache des Bestandes von 1907 gebracht[5].

Die einzelnen Angestelltengruppen in Industrie und Handwerk haben sich während der Jahre 1907–1925 (in Prozenten von 1907) wie folgt ausgedehnt: die Werkmeister um 14 %, die Techniker um 117 %, die kaufmännischen Angestellten um 252 %.

Anhang B
Zwei Briefe von Theodor Geiger

Professor Dr. Theodor Geiger
Technische Hochschule Braunschweig

Braunschweig, den 21.8.33.
Hildebrandstraße 45 II
Telefon 7246

Mein lieber Doktor Speier!

Gestern mittag kam Ihr Ms. von Enke. Gestern nachmittag las ich den ersten, heute vormittag den zweiten Teil. Als ich nach vollbrachter Tat vom Strand heraufkam, begegnete mir der Postbote und gab mir Ihren Brief. Ich hätte Ihnen an sich gleich heute, noch unterm frischen Eindruck der Lektüre, geschrieben.

Zur Sache: Ich bin von Ihrer Arbeit schlechthin angetan, ohne Bedingungen, ohne Einschränkung. Inhaltlich ist sie die erste Studie, die mir über die Angestellten mehr gesagt hat, als ich vorher schon wußte. Darstellerisch halte ich sie für meisterhaft. Dabei verstehe ich unter Darstellung sowohl das Methodische der Gedankenordnung, als das sprachlich-literarische, als auch – heute nicht zuletzt – die politisch-psychologisch abgewogene Dosierung.

Thematisch paßt die Arbeit nicht nur in die neue Reihe, sondern wir brauchen sie sogar unbedingt, denn Walther und ich sind uns darüber einig, uns besonders einer eingehenden Untersuchung der Schichten und der Umschichtung zu widmen. Dies allerdings neben andern Problemen, die auf den ersten Blick einer ganz andern Kategorie anzugehören scheinen. Sie werden sich z. B. wundern, daß als erster Band meine »Erbpflege« erscheinen soll. Die Klammer für so heterogene und noch andre scheinbar disziplinfremde Gegenstände bildet der Begriff der Volkspolitik, worunter ich alle Maßnahmen verstehe, die bewußt einer Steuerung und Veränderung der volklichen Lebensordnung und des Volksaufbaus dienen. Ich möchte Soziologie insoweit pflegen, als sie solchen Bestrebungen eine empirische Grundlage bietet.

Zur Herausgeberschaft bin ich gekommen wie die Jungfer zum Kind. Erst war ich sehr skeptisch, jetzt freue ich mich dessen. Enke verlangte einen Mann der NSDAP als Mitherausgeber. Ich habe ihn in Walther gewonnen, der zugleich entschieden auf der Linie der Realsoziologie steht. Rumpf wird nun doch nicht dritter im Bund sein, Walther und ich machen es allein. Heute, wo über manche Dinge an sich schwer Einigkeit herzustellen ist, wird das ein Vorteil sein.

Nun zu den Aussichten für Ihre Arbeit, die ja nicht nur von mir abhängen: Vor Monaten hat sich Martin, damals noch Chef des Unternehmens, brieflich bei mir darüber beklagt, daß Enke vor dem heiklen Thema zurückzucke. In meiner Antwort, die viele grundsätzliche Fragen erörterte, von Martin an Enke weitergereicht wurde und diesen veranlaßt hat, weiterzumachen, nachdem er schon zur Preisgabe der Reihe entschlossen war, in dieser Antwort schrieb ich auch über Ihre Arbeit: man dürfe es dem Verleger nicht verdenken, wenn er heute mit einem solchen Thema zehnfach vorsichtig sei. Von Martin hat das offenbar so verstanden, als wolle ich mich gegen die Veröffentlichung erklären. Auf Enke, von dem ich nicht glauben konnte, daß er den Brief zu lesen bekommt, machte es mit andern Bemerkungen den Eindruck, ich sei ein Mann, der ein fühlendes Herz für den Verleger hat. Jetzt scheint es mir sehr günstig, daß ich, ohne Ihre Arbeit gelesen zu haben, diesen prinzipiellen Standpunkt einnahm. Desto vertrauenswürdiger bin ich dem Verleger jetzt, wenn ich ihm entschieden zurate.

Enke hat damals schon an mich geschrieben: er bitte um schärfste Vorsicht bei der Begutachtung; wenn ein der NSDAP nahestehender Mitherausgeber seinen Segen gebe und vielleicht sogar ein kurzes Vorwort dazu schreibe, habe er nichts gegen die Publikation. Ich habe Walther in Lübeck getroffen, habe alles mit ihm durchgesprochen und ihn dabei auch auf Ihr Ms. vorbereitet. Er kennt Sie nicht, war zurückhaltend, aber nicht grundsätzlich ablehnend. Versteht sich, daß ich ihm jetzt *mit allem Nachdruck* zureden werde, nicht nur ja zu sagen, sondern auch ein paar einführende Sätze zu schreiben. Er kann es guten Gewissens tun – zu dem, was Sie schreiben; was Sie nicht geschrieben, aber mit bemerkenswertem Geschick zwischen den Zeilen lesbar gemacht haben, verpflichtet ihn ja nicht. Ich hege gute Hoffnung, daß alles nach Wunsch geht.

Enke und Walther meinten freilich: wenn, dann solle man das Heft nicht als zweites oder drittes, sondern etwas später bringen. Ich sehe nach der Lektüre keinen Grund dazu. Enke meint natürlich, man solle erst in der Öffentlichkeit dokumentieren, daß man auf dem »rechten Boden« steht, später könnte man dann ein Heft, das als solches und einzeln Verdacht zu erwecken geeignet ist, schon mal einfließen. Diese Vorsicht halte ich bei Ihrer Arbeit nicht für nötig.

Andererseits bin ich froh, ein Heft zu haben, das fertig ist und mit dem die Reihe bald fortgesetzt werden kann. Meine Erbpflege ist im Druck und kommt Anfang Oktober. Weitere Arbeiten will ich erst anregen. Walther selbst hat mir eine Studie zur Kritik der Berufs- und Volkszählungen versprochen; er will zeigen, wie wenig die Daten noch soziologisch ausgewertet sind, wie sehr anderseits die nach überholten Grundsätzen orientierten Erhebungsmethoden die soziologische Auswertung erschweren. Er meint aber, vor Frühjahr werde er damit nicht fertig. Um so wichtiger ist mir jetzt eine repräsentative Arbeit, die im Lauf des Winters als Heft 2 erscheinen kann.

Soweit meine Meinung. Nun sind z. Z. Enke und Walther in Urlaub. Ich weiß nicht, ob Walther jetzt für Arbeit zu haben ist, von Enke weiß ich bestimmt, daß er vor Ende September keine Entscheidungen trifft. Die Frage ist jetzt, ob ich Ihr Ms. sofort an Walther weitergebe oder nicht. Bei der Entscheidung darüber spielt noch eine Nebenfrage herein: Ich habe gefunden, daß der zweite Teil des Ms. viel mehr »hasenrein« ist, als der erste. Was nämlich die Phraseologie angeht. Vielleicht könnte man da doch noch etwas nachhelfen, ohne sich was zu vergeben. Kleinigkeiten vielleicht. Man kann auf den Terminus Klasse nicht ganz verzichten. Die Leute hören ihn aber nicht gern. Mir scheint, daß man an vielen Stellen statt seiner Schicht sagen könnte. Dann: Überlegen Sie doch, ob Ihnen ein passendes Wort für »Proletarität« einfällt. Die Gedanken werden so viel leichter aufgenommen und gewürdigt, wenn sie sich in der Aufmachung eines unverdächtigen Wortes darbieten. Daneben habe ich noch ein paar Kleinigkeiten – wirklich Kleinigkeiten –, wo ich Sie anregen wollte, sich die Möglichkeit einer etwas veränderten Formulierung zu überlegen.

Wenn Sie einverstanden sind, schicke ich Ihnen das Ms. mit den entsprechenden Bemerkungen, *ehe* es an Walther weitergeht.

Zum Schluß meinen herzlichen und nicht ganz neidlosen Glückwunsch zu dieser Leistung. Ich bewundere besonders die Vornehmheit, mit der Sie durch strenge Auswahl in der Materialdarbietung darauf verzichtet haben, jedem Hinz und Kunz die Nase darauf zu stoßen, welches immense Detailstudium hinter dem Text steht.

Haben Sie eine Tätigkeit gefunden? Welche?

Ihnen und Ihrer verehrten Frau Gemahlin meine besten Grüße!

Es wird schon gut gehen!

Der Ihre
(gez.) Theodor Geiger

Professor Dr. Theodor Geiger
Technische Hochschule Braunschweig

Braunschweig, den 27. 9. 33.
Hildebrandstraße 45 II
Telefon 7246

Herrn Prof. Dr. Speier
New York.

Lieber Herr Speier,

ich bin sehr davon bedrückt, Ihnen sagen zu müssen, daß Walther gegen die Aufnahme Ihrer Arbeit in die Reihe protestiert hat. Ich könnte Ihnen die Begründung zugänglich machen, unterlasse es aber, weil ich sie in allen sachlichen Positionen für unrichtig halte, und weil es ja am Ende nur auf einen einzigen nicht diskutierbaren Grund ankommt: den taktischen.

Ich hatte das nicht erwartet. Offenbar bin ich so wenig up to date, daß ich noch gar nicht gemerkt habe, was geht und was nicht. Eine beklemmende Feststellung. Ich mache mir jetzt die schwersten Vorwürfe, daß ich Sie auch noch in der Unruhe der Übersiedlung damit bepackt habe, zu glätten und zu retouchieren. Daß es gut gemeint war, entschuldigt mich nicht und nützt Ihnen nicht.

Walther gibt das Ms. an mich zurück, wo es Ihrer Disposition harren wird. Ich habe gleich an Enke geschrieben. Natürlich war es sinnlos, gegen W.s Gutachten anzugehen. Um Ihretwillen habe ich aber Enke gegenüber zum Ausdruck gebracht, daß mir W.s Begründungen ungerecht erscheinen.

Enke weiß, daß ich persönlich an Sie schreibe, doch habe ich ihn gebeten, die offizielle Abwicklung selbst zu übernehmen. In Ihrem Interesse tat ich es mit dem betonten Hinweis darauf, daß ein verbindlicher Vertrag vorliege.

Mein Brief an Lederer kam wohl nicht mehr rechtzeitig in B.-P. an. Ich habe daher keine Antwort. Rockefeller-Paris ist geneigt nachzuhelfen, kann es aber nur, wenn eine Einladung von einem amerikanischen Institut vorliegt. Ich habe an Otto Nathan und an eine mir von Rockefeller-Paris aufgegebene Londoner Stelle geschrieben. Die Chancen scheinen durch Sättigung jetzt recht zweifelhaft geworden zu sein.

Ich habe inzwischen den Abschiedsbrief, breche hier meine Zelte ab, übersiedle offiziell nach München, begebe mich aber zunächst auf Besuch nach Kopenhagen.

Meine Adresse: mag. phil. Oskar Thyregod, Herløv/Kjøbenhavn. Hjortespring, Villa Solhøj.

Ihnen wünsche ich von Herzen alles Gedeihen, Erfolg und gutes Eingewöhnen. Grüßen Sie Wertheimer, Wunderlich und Colm. Vor allem aber Nathan.

Um auf Ihre »Angestellten« zurückzukommen: die Arbeit müßte unbedingt erscheinen. Dann eben in der Schweiz. Hat nicht Hirschfeld dort eine Zweigstelle? Seien Sie – sowenig Sie faktisch davon haben – noch einmal versichert, wie sehr ich mich gefreut hätte, Ihr publizistischer Pate zu sein und wie es mich schmerzt, Sie durch meinen Optimismus getäuscht zu haben.

Herzlichst der Ihre
(gez.) Theodor Geiger

Abkürzungsverzeichnis

Abg	Abgeordneter
ADGB	Allgemeiner Deutscher Gewerkschaftsbund
Afa-Bund	Allgemeiner freier Angestelltenbund
AJS	The American Journal of Sociology
ASG	Archiv für Sozialgeschichte
ASS	Archiv für Sozialwissenschaft und Sozialpolitik
AV	Angestelltenversicherung
AVV	Allgemeiner Verband der Versicherungsangestellten
BRG	Betriebsrätegesetz
Butab	Bund der technischen Angestellten und Beamten
Butib	Bund der technisch-industriellen Beamten
BVP	Bayerische Volkspartei
CVDI	Centralverband Deutscher Industrieller
DBV	Deutscher Bankbeamtenverein e. V.
DDP	Deutsche Demokratische Partei
DGB	Deutscher Gewerkschaftsbund
DHV	Deutschnationaler Handlungsgehilfen-Verband
DNVP	Deutschnationale Volkspartei
DTV	Deutscher Techniker Verband
DVP	Deutsche Volkspartei
DWB	Deutscher Werkmeisterbund
DWV	Deutscher Werkmeisterverband
GdA	Gewerkschaftsbund der Angestellten
Gedag	Gesamtverband der Angestelltengewerkschaften
GO	Gewerbeordnung
Gwr	Gewerkschaftsring Deutscher Arbeiter-, Angestellten- und Beamtenverbände
Hb.	Handbuch
HGB	Handelsgesetzbuch
Hwb.	Handwörterbuch
Jb	Jahrbuch
KdF	Kraft durch Freude
KPD	Kommunistische Partei Deutschlands
NSBO	Nationalsozialistische Betriebszellenorganisation

NSDAP	Nationalsozialistische Deutsche Arbeiterpartei
PVS	Politische Vierteljahresschrift
RfW	Reichskuratorium für Wirtschaftlichkeit
SA	Sturmabteilung
Schm. Jb.	Schmollers Jahrbuch
SPD	Sozialdemokratische Partei Deutschlands
StJbDtR	Statistisches Jahrbuch für das Deutsche Reich
USPD	Unabhängige Sozialistische Partei Deutschlands
VdDI	Verband deutscher Diplom-Ingenieure
VDH	Verband deutscher Handlungsgehilfen (zu Leipzig)
Vela	Vereinigung leitender Angestellter
VfZG	Vierteljahrshefte für Zeitgeschichte
Vjh.	Vierteljahrshefte
VwA	Verband der weiblichen Handels- und Büroangestellten
ZdH	Zentralverband der Handlungsgehilfen und Handlungsgehilfinnen
ZdA	Zentralverband der Angestellten
ZfGS	Zeitschrift für die Gesamte Staatswissenschaft
Zs.	Zeitschrift

Anmerkungen

Vorwort

1 Diese Abhandlungen sind wieder abgedruckt in H. Speier, Social Order and the Risks of War. Papers in Political Sociology, (paperback) Cambridge/Mass. 1969 (1952[1]), Kap. 2–4, S. 19-52.

2 L. Erdmann, Nation, Gewerkschaften und Sozialismus, in: Die Arbeit, Bd. 10, 1933, S, 129. – Nach der Besetzung der Gewerkschaftshäuser am 2. Mai 1933 weigerte sich Erdmann, für die Nazis zu arbeiten. Am 1. September 1939 wurde er aus »präventiven« Gründen verhaftet und in das Konzentrationslager Sachsenhausen eingeliefert. Am 18. September starb er dort infolge brutaler Mißhandlungen. Vgl. A. Leber (Hg.), Das Gewissen steht auf. 64 Lebensbilder aus dem deutschen Widerstand 1933 bis 1945, Berlin 1954, S. 78–79.

3 Erdmann, S. 146.

4 Ebd., S. 157.

5 Ebd., S. 161.

6 Vgl. H. Speier, Verbürgerlichung des Proletariats? in: Magazin der Wirtschaft, 27. 3. u. 3. 4. 1931; gekürzte Übersetzung in: ders., Social Order, Kap. 5.

7 Vgl. H. Speier, Das Proletariat und seine Kritiker, in: Die Neue Rundschau Bd. 43, 1932, S. 289–304.

Einleitung

1 Die Geringschätzung der Arbeiter traf die Sozialisten in gleichem Maße. Ein besonders eklatantes Beispiel ist die Bemerkung des Majors von Caprivi, 1. Generalstabsoffizier des VII. Armeekorps und Flügeladjutant des Kaisers, über den Tod von Ludwig Frank, der am 3. 9. 1914 im ersten Gefecht als Kriegsfreiwilliger gefallen war. Frank war seit 1907 als Sozialdemokrat Mitglied des Reichstags. Caprivi bezeichnete seinen Tod als sozialdemokratischen Propagandatrick. (K. Riezler, Tagebücher, Aufsätze, Dokumente, Göttingen 1972, S. 208). Riezler selber beurteilte die politischen und moralischen Qualitäten der deutschen Führungsschichten äußerst kri-

tisch und war den Sozialdemokraten gegenüber nicht borniert. Nach der Spaltung der sozialdemokratischen Reichstagsfraktion am 24.3.1916 schrieb er einen Aufsatz, in dem er im Interesse einer auf die Massen gestützten Machtpolitik dem Einfluß des Sozialismus auf das Staatsleben eine verklausuliert günstige Prognose stellte. (Vgl. ebd., S. 541–548). Trotz alledem sprach er in seinem Tagebuch von den Gewerkschaftsführern in wohlwollender Herablassung als »den Kerlen«. (Vgl. ebd., S. 254, 3.4.1915 u. S. 365, 7.7.1916.)

2 J. Jahn, Das große Schlagwort, Hamburg 1932, S. 62.

3 F. Baumann, Der Nutzen des Heerwesens für die deutsche Volkswirtschaft, Magdeburg 1914, S. 26, zit. von H. Fick, Der deutsche Militarismus der Vorkriegszeit, Potsdam 1932, S. 80ff.

4 Beste Zusammenfassung: E. Lederer, Die Umschichtung des Proletariats, Vortrag auf dem 3. AfA-Gewerkschaftskongreß vom 1.–4.10.1928 in Hamburg, Protokoll des Kongresses, S. 129ff.

5 W. Eschmann, Die Angestellten, in: Die Tat, Jg. 1930, S. 463.

6 J. Schumpeter, Das soziale Antlitz des deutschen Reiches (1929) in: ders., Aufsätze zur Soziologie, Tübingen 1953, S. 224.

7 O. Süssengut, Die Angestellten als Stand und Klasse, Diss. Halle 1927.

8 A. E. Günther, Die Angestellten, in: Deutsches Volkstum, Jg. 1930, H. 1.

9 C. Dreyfuß, Beruf und Ideologie des Angestellten, München 1933, S. 64ff.

10 S. Kracauer, Die Angestellten (1930), Frankfurt 1971, S. 96ff.

11 J. Jahn, Der soziologische Sinn der Gehaltspolitik, in: Der Kaufmann in Wirtschaft und Recht, 1928, H. 3, S. 99.

12 M. Weber, Wirtschaft und Gesellschaft, Tübingen 1924 (letzte Aufl. Tübingen 1972[5]), S. 634.

13 Vgl. ebd., S. 179–180.

14 Vgl. ebd., S. 631.

15 Vgl. ebd., S. 631.

Kapitel I

1 Th. Fontane, Frau Jenny Treibel, Erstes Kapitel, in: Sämtliche Werke, Romane, Erzählungen, Gedichte, Bd. 4, München 1963, S. 298.

2 Nach der Reichserhebung der Kommission für Arbeiterstatistik im Herbst 1892 hatten in 16845 Fällen noch 45,1% der männlichen und 34,3% der weiblichen Verkäufer ganz freie Station.

3 F. Urbschat, Das Seelenleben des kaufmännisch tätigen Jugendlichen, Langensalza 1932, S. 54.

4 Aus Briefen erwerbsloser Angestellter an den GdA, die mich der Verband freundlicherweise einsehen ließ.

5 G. Messarius, Der Mittelbetrieb in der nationalen Wirtschaft, in: Die Welt des Kaufmanns, Oktober 1932.

6 H. Hamm, Die wirtschaftlichen und sozialen Berufsmerkmale der kaufmännischen Angestellten, Borna-Leipzig 1932, S. 42. – Diese Verteilung war übrigens auch politisch nicht bedeutungslos. Die Wahlbezirkseinteilung bei den Wahlen der Vertrauensmänner für die Angestelltenversicherung benachteiligte die großstädtischen Bezirke gegenüber den ländlichen. Der Verwaltungsrat der Reichsanstalt für Angestelltenversicherung wurde, indirekt, durch die Vertrauensmänner gewählt. Die Vertreter des Afa-Bundes hatten die Versichertenvertreter der andern mittelständischen Verbände in geschlossener Front mit den Arbeitgebervertretern gegen sich, als sie die Einführung eines *direkten* Wahlrechts zum Verwaltungsrat forderten.

7 G. Fürst, Die Angestellten in Klein-, Mittel- und Großbetrieben; in: AfA-Bundeszeitung, Jg. 1929, S. 48ff.; aufgrund der Betriebszählung von 1925 errechnet.

8 Darauf wies auch K. Bott (DHV) auf der Tagung des Reichskuratoriums für Wirtschaftlichkeit (27. u. 28. 2. 1931) über »Der Mensch und die Rationalisierung« hin. Er gebrauchte dafür die Formulierung, daß in den kleinen und mittleren Betrieben der kaufmännische Angestellte noch wirke, »wie man sich ihn als Idealbild vorstellt«; dieser sei noch viel mehr »Gesamtmensch« als sein Kollege im arbeitsteiligen Großbetrieb. Vgl. den Bericht des RfW, S. 17.

9 K. S. Baer, Der Kampf gegen Großbetriebe im Einzelhandel, Jena 1932.

10 Der Werkmeister im Tarifvertrag Teil II, Düsseldorf 1930, S. 11.

11 K. Heinig, Volkswirtschaftliche Rundschau, Beilage zur Deutschen Werkmeister-Zeitung, Jg. 1928, Nr. 51.

12 H. Buschmann, Neue soziale und wirtschaftliche Probleme der Werkmeister. Schriften des DWV, H. 45, 1930, S. 8.

13 In den Studien und Berichten über »Die sozialen Auswirkungen der Rationalisierung«, die das Internationale Arbeitsamt veröffentlicht hat, wird hervorgehoben, daß die Auffassung über die Rolle des Werkmeisters in der wissenschaftlich organisierten Industrie sich völlig verändert habe. »Seine Hauptsorge muß naturgemäß darauf gerichtet sein, das vernünftigerweise zu verlangende Höchstmaß an Leistung zu erzielen... Seine Rolle besteht darin, zu erreichen, daß seine Untergebenen ihre Arbeit gut verrichten.« Mitunter veranschlage man diese nicht-technische Seite seiner Tätigkeit auf 80% seines ganzen Aufgabenbereichs. (Reihe B, Nr. 19, Genf 1932, S. 386ff.) Ohne Übertreibung kann man behaupten, daß sich damit das Verhältnis von technischer und nicht-technischer Arbeit des Werkmeisters in der Industrie während eines halben Jahrhunderts ungefähr umgekehrt hat. – Der christlich-nationale DWB beurteilt die Veränderung der Werkmeisterfunktionen anders: von dem heutigen Werkmeister würden »nicht nur schöpferischer Wille, sondern auch Beherrschung der gewaltigen, komplizierten Technik verlangt... Seiner Berechnung (!) unterstehen das Material und die Produktivität von Riesenbetrieben. Seine Leitung führt die Arbeit vieler zum Erfolg... Die Werkmeister haben wahrlich das Recht,

sich zu den qualifizierten und leitenden (!) Angestellten der Wirtschaft zu rechnen.« (10 Jahre Deutscher Werkmeister-Bund 1919–1929, Essen o. J., S. 82.)

14 Vgl. H. Buschmann, Wirtschaft, Sozialpolitik und Verband. Schriften des DWV, H. 38, 1925, S. 23ff.

15 L. H. A. Geck, Die sozialen Arbeitsverhältnisse im Wandel der Zeit, Berlin 1931, S. 119ff.

16 Schriften des DWV, H. 33, S. 24.

17 Vgl. z. B. G. Baum, Werkmeisterrecht, Düsseldorf 1928, S. 16, über die Abgrenzung des Werkmeisters vom Vorarbeiter: »Durch zu weite Ausdehnung des Werkmeisterbegriffs würde die soziale Stellung des Werkmeisterstandes unnötig herabgedrückt werden.«

18 Festschrift zum 25jährigen Bestehen des DWV, Düsseldorf 1919.

19 Dieser Umstand muß übrigens bei Beurteilung der verhältnismäßig niedrigen Arbeitslosigkeit der Werkmeister mit berücksichtigt werden. Fanden arbeitslose Werkmeister eine Beschäftigung als Arbeiter, so entschwanden sie der Statistik.

20 G. Fürst, Die Altersgliederung der Angestellten nach den Ergebnissen der Berufszählung 1925, in: AfA-Bundeszeitung, Jg. 1929, S. 65.

21 Vgl. GdA (Hg.), Die wirtschaftliche und soziale Lage der Angestellten, Berlin 1931, S. 76. Vgl. hierzu auch die Ausführungen bei H. Lufft, Kulturvitalität im Angestelltenproblem, in: Deutsche Arbeit, Februar 1931, S. 66–82. – Über die Bedeutung des Alters für die Haltung des Arbeitnehmers im Betriebe vgl. z. B. die Bemerkung bei W. Müller, Rationelle Menschenführung, Berlin 1930, S. 23: »Wir glauben, ein reifer Mann hat größere Erfahrungen als ein ganz junger Bursche; er hat zudem meist eine Familie zu ernähren und wird daher zur Erhaltung seines Arbeitsplatzes alles tun, um den Vorgesetzten zufrieden zu stellen.«

22 Afa-Bund (Hg.), Die Angestellten in der Wirtschaft, Berlin 1928, S. 78. – Die politisch neutralisierende Wirkung des landwirtschaftlichen Nebenbesitzes (Schrebergarten) ist bekannt. Vgl. die Bemerkung eines christlichen Gewerkschaftsfunktionärs: »Ich habe noch je und je beobachten können, daß... der Radikalismus schwindet, sobald Privatvermögen vorhanden ist... Ich mache in unserem Schrebergartenverein oft interessante Studien. Seien die politischen Gegensätze noch so groß, ob Kommunist und Sozialist, beim Kohl und bei den Erdbeeren, bei Radieschen und Stachelbeeren, da obwalten gemeinsame Interessen.« (Zit. bei T. Brauer, Der Gewerkschaftssekretär, in: Sozialrechtl. Jb., Bd. 2, 1931, S. 121ff.)

23 Geschäftsbericht des DWV für 1924, S. 59.

24 Die Zahl der Dampfmaschinen in Preußen erhöhte sich von 1861 bis 1874 von 7000 auf 34000, ihre Kapazität von 143000 auf 958000 Pferdestärken. Der Anteil der deutschen Farbstoffe auf dem Weltmarkt, der Ende der 60er Jahre noch unbedeutend war, belief sich ein Jahrzehnt später auf etwa 50 % und gegen Ende des Jahrhunderts auf rund 90 %. Die Produktion von Flußeisen erhöhte sich von 1869 bis 1879 von 161000 auf 478000 Tonnen. D. S.

Landes, The Unbound Prometheus, Cambridge 1969 [dt. Der entfesselte Prometheus, 1973], S. 221, 276, 257.

25 25 Jahre Technikergewerkschaft – 10 Jahre Butab. Festschrift des Butab, Berlin 1929, S. 13.

26 Vgl. Geck, S. 55.

27 25 Jahre Technikergewerkschaft, S. 17. 1884, im gleichen Jahre wie der DTV entstand der DWV, der ebenso wie jener und wie die kaufmännischen Organisationen dieser Zeit sein Wachstum insbesondere den Selbsthilfe-Einrichtungen verdankte.

28 Der Diplomingenieur als Arbeitnehmer. Schriften des Butab, Nr. 23, Berlin 1912, S. 16.

29 25 Jahre Technikergewerkschaft, S. 44.

30 Vgl. W. Mertens, Zur Bewegung der technischen Privatbeamten, in: ASS, Bd. 25, 1907, S. 649–713.

31 W. D. v. Witzleben, Der Tarifvertrag für die Angestellten der Berliner Metallindustrie. Schriften der Vereinigung der Deutschen Arbeitgeberverbände, H. 15, Berlin 1926, S. 25.

32 Vgl. G. Fürst. Die Angestellten in Klein-, Mittel- und Großbetrieben, in: AfABundeszeitung, Jg. 1929, S. 49.

33 Vgl. zu dieser Tabelle jedoch unten die Ausführungen auf S. 199f.

34 K. D. Bracher, Die deutsche Diktatur, Köln 1969, S. 179ff.

35 B. Brell, Das psychologische Berufsbild der Handlungsgehilfin, Berlin 1933, S. 27f.

36 F. Nordsieck, Die schaubildliche Erfassung und Untersuchung der Organisation, Stuttgart 1932, S. 14; vgl. auch E. Walb, in: Rothschilds Taschenbuch für Kaufleute, Bd. 2, Leipzig 1927, S. 26f.

37 Auf den besonders großen Abstand zwischen dem häuslichen (oft proletarischen) und dem beruflichen Milieu bei Verkäuferinnen hat schon K. Mende hingewiesen: Münchener jugendliche Ladnerinnen zu Hause und im Beruf, Diss. München 1912, S. 213.

38 Selbst die Tätigkeit des Reisenden, von dem es scheint, daß er den Kunden individuell behandeln muß, ist der Rationalisierung nicht grundsätzlich entzogen. Die Psychologen, welche die Bedingungen der ›Menschenbehandlung‹ erforschten, fanden Regeln des zweckmäßigen Umgangs, verarbeiteten Verhandlungen und Streittechniken und bauten eine sogenannte »Soziologie des Durchschnittsmenschen« auf. So F. Giese, Methoden der Wirtschaftspsychologie, Berlin 1927, S. 239f. Aus den Verhaltensweisen, die angeblich typisch sind, gewannen sie Normen, nach denen das gewünschte Verhalten herbeizuführen war. Aus der Erfahrung destillierten sie die Vernunft, die ihr angeblich innewohnte, und impften sie den Reisenden ein: die Faustregel, wie man am leichtesten die Ware an den Mann bringe, wurde ersetzt durch exakte Bezeichnung derjenigen Punkte, die in festgelegter Reihenfolge während des Gesprächs mit dem Kunden berührt werden mußten, ferner durch Standardisierung der Widerlegungen von Einwänden, die zu erwarten waren, schließlich durch die wortwörtliche

Festlegung des genormten Verkaufsgesprächs, das der Reisende auswendig lernte, bevor er sein eigentliches Werk begann. Freilich wird kein Verkäufer, der nicht befähigt gewesen wäre, ohne derartige Hilfen auszukommen, mit ihrer Hilfe von Erfolg zu Erfolg geschritten sein. Aber die Rationalisierung dessen, was ein Laie der Rationalisierung auf immer entzogen glaubt, ist grundsätzlich möglich. Da der Konsument nicht über die entsprechenden Mittel der typischen Abfertigung, der genormten Weigerungen und der standardisierten Unnahbarkeit verfügte, würde diese Verkaufs-Psychologie, die besonders in Amerika ausgebildet und verwertet wurde, den Kunden zur gefügigen Puppe der Wissenschaft gemacht haben, hätte er nicht in der Kaufkraft, über die er verfügte, ein vorzügliches Widerstandsmittel gehabt: er mußte ja bezahlen, und dies Bewußtsein dürfte ihn zuweilen gegen das werbende Gift der angewandten Wissenschaft immunisiert haben.

39 H. Dominik, Das Schaltwerk – Fabrikhochbau und Hallenbau der Siemens Schuckert Werke A.-G., Berlin 1929, S. 24.

40 40 Jahre VwA 1889–1929, Jubiläumsschrift, Berlin 1929, S. 18.

41 H. Fuykschot, Die Rückwirkungen der Verwendung von Büromaschinen, in: Mitteilungen des internationalen Bundes christlicher Angestellten-Verbände. Kongreßbericht des IV. Internationalen Kongresses, München 1929, Nr. 4, S. 147.

42 F. Syrup (Hg.), Hb. des Arbeiterschutzes und der Betriebssicherheit, Bd. 3, Abschn. XXI, Berlin o. J., S. 507.

43 Erhebung über das Arbeiten an Schreibmaschinen, hg. v. Afa-Bund, Berlin 1931, S. 22.

44 S. Suhr, Die weiblichen Angestellten, Berlin 1930, S. 25.

45 E. Walther, Die Handels- und Büroangestellte. Schriften des Berufskundlichen Ausschusses bei der Reichsanstalt f. Arbeitsvermittlung und Arbeitslosenversicherung, H. 10, Berlin o. J., S. 14.

46 von Witzleben, S. 26.

47 M. Brendgen, Die Adremaprägerin, in: Jugend und Beruf, Jg. 1930, H. 4.

48 Vgl. den sachkundigen Aufsatz von Berufsberaterin L. Walbrodt, Die Rationalisierung in Büro und Handel, in: Jugend und Beruf, April 1931. Man ermesse an diesem Beispiel den Zweck folgender Fragen, die W. Deiters, Die Buchungsmaschine als soziales Problem, in: Der Kaufmann in Wirtschaft und Recht, Jg. 1927, April, S. 159–166, gestellt hat: »Darf die Buchungsmaschine eine Umschichtung im Kaufmannsberuf verursachen? Soll in den kaufmännischen Beruf ›ein angelernter Kaufmannsgehilfe‹ eindringen?« (S. 165).

49 E. Wald, Antiproletarische Sozialpolitik, in: Der Kaufmann in Wirtschaft und Recht, 1930, H. 6, S. 263.

50 O. Aust, Die Reform der öffentlichen Verwaltung in Deutschland. Gekrönte Preisschrift, Berlin 1928, S. 98ff. – Zum Problem der Bürokratie und insbesondere der Ähnlichkeit zwischen öffentlicher und privater Bürokratie vgl. neben den grundlegenden Ausführungen M. Webers,

S. 650ff.: H. Bente, Organisierte Unwirtschaftlichkeit, Jena 1929 u. O. v. d. Gablentz, Industriebürokratie, in: Schm. Jb. Jg. 50., 1926, S. 539–572.

51 Die Angestellten im Behördendienst, 1930, Oktober.

52 Reichsbund der Zivildienstberechtigten, Jg. 38, Nr. 9, 5.5.1932. – Die Summe der im Text zitierten Prozentzahlen ist 97, nicht 100.

Kapitel II

1 G. Fürst, Die Angestellten nach dem Familienstand, in: Afa-Bundeszeitung, 1929, S. 108; ferner Lufft, S. 68ff.

2 Wie vorsichtig man jedoch bei der Verallgemeinerung dieser Zahlen sein muß, die allenfalls für den GdA typisch sind, geht aus Tabelle 3, S. 60, hervor.

3 GdA (Hg.), Die wirtschaftliche Lage, S. 43.

4 Bei diesen war der Anteil der selbständigen Gewerbetreibenden (29 %) sehr hoch: In der Erhebung wurde ein ungewöhnlich hoher Satz von Technikern im Baugewerbe erfaßt, während die von Jaeckel erfaßten Mitglieder des Butib in stärkerem Maße Industrietechniker waren. Vgl. R. Jaeckel, Statistik über die Lage der technischen Privatbeamten in Großberlin, Jena 1908; A. Guenther, Die deutschen Techniker, Leipzig 1912; DHV (Hg.), Die wirtschaftliche Lage der deutschen Handlungsgehilfen, Hamburg 1910.

5 Vgl. Tabelle 2, Zeile 4–10 und 13.

6 Übrigens hat ein Fünftel der vom GdA erfaßten Angestellten keine Angaben über die soziale Herkunft gemacht. Vermutlich sind hier viele verborgen, die sich ihrer niederen Herkunft geschämt haben.

7 GdA (Hg.), Die wirtschaftliche Lage, S. 60.

8 K. Stehr, Der Zentralverband der Angestellten, Diss. Halle 1926, S. 89/90 u. 92.

9 Diesem Bild entspricht das Ergebnis einer interessanten kleinen Untersuchung von Hamm, der den Stimmanteil der drei Verbände bei den Wahlen zur Angestelltenversicherung im Jahre 1927 nach Berliner Wohnbezirken verglichen hat. Er fand, daß der Anteil des DHV in den »ausgesprochen bürgerlichen Bezirken« am höchsten, in den »ausgesprochen proletarischen Bezirken« am niedrigsten lag; umgekehrt verhielten sich die Stimmanteile des ZdA, in der Mitte lag der GdA:

	DHV	GdA	ZdA
Bürgerliche Bezirke Berlins	28 %	22 %	15 %
Proletarische Bezirke Berlins	21 %	24 %	30 %

(Hamm, S. 43.)

10 Vgl. die Zusammenstellung in: Rundschau der Frau, Materialien für weibliche Funktionäre des ZdA, 3. Jg., Nr. 3, Mai 1932.

11 Die Großstädte bieten nach der Meinung des GdA »dem Aufstiegswillen der Frau aus dem Arbeiterstande ein willkommenes Tätigkeitsfeld, willkommen deshalb, weil sie das Treiben der Großstadt lockt« (Die wirtschaftliche Lage, S. 45). Diese Deutung ist wahrscheinlich falsch, sicherlich vorschnell: es ist nicht ausgemacht, daß dem Arbeitermädchen die schematische Arbeit, die es auch nach der Ansicht des GdA vorwiegend leistete, willkommen war. Die Großstadt aber dürfte insofern nicht zusätzlich gelockt haben, als die meisten aus Arbeiterfamilien stammenden weiblichen Angestellten wohl bereits Großstadtkinder waren.

12 Vgl. Anmerkungen n und p zu Tab. 2; d und e zu Tab. 3.

13 GdA (Hg.), Die kommende Angestelltengeneration, Berlin 1933, S. 22.

Kapitel III

1 M. Weber, S. 655.

2 K. Wiedenfeld, Kapitalismus und Beamtentum, Berlin 1932, S. 31f.

3 Ein Beispiel: »Der zwölfjährige Hilfsschüler H. W. aus Hannover besitzt 5 Pfg., er kauft dafür 5 Postkarten, die er für 10 Pfg. im Straßenhandel verkauft. Aus dem Erlös ersteht er Hampelmänner, die er ausschmückt und verkauft: Erlös 25 Pfg. Dafür kauft er Blechmäuse ein, für die er insgesamt 50 Pfg. bekommt. Diese legt er in zwei ›Dienstmann Krause‹ an. Er verdient daran wieder 50 Pfg.« Zit. bei R. Weiland, Die Kinder der Arbeitslosen, Eberswalde 1933, S. 27. Vgl. dort weitere Beispiele und Angaben über die Zunahme der Kinderarbeit.

4 Die Arbeitsmarktlage für Angestellte, Beilage zum Reichsarbeitsmarktanzeiger v. 21. 7. 1932.

5 Bei der Verhandlung in einem Unterausschuß des sozialpolitischen Ausschusses des Reichswirtschaftsrats über die zeitgemäße Abänderung der Rechtsverhältnisse wurde z. B. bekannt, »daß einzelne Versicherungsgesellschaften bis zu 30000 Vertreter als sogenannte Agenten beschäftigen und daß die Gesellschaften durch Nichtabführung von Lohnsteuer, der Versicherungsbeiträge usw. ganz außerordentliche Ersparnisse erzielten, während andererseits strengste Kontrolle und Disziplin der Arbeit jede Bewegungsfreiheit dieser ›Agenten‹ unterbanden.« GdA-Archiv, Epochen der Angestelltenbewegung 1774–1930, Berlin 1930, S. 165.

6 DHV-Jahrbuch 1921, S. 93.

7 J. S. Silbermann, Die Angestellten als Stand, Berlin 1932, S. 14.

8 W. Deiters, Die Berufsgliederung der Kaufmannsgehilfen, in: Der Kaufmann in Wirtschaft und Recht, Juni 1930, bes. S. 254.

9 Die Handels- und Büroangestellten, März 1926, S. 3.

10 Mitteilungen des internationalen Bundes christlicher Angestelltenverbände, 1929, S. 130f.

11 »Es ist die sozial bedeutsamste Folge der starken Werkskonzentration und der Konzernbildung, die sich in einigen (allerdings wenigen) Wirtschafts-

zweigen geltend machen, daß sich gerade diesem Kreis von Angestellten die Aussicht verengt, in eine selbständige Leitungsposition zu gelangen.« (Wiedenfeld, S. 29).

12 H. Bente, Organisierte Unwirtschaftlichkeit, Jena 1929. – Mir sind mehrere Fälle bekannt, in denen während der Krise aussichtsreiche Geschäfte deshalb unterblieben, weil zu große innere Ressortschwierigkeiten zu überwinden waren. Die verantwortlichen Herren der verschiedenen Abteilungen konnten sich nicht darüber einigen, welcher Abteilung der zu erwartende Gewinn zugeschrieben werden sollte!

13 Vgl. z. B. Das Problem der Personal-Auslese, in: Spannung. Die AEG-Umschau, Januar 1930. Dort heißt es: »Viele Leute sind von Hause aus falsch geschaltet: Sie stehen auf Posten, die sie vielleicht gerade ausfüllen, und könnten mit den spezifischen Kenntnissen, die sie besitzen und die zu zeigen und zu entwickeln sie keine Gelegenheit finden, an anderer Stelle Hervorragendes leisten. Manche kommen auch nicht weiter, weil sie irgendwo an eine Wand stoßen. Diese Wand kann darin bestehen, daß die Abteilung, in der der Mann arbeitet, keine weiteren Möglichkeiten bietet und niemand etwas davon erfährt, daß da irgendwo im Dunkeln eine wertvolle Kraft leerläuft. Diese Wand kann aber auch ein Vorgesetzter sein, der vielleicht... bremsend wirkt, manchmal, um sein eigenes Licht nicht zu verdunkeln, manchmal auch, weil er einen tüchtigen Mann nicht sehr in Erscheinung treten lassen will, um ihn nicht evtl. für einen anderen Posten abgeben zu müssen, manchmal auch, weil er ihn nicht richtig erkennt.« – Für eine scharfsinnige Darstellung der weitverbreiteten Ängste und Intrigen im modernen Büro vgl. jetzt den amerikanischen Roman von J. Heller, Something Happened, New York 1974, S. 13–67. Die Darstellung beginnt: »In dem Büro, in dem ich arbeite, gibt es fünf Leute, die ich fürchte. Jeder dieser fünf Leute fürchtet vier andere, was unter Ausschluß von Überschneidungen eine Summe von zwanzig ergibt, und jeder dieser zwanzig Leute fürchtet sechs Leute, was eine Summe von einhundertundzwanzig Leuten ergibt, die von mindestens einer Person gefürchtet werden. Jeder dieser einhundertundzwanzig Leute fürchtet die anderen einhundertundneunzehn, und alle diese einhundertundfünfundvierzig Leute fürchten die zwölf führenden Männer, die bei Gründung und Ausbau der Firma mitgewirkt haben und sie bis jetzt besitzen und leiten.«

14 GdA (Hg.), Die wirtschaftliche Lage, S. 73.

15 Der Instruktorinnenberuf als Aufstiegsmöglichkeit in: Die Handels- und Büroangestellte, 1930, H. 8.

16 A. Fröhlich, Die mittleren Technikerberufe, Berlin 1929[2], S. 36.

17 O. v. d. Gablenz u. C. Mennicke, Dt. Berufskunde, Leipzig 1930, S. 147.

18 F. Zahn, Wirtschaftsaufbau Deutschlands, in: Hwb. d. Staatswissenschaften, Ergänzungsbd. Jena 1929[4], S. 996, und J. Nothaas, Sozialer Auf- und Abstieg im deutschen Volk, München 1931, S. 93.

Kapitel IV

1 DHV (Hg.), Die Gehaltslage der Kaufmannsgehilfen, Hamburg 1931, S. 52.

2 GDA (Hg.), Die wirtschaftliche Lage, S. 18.

3 Von einem Sachbearbeiter im GdA wurde mir gesagt, daß sich dies nicht immer vermeiden ließ.

4 Schematische Tätigkeit wurde vom GdA angenommen »z. B. bei den Listenschreibern, Karteiangestellten, Maschinenschreibern ohne Stenographie«, vom DHV »bei den Maschinenschreibern (ohne Beherrschung der Kurzschrift), den Schriftenordnern, Geldzählern usw«. Dagegen sind in Gruppe II des GdA untergebracht die Stenotypistinnen (mit Beherrschung der Kurzschrift); der DHV hat sie sogar, soweit sie mehr als 150 Silben schreiben, in Gruppe III einrangiert! Der Kontorist, der »zweite Verkäufer, der zweite Expedient, welcher ihm übergebene Aufträge bis zur Versandfertigkeit zur Ausführung bringt«, der zweite Lohnbuchhalter, »der die Löhne im Lohnbuch zusammenstellt und die Lohnzahlung vorbereitet«, der Buchhalter »für einfache kaufmännische Buchungsmaschinen« wurde zur Gruppe II gewiesen. Der »zweite Verkäufer« ist übrigens eine Rubrik, in der auch solche Kräfte erscheinen, »die ohne besondere Vor- oder Fachkenntnisse zu besitzen, mit Preisen gezeichnete Waren herausgeben oder dem Kunden vorlegen«! Der Buchhalter an der Elliot-Fisher Maschine leistet bereits »qualifizierte kaufmännische Arbeit«. – Es dürfte keinem Zweifel unterliegen, daß die erwähnten Angestellten untergeordnete Tätigkeit leisten.

Außer diesen terminologisch strittigen Punkten ergibt eine Durchsicht der Berufsstatistik des DHV, die übrigens einen guten Einblick in die Mannigfaltigkeit der kaufmännischen Berufssparten gewährt, daß bei den Angestellten der gleichen Funktionsart unwahrscheinliche Relationen der verschiedenen Qualifikationen bestehen. So stehen rund 13000 erste und rund 22000 zweite Buchhalter nur rund 3000 Hilfsbuchhaltern gegenüber; die Zahl der ersten Lohnbuchhalter ist größer als die der zweiten, die der ersten Korrespondenten fast doppelt so groß wie die der zweiten; die Zahl der ersten Expedienten ist höher als die der zweiten Expedienten, es gibt mehr Registratoren als Registraturgehilfen und ebenso viel zweite wie erste Kalkulatoren usw.

Die Zahl der Unteroffiziere kann schwerlich größer sein als die der gemeinen Soldaten. Die Unwahrscheinlichkeiten der DHV-Statistik haben vermutlich mehrere Gründe. Erstens ist die DHV-Erhebung nicht repräsentativ für die Gesamtheit der männlichen kaufmännischen Angestellten. Nur 5,61 % der Angestellten, die dort erfaßt sind, sind ungelernte Angestellte; nach der GdA-Erhebung haben 12 % männliche Angestellte keine Lehrzeit durchgemacht. Auch der Anteil leitender Angestellter (Direktoren, Prokuristen, Abteilungsleiter, Filialleiter) ist beim DHV unverhältnismäßig hoch. Zweitens ist es möglich und wahrscheinlich, daß bei der Aufbereitung des Materials überall dort, wo nur *ein* Buchhalter, Lagerist oder Expedient usw. im Betrieb vorhanden war, er als erster Buchhalter, erster Lagerist und erster Expedient angesehen worden ist.

5 M. Rössiger, Der Angestellte von 1930, Berlin 1930, S. 48. Dabei sind als Mittelschicht alle Angestellten der Gruppe III und etwa ½ bis ⅔ der Gruppe IV aufgefaßt.

6 Wirtschaft und Statistik, 13. Jg, 1933, Nr. 8.

7 Th. Geiger, Die soziale Schichtung des deutschen Volkes, Stuttgart 1932, (Neudr. 1967), S. 54.

8 W. Deiters, Die Angestellten, in: Sozialwissenschaftliche Rundschau, Beilage zu Ärztliche Mitteilungen, 15. 8. 1931.

9 S. Suhr, Die weiblichen Angestellten, Berlin 1931, S. 9.

10 Was wir wollen. 1. Schriftenreihe des DHV, H. 3, Hamburg 1903, S. 37.

11 Nach L. Preller, Sozialpolitik in der Weimarer Republik, Stuttgart 1949, S. 161. Prellers Tabelle beruht auf der GdA-Erhebung.

12 Vgl. StJbDtR 1932, S. 287.

Kapitel V

1 G. Dehn, Proletarische Jugend, Berlin 1929, S. 77.

2 So leben wir ... 1320 Industriearbeiterinnen berichten über ihr Leben. Eine Erhebung von K. Leichter, Wien 1932, S. 61 f.

3 Weber, Wirtschaft u. Gesellschaft, S. 635.

4 StJbDtR 1932, S. 321–322.

5 Ebd.

6 Die Reichsstatistik zeigt übrigens, daß die Unterschiede zwischen Arbeitern und Angestellten in der Lebenshaltung sich bis in die Wahl der Lebensmittel fortsetzen. Z. B. betrugen in den höchsten Einkommensgruppen die Ausgaben für Butter bei den Arbeitern 5,7 % ihres Lebensmittelbudgets, bei den Angestellten dagegen 9,7 %. Umgekehrt waren die Ausgaben für andere Fette und Fleisch bei den Arbeitern höher als bei den Angestellten (Vgl. StJbdR 1932, S. 321.)

7 Tabelle 11 ist der Tabelle XX bei E. Sträter, Die soziale Stellung der Angestellten, Diss. Bonn, 1933, S. 69 entnommen. Sträters Zahlen stammen aus der Erhebung des Afa-Bundes, Was verbrauchen die Angestellten? Berlin 1931, S. 55. – Für die DHV Mitglieder vgl. DHV (Hg.), Der Haushalt der Kaufmannsgehilfen, Berlin 1927.

8 Vgl. DHV (Hg.), Was verbrauchen die Angestellten, bes. den Abschnitt: Der Haushalt in der Krise (S. 75 ff.).

9 Vgl. auch O. Kahn-Freund, Der Funktionswandel des Arbeitsrechts, in: ASS, Bd. 67, 1932, S. 150.

10 Deutsche Handelswacht, 10. 9. 1930, S. 329. Vgl. dazu auch C. Philippe, Die Stellung des Angestellten im Arbeitsrecht in: Magazin der Wirtschaft, 3. 7. 1931; Die Bedeutung des Angestelltenstandes in: Deutsche Bergwerks-

zeitung, 3. 7. 1932; und Pfirrman, Der Fuchs predigt den Hühnern, in: Afa-Bundeszeitung, Sept. 1932.

11 Weber, Wirtschaft u. Gesellschaft, S. 611.

12 Aus einem Gespräch mit einem Berliner Metallarbeiter (1933): »Da kommt der Vorkalkulator und läßt von einem Arbeiter das neue Stück zunächst an der modernsten Maschine im Zeitlohn anfertigen. Dieser Arbeiter steckt mit dem Werkmeister unter einer Decke und hat sich als Streber durch Denunziationen beliebt gemacht. Er arbeitet so schnell wie er kann. Von dem ermittelten Zeitlohn werden 10 oder 20% abgezogen, weil ja im Akkord gearbeitet werden soll. Rücksicht darauf, daß nur die ausgesuchte Maschine die Leistung ermöglicht hat, wird nicht genommen. Und niemand fragt danach, ob sich das Tempo durchhalten läßt, wenn nicht ein Stück, sondern hundert geschafft werden sollen. Die Arbeiter erfahren den herausgetüftelten Lohnsatz. Die Arbeiter erklären, es für diesen Lohn nicht machen zu können, weil sie mehr Zeit brauchen, als berechnet ist. Dann kommt der Werkmeister, dann kommt der Zeitnehmer, dann kommt der Kalkulator, dann kommt der Betriebsingenieur, dann kommt sein Assistent, dann kommt auch noch der ›Terminjäger‹ usw.: Alle stehen eine Weile zusammen und tuscheln. Schließlich wird erklärt: Die Firma kann nur so und so viel zahlen; wenn es nicht geht, muß sie den neuen Auftrag zurückgeben und – Feierabend. Dann sagen die Arbeiter schließlich ja, und der ›Terminjäger‹ geht weg, der Zeitnehmer geht weg, der Kalkulator haut ab, der Betriebsleiter verschwindet mit dem Assistenten; wer macht aber die Arbeit? Wir, die Arbeiter!«

13 F. Muschiol in: Borsig-Zeitung, 7. 8. 1929. Vgl. fast wörtlich übereinstimmend: R. Woldt, Das großindustrielle Beamtentum, Stuttgart 1911, S. 21; ferner aus der Vorkriegszeit die Äußerungen bei A. Levenstein, Die Arbeiterfrage, München 1912, S. 22. Für die Nachkriegszeit: Die Aussprüche über das Thema Arbeiter und Angestellte im Betrieb, in: Der deutsche Metallarbeiter, Jg. 1929, Nr. 48–52, Jg. 1930, Nr. 1–5; Borsig-Zeitung, Jg. 1929, Nr. 3–4 bis Jg. 1930, Nr. 1–2; Der Regulator, Jg. 1930, Nr. 8–12.

14 Der deutsche Metallarbeiter, Jg. 1930, Nr. 1.

15 1929 geschrieben (s. Anm. 16). Der Angestellte war (1933) in dieser Hinsicht nicht mehr geschützt.

16 Borsig-Zeitung, Jg. 1929, S. 5–6.

17 Beamte, Angestellte und Arbeiter in der Wirtschaftskrise, in: Zentralblatt der Christlichen Gewerkschaften, 1. 10. 1930, S. 297.

18 Der deutsche Metallarbeiter, 7. 12. 1929.

19 Preller, S. 168.

20 StJbDtR 1934, S. 19.

21 Preller, S. 167.

22 Preller, S. 169.

23 Vgl. auch F. Croner, Die Angestelltenbewegung nach der Währungsstabilisierung, in: ASS, Bd. 60, 1928, S. 103ff., Abschnitt IV.

24 Aus der amerikanischen Praxis ist mir ein Fall bekannt, in dem der Vizeprä-

sident eines Unternehmens an verdiente Angestellte gelegentlich einen unverhofften Brief schrieb, in dem er seiner Genugtuung mit der Leistung des Empfängers lobend Ausdruck gab. Im Gegensatz zu gewöhnlichen Memoranden wurde dieser Brief im verschlossenen Umschlag dem Angestellten zugestellt, war nicht getippt, sondern vom Vizepräsidenten persönlich mit der Hand geschrieben; ausschließlich für diese Briefe benutzte er eine besondere grüne Tinte. Im Büro galt es als sehr auszeichnend, einen ›grünen Brief‹ zu erhalten.

25 Afa-Bund (Hg.), Die Praxis der Betriebsräte im Aufsichtsrat, Berlin 1930, S. 16.

26 Eine sehr ausführliche Darstellung solcher Betriebsmaßnahmen und -einrichtungen bietet: C. Dreyfuß, Beruf und Ideologie der Angestellten, München 1933. Zur propagandistischen Behandlung der Aufstiegschancen vgl. C. Eckert, in: Rothschilds Taschenbuch für Kaufleute, neue und erw. Ausg., Leipzig 1922, S. 17. Ein kurzes Kompendium der psychotechnischen Empfehlungen ist F. Giese, Menschenbehandlung beim Büropersonal, in: Der Werksleiter, 1928, H. 5; vgl. auch Gieses abschwächende Bemerkungen in seinem Buch, Methoden der Wirtschaftspsychologie. – Kostenloses Lob und kostenfreie Ehrung als Mittel der Auszeichnung sind natürlich nicht auf den Wirtschaftsbetrieb beschränkt; sie spielen eine große Rolle im Schulbetrieb, beim Militär, in der Bürokratie, im Familien- und Vereinsleben, in Kirche und Wissenschaft usw.: Öffentliche Ehrung und Beschämung dienen der Disziplinierung und Leistungsförderung in den verschiedensten sozialen Ordnungen. Auf die besonders große Rolle dieser Mittel in Sowjet-Rußland haben S. u. B. Webb hingewiesen in: Soviet Communism, London 1930, S. 749. Vgl. auch H. Speier, Freedom and Social Planning, in: ders., Social Order, S. 15–16.

27 H. Potthoff, Privatangestellte und politisches Leben, München 1912.

28 Vgl. H. Kaelble, Industrielle Interessenpolitik in der Wilhelminischen Gesellschaft, Berlin 1967, S. 66f.; J. Kocka, Unternehmensverwaltung und Angestelltenschaft am Beispiel Siemens 1847 bis 1914, Stuttgart 1969, S. 536–544.

29 G. Stresemanns Vortrag v. 16. Mai 1908, zit. von Kaelble, S. 76.

30 Deutsche Industriezeitung, 1911, S. 627.

31 VMB (= Verhandlungen, Mitteilungen und Berichte) des CVDI, 126, Januar 1913, S. 113, zit. von Kaelble, S. 106, Anm. 329.

32 Kaelble, S. 108; vgl. auch E. Lederer, Die Unternehmerorganisation im Kriege, in: ASS, Bd. 41, 1915, S. 277–297.

33 Rechenschaftsbericht des DHV für 1926, S. 98.

Kapitel VI

1 So schrieb zum Beispiel der DHV in einer Polemik gegen die Vela, den Verband der leitenden Angestellten: »Die Angestellten bleiben, wenn sie an leitende Posten gelangen, vernünftigerweise in den Verbänden, denen sie bei Beginn ihrer Berufslaufbahn beitraten.« (Rechenschaftsbericht 1928, S. 269) – J. Silbermann, ein Funktionär des VwA, zählt die »sonstigen Betriebsleiter« der Berufsstatistik, zu denen auch die Direktoren gehören, nicht zu den »Selbständigen«, sondern zu den Angestellten. (Die Angestellten als Stand, S. 20.).

2 Paul Bröcker, Die Arbeitnehmerbewegung, Hamburg 1919, S. 98; Rössiger, S. 15.

3 Vgl. F. Croner, Der Begriff des Angestellten in der neueren Rechtsprechung in: Afa-Bundeszeitung, Jg. 1931, S. 188. Der Begriff des Angestellten nach dem Versicherungsgesetz für Angestellte von 1911 stimmt nicht mit dem des Betriebsrätegesetzes von 1920 überein; vgl. E. Lederer u. J. Marschak, Der neue Mittelstand, in: Grundriß der Sozialökonomik, Abt. IX, Teil 1, Tübingen 1926, S. 120–141, Anm. 2.

4 DHV (Hg.), Die Gehaltslage, S. 9.

5 Für die Einschätzung der technischen Angestellten durch den DHV vgl. auch O. Thiel, Die Sozialpolitik der Kaufmannsgehilfen, Hamburg 1926, S. 4: Der GdA hat nicht nur »männliche und weibliche Angestellte jeder Art« organisiert, sondern auch gewisse Gruppen gehobener Arbeiter und Arbeiterinnen, denen die Angestellteneigenschaft von uns nicht zugesprochen werden kann.« – Dieser hohen Selbsteinschätzung des Handlungsgehilfen entspricht von seiten der Techniker die umgekehrte Beurteilung: »Es wird leider vielfach vergessen, daß vor Verteilung der Güter deren Erzeugung steht.« (Der Techniker im Tarifvertrag, hg. v. Butab, Berlin 1924, S. 8.).

6 W. D. v. Witzleben, Der Tarifvertrag für die Angestellten der Berliner Metallindustrie. Schriften der Vereinigung der deutschen Arbeitgeber-Verbände, Heft 15, Berlin 1926, S. 27.

7 Silbermann, S. 5.

8 Übrigens widerspricht es der Betonung des Berufsbewußtseins, daß der DHV den Bankbeamten, also einer Angestelltenschicht, bei denen Berufsstolz wirklich ausgeprägt war, die Überlebtheit dieser Haltung (mit gutem Grunde) vorwarf: »Die früher vorhandene gesellschaftliche Isolierung der ›Bankbeamten‹ von der Mehrheit der übrigen Kaufmannsgehilfen hat diese Entwicklung begünstigt. Aber gerade im Bankgewerbe ist diese Denkweise falsch, weil der gewaltige Abbau der letzten Jahre – der Zehntausende von Bankangestellten zu einem Übergang in andere wirtschaftliche Zweige zwang, ihnen auf das dringlichste vor Augen führt, daß sie sich doch nur als Glieder der großen Familie der kaufmännischen Angestellten durchsetzen können.« (Rechenschaftsbericht des DHV für 1928, S. 88).

9 W. Sombart, Beruf, in: Hwb. der Soziologie, Stuttgart 1931, S. 31.

10 H. Schäfer, Die leitenden Angestellten. Ein neuer sozialer Typus, in: Bergwerkszeitung, 11. 11. 1928.

11 Als Ergänzung des Bildes mögen folgende Angaben dienen. Von den stellenlosen leitenden Angestellten hatten Bewerbungsschreiben geschrieben:

bis zu 50	Bewerbungsschreiben	186 Personen
50–100	Bewerbungsschreiben	111 Personen
100–200	Bewerbungsschreiben	87 Personen
200–300	Bewerbungsschreiben	43 Personen
300–600	Bewerbungsschreiben	44 Personen
600–1000	Bewerbungsschreiben	9 Personen
1000–1500	Bewerbungsschreiben	13 Personen

21 machten die ungenaue Angabe »Hunderte« oder »Unzählige«. – In 12 Fällen erfolgte keine Antwort, in 117 Fällen wurden weniger als 10 Prozent der Schreiben beantwortet, in 89 Fällen 10–20 Prozent, in 56 Fällen 20–30 Prozent. Der Rest der Befragten erhielt häufiger Antwort. (Rechenschaftsbericht des Vela, 1929, S. 13 ff.).

12 A. Zimmermann, Der DHV, Hamburg o. J., S. 95.

13 Nach dem Bericht der Gewerbeaufsichtsbeamten; vgl. die statistische Zusammenstellung in: GdA (Hg.), Die kommende Angestelltengeneration, S. 11–18.

14 Vgl. ebd., S. 103.

15 Der GdA-Führer, Jg. 1931, S. 120. – Vgl. auch J. Jahn, Das Sozialbewußtsein der Angestellten, in: Der Kaufmann in Wirtschaft und Recht, Juni 1930, S. 246/7.

16 F. Croner, Die Angestellten seit der Währungsstabilisierung, in: ASS, Bd. 60, 1928, S. 103–146. – Für eine neue, sehr viel ausführlichere marxistische Analyse der Angestellten vgl. U. Kadritzke, Angestellte – Die geduldigen Arbeiter, Frankfurt a. M., 1975. – Das Buch verbindet mit der dankenswerten Darbietung von vielen Daten die Zumutung an den Leser, in doktrinärem Jargon verschlüsselte Ansichten des Autors in verständiges Deutsch zu übersetzen. Z. B. schreibt K. über die Angestelltenversicherung: »Die spezifische, durchaus schon taktisch konzipierte ›Borniertheit‹ der Bourgeoisie konstituiert in der Gründung einer besonderen, die rechtliche Exklusivstellung ergänzenden Angestelltenversicherung ein Moment der ›Angestelltenmentalität‹, das, obgleich seine objektive gesellschaftliche Basis schon zu schwinden beginnt, die Formen der folgenden Klassenauseinandersetzungen doch *folgenreich bestimmen kann*.« (S. 226).

17 Es ist ein methodisches Verdienst des Buches von C. Dreyfuß, diesen Umstand erkannt zu haben. Dreyfuß versuchte einen detaillierten Nachweis dafür zu erbringen, daß die Unternehmer durch die planmäßige und umsichtige Schaffung einer künstlichen Hierarchie innerhalb des Betriebes die *Illusion* einer Geltung stets von neuem erzeugt haben. Wenn diese Erklärung auch nicht zum Verständnis der sozialen Geltung genügt, so ist sie doch ergiebiger als die marxistische Annahme des ›falschen Bewußtseins‹.

18 Vgl. Jahn, Das Sozialbewußtsein der Angestellten.

19 C. Nörpel, Grenzen des Arbeitsrechts, in: Die Arbeit, Bd. 8, 1931. Vgl. auch die im Anschluß an diesen Aufsatz in der gleichen Zeitschrift geführte Diskussion.

20 Protokoll des 4. Afa-Gewerkschaftskongresses, Berlin 1931, S. 151.

Kapitel VII

1 Speier, Das Proletariat, S. 295.

2 A. L. Schlözer, Theorie der Statistik, Göttingen 1804, S. 136. – Über die Umwertung von sozialen Geltungen vgl. auch H. Speier, Militarism in the Eighteenth Century, in: ders., Social Order, bes. die Abschnitte »Society versus the State« und »The Devaluation of Courage«, S. 241–252.

3 Vgl. M. Webers Definition der sozialen Ordnung, zit. oben S. 25.

4 Vgl. den in der amerikanischen Soziologie häufig verwendeten Begriff ›relative deprivation‹ und H. Speier, Social Stratification, in: M. Ascoli u. F. Lehman (Hg.), Political and Economic Democracy, New York 1937, S. 264–265.

5 Vgl. Kap. VIII.

6 Vgl. Kap. I, S. 29f. u. Kap. VI, S. 98f.

7 Die Funktion der Bildung (2-a und 2-b) wird in Kap. IX, die der nationalen Gesinnung (3-a und 3-b) in Kap. X behandelt.

Kapitel VIII

1 Über die Betriebshierarchie vgl. G. Briefs, Betriebssoziologie, in: Hwb. der Soziologie, S. 441ff.; Geck, S. 51; Dreyfuß, S. 11f.; J. Silbermann, Die Angestellten als Stand, Berlin 1932, S. 12f.

2 Um ein extremes Beispiel und zugleich eine Vorstellung von den Möglichkeiten der Differenzierungskraft dieses Prinzips zu geben, sei erwähnt, daß in einem mir 1932 bekannten Großbetrieb ein untergeordneter Korrespondent eine Stenotypistin, die sich über die Unselbständigkeit ihrer Arbeit beklagte, damit getröstet hat, sie könne doch vorwärts kommen, und auf die Frage: wie denn? die Antwort gegeben hat: falls sie sich bewähre, werde man ihr gestatten, den standardisierten Kopf der Briefe, nämlich: »Sehr geehrte Herren, wir bestätigen Ihnen mit bestem Dank den Empfang Ihres Briefes vom ...« nicht mehr wie bisher nach Diktat, sondern selbständig zu schreiben.

3 Es ist hier nicht angebracht, näher auf Rangunterschiede bei den leitenden Angestellten einzugehen. Aber es sei kurz darauf hingewiesen, daß auch diese sich nicht nur in Einkommen verschiedener Höhe, in Räumlichkeit und Ausstattung des Arbeitszimmers, in Verfügung über Dienstautos und dergleichen ausdrücken, sondern besonders in der Leichtigkeit und Häufig-

keit des Zugangs zu Personen höheren Rangs und größerer Macht. Ein modernes, realistisches, wenn auch groteskes Beispiel aus der amerikanischen höheren Bürokratie des Weißen Hauses, die sich prinzipiell nicht von den Höhen der privatwirtschaftlichen Bürokratie unterscheidet, erwähnt T. H. White in seinem Buch über Präsident Nixons Regierung. In seiner Beschreibung der ›politischen Topographie‹, deren Kenntnis es erlaubt, »die Bedeutung der Leute« danach zu beurteilen, »wo sie sitzen«, d. h. wo im Weißen Haus ihr Büro gelegen ist, erzählt White folgende Anekdote über Daniel P. Moynihan, den späteren amerikanischen Botschafter bei den Vereinten Nationen. »In his rivalry with Arthur Burns in the first year of the Nixon administration, Moynihan opted for a tiny office in the basement of the White House West Wing, next to Kissinger's while Burns opted for a large suite of offices for himself and staff across the street in the Executive Office Building. Moynihan, whose wisdom is at once profound and practical, had made the better choice – ›Why, it meant I could piss standing next to Haldeman in the same toilet,‹ he said one day, explaining the strategic geography of the White House.« (T. H. White, Breach of Faith, New York 1975, S. 113-114).

4 Auch nicht in den Großbetrieben des Einzelhandels. Vgl. dazu die sehr instruktive Funktions-Analyse eines Kaufhauses mit rund 700 Beschäftigten bei H. Schröer, Die betriebliche Ausbildung des Verkaufspersonals im Einzelhandel, Stuttgart 1933, S. 14ff.; die Aufgaben und Instanzengliederungspläne bei Nordsieck, S. 80; ferner F. Nordsieck, Die Arbeitsaufgaben und ihre Verteilung, in: Hg. des Einzelhandels, Stuttgart 1932.

5 E. Kannwitz, Aus dem Berufsleben eines technischen Vorkalkulators, in: Jugend und Beruf, März 1931.

6 F. Giese, Methoden der Wirtschaftspsychologie, Berlin 1927, S. 276.

7 Berichtet von C. Höfchen, in: H. Potthoff (Hg.), Die sozialen Probleme des Betriebs, Berlin 1925, S. 290.

8 Auch in der internationalen Politik lassen sich Beispiele für diese elementaren Tatsachen finden. Ein hochangesehener englischer Staatsmann, über die Möglichkeiten der Friedenssicherung befragt, hat im Rundfunk vorgeschlagen, die Diplomaten als erste ins Feld zu schicken, wenn es zum Krieg komme.

9 Vgl. Kap. I.

Kapitel IX

1 E. Jünger, Der Arbeiter, Hamburg 1932, S. 120, 105.

2 H. Freyer, Revolution von rechts, Jena 1931, S. 71.

3 Zit. in Speier, Das Proletariat, S. 289.

4 Vgl. I. Hamel, Völkischer Verband und nationale Gewerkschaft, Frankfurt 1967, S. 225.

5 A. Winnig, Vom Proletariat zum Arbeitertum, Hamburg 1930, S. 58.

6 A. Zimmermann, Der DHV, Hamburg o. J., S. 93.
7 Stoffsammlung für die Bildungsarbeit des DHV, Schule und Erziehung, S. 10.
8 DHV-Rechenschaftsbericht 1926, S. 11.
9 Vgl. Deutsche Handelswacht, 25. Juni 1928.
10 M. Habermann, Stand und Staat, Hamburg 1931.
11 Diese bekannte Umformung der Mittelschichten behandelt im Sinne des DHV A. Fraenkel, Die zwei wirtschaftlichen Weltprobleme, in: Schm. Jb., Bd. 49, 1925. Der Verfasser sucht die These zu entwickeln und zu beweisen, »daß sich eine kulturgeprägte Gesellschaft nicht ohne Mittelstand bilden und erhalten kann.« (S. 373) In dem Zentralarchiv des DHV (Juni/September 1929) heißt es von dem Aufsatz, er sei »die beste Würdigung der Angestellten in unserem Sinne, die von wissenschaftlicher Seite vorliegt«.
12 Vgl. B. Mewes, Die erwerbstätige Jugend, Berlin 1929; V. Engelhardt, Die Bildungsinteressen in den einzelnen Berufen, in: Freie Volksbildung, 1926; F. Grosse, Bildungsinteressen des großstädtischen Proletariats, Breslau 1932; F. Urbschat; R. Dinse, Das Freizeitleben der Großstadtjugend, Eberswalde 1932.
13 GdA (Hg.), Die wirtschaftliche Lage, S. 49.
14 Rechenschaftsbericht des DHV 1926, S. 11.
15 Th. Fontane, Briefe an seine Familie, Bd. 2, Berlin 1924, S. 174. (Brief an seinen Sohn Theodor v. 9. 5. 1888) – Vgl. auch H. Speier, Zur Soziologie der bürgerlichen Intelligenz in Deutschland, in: Die Gesellschaft 1929, II, S. 58–72.
16 Vgl. F. Goldschmidt, Die soziale Lage und die Bildung des Kaufmannsgehilfen, Berlin 1894.
17 Im Jahre 1892 kamen auf je 100000 Einwohner in Preußen 25 Schüler kaufmännischer Fortbildungsschulen, in Sachsen 91.
18 E. Engelhard, Die Angestellten, in: Kölner Vjh. f. Soziologie, Jg. 10, 1931, S. 583.
19 H. von Treitschke, Politik, hg. v. M. Cornicelius, Leipzig 1918[4], Bd. 2, S. 400.
20 Vgl. E. Kehr, Zur Genesis des kgl. preußischen Reserveoffiziers, in: Die Gesellschaft 1928, II, S. 492–502. – Laut kriegsministerieller Entscheidung vom 18. 2. 1914 konnten übrigens Sozialdemokraten nicht Einjährige werden. – Welche Nachwirkungen der deutsche Bildungsdünkel haben kann, illustriert auf groteske Weise der von einem Augenzeugen stammende Bericht über einen Zwischenfall bei einer Demonstration linksradikaler Studenten in Berlin Anfang der 60er Jahre. Ein Polizist ließ sich von den Studenten nicht zu Tätlichkeiten provozieren. Als aber einer von ihnen den guten Einfall hatte, wütend »Du Volksschüler!« ihm zuzurufen, schlug er zu.
21 Beides in seiner Bedeutung für die Proletarisierung der Angestellten hat Marx bereits 1875 erkannt. Siehe dazu: ders., Das Kapital, Bd. III (1894), Berlin 1975, S. 311/12.

22 Der GdA-Führer 1931, Nr. 8.

23 Vgl. die sachlichen und materialreichen Mitteilungen des GdA über Bedeutung und Umfang der Prüfungen in: GdA (Hg.), Die kommende Angestelltengeneration, S. 133–143. Daraus zitiert: Im Jahre 1931 veranstalteten 31 Handelskammern (von etwa 130) derartige Prüfungen. Sie sind fakultativ, jedoch wird zum Teil die Ablegung einer Prüfung auf Anraten einiger Handelskammern bereits in Lehrverträgen vereinbart (in Oberschlesien in 10% der Fälle). Die Prüfungsgebühren liegen zwischen 3 und 15 RM. Besondere Vorbereitungskurse (!) finden in 5 Orten statt, davon in 4 Orten entgeltlich, für 10 bis 15 RM. Nur ein Bruchteil der Lehrlinge beteiligte sich an den Prüfungen. »Man könnte glauben, daß es die besten sind, die Prüfungsergebnisse zeigen aber, daß dies nicht der Fall ist. Es sind vielmehr Lehrlinge, die vom Chef zur Teilnahme angehalten werden, oder solche, die auf offizielles Strebertum besonderen Wert legen.« – Sichtbare Resultate haben die Prüfungen bisher nicht gehabt. »Von einer Handelskammer wird berichtet..., daß sie ihre Mitgliedsfirmen in jedem Jahre darauf hinweist, daß sie nur Inhaber des Gehilfenprüfungs-Zeugnisses einstellen sollen. Der Verband der Lebensmitteleinzelhändler hat den Beschluß gefaßt, nur Inhaber der Gehilfenprüfungs-Zeugnisse einzustellen.« Ein Mitglied des GdA teilt mit, daß Prüflinge, die nicht bestanden haben, »eher unterkommen, weil sie sich unter Tarif für die Arbeit anbieten«.

24 Auf seinem 29. Verbandstag am 16. Juni 1930 faßte der DWV eine Entschließung, in der es heißt: »Durch die Rationalisierungsmaßnahmen entstehen für die Werkmeister neue Berufsprobleme. Besonders gilt dies für die Berufsausbildung. Leitender Grundsatz muß sein: Berufsberechtigung nur aufgrund von Berufsleistungen, Berufsaufstieg nur aufgrund von Berufstüchtigkeit.« – Über die Stellung des Verbandes zur Bildungsfrage, insbesondere zu den Bemühungen der Unternehmer, die das Problem der ›Menschenführung‹ in den Mittelpunkt rücken, vgl. den Geschäftsbericht des DWV für 1928–1929, S. 158–196.

25 O. Suhr, Angestelltenbildung, in: HwB. des deutschen Volksbildungswesens, hg. v. H. Becker, Breslau 1932.

26 M. M. v. Weber, zit. in: 25 Jahre technische Gewerkschaft – 10 Jahre Butab, S. 11.

27 Vgl. hierzu: Vorbildung und Leistung schöpferischer Technik in Beispielen. 353 kurze Lebensabrisse, in: Der Ingenieurstand, 1926; ferner K. Matschoss, Berufskundliche Untersuchung des Buches »Männer der Technik«, in: ebd., 1925, S. 120ff., sowie die Ausführungen und weiteren Literaturangaben bei E. Jung, Die unsterbliche Ingenieurfrage, Aussig 1931, S. 11ff.

28 Nach der Erhebung von A. Günther aus der Vorkriegszeit schwankte der Anteil der angestellten Techniker, die das Einjährigenzeugnis hatten, zwischen 10% (im Baugewerbe) und 16,3% (bei den Staatsbeamten); in der Industrie betrug er 15,5%. A. Günther, Die deutschen Techniker, Leipzig 1912, S. 63.

29 In Württemberg war von 1837–1885 für die Verwaltungsbeamten ein be-

sonderes kameralistisches Berufsstudium vorgesehen. – Zu dem Problem der Konkurrenz zwischen juristischer und technischer Intelligenz vgl. W. Franz, Das Technikerproblem, Berlin 1929, sowie C. Eckert (Hg.), Der Eintritt der erfahrungswissenschaftlichen Intelligenz in die Verwaltung, Stuttgart 1919; hierin bes. den Aufsatz von O. Schleicher, der eine ausführliche Darstellung der Literaturgeschichte des Problems gibt.

30 Eine genauere Darstellung dieses Prozesses hätte das Aufkommen neuer Schultypen (Realgymnasium, Realschule usw.), die Veränderung der Vorbildungsansprüche bei der Immatrikulation auf den Universitäten, die Entstehung und Durchsetzung neuer Hochschultypen (für die praktischen Bedürfnisse des Bergbaus, der Landwirtschaft, des Handels und der Industrie) sowie die Entwicklung der studentischen Vereinigungen an diesen Hochschulen zu berücksichtigen. Vgl. einige Andeutungen z. B. bei F. Schulze u. P. Scymank, Das deutsche Studententum, Leipzig 1910, S. 300ff.

Kapitel X

1 M. R. Lepsius, Extremer Nationalismus, Stuttgart 1966, S. 14. Lepsius übertrifft die hier vorgetragenen Ansichten durch differenzierte Vergleiche mit den Funktionen des Nationalismus bei andern deutschen Gesellschaftsschichten einerseits und extremistischen Bewegungen im Ausland andererseits. Besonders wichtig erscheinen mir seine Hinweise darauf, daß der Nationalismus des deutschen Mittelstandes »mit einer besonderen Konzentration autoritärer Persönlichkeiten im Mittelstand« nichts zu tun gehabt habe (S. 14); und daß nach einer Untersuchung von Martin Trow in einer Kleinstadt Vermonts übrigens auch unter den Anhängern McCarthy's »autoritäre Persönlichkeiten nicht überdurchschnittlich vertreten waren«. (S. 16).

2 Deutsche Werkmeister Zeitung, 22. 8. 1919.

3 Briefs, Betriebssoziologie, S. 47.

4 Das Meisterproblem, in: Betriebsräte-Zeitung, 1922, Nr. 2.

5 A. v. Berger, Der leitende Wirtschaftsbeamte, Wien 1926, S. 121f.

6 Habermann, S. 20.

7 Zeitschrift ›Stand und Staat‹, 5. 5. 1931.

8 Liederbuch f. deutschnationale Handlungsgehilfen, Hamburg, 1927[21], S. 18ff.

9 Stand und Staat, August 1932.

10 Vgl. dazu H. Speier, Risk, Security and Modern Hero Worship, in: ders., Social Order, S. 112–130.

11 H. A. Turner, jr., Faschismus und Kapitalismus in Deutschland, Göttingen 1972, S. 168.

12 Aus der reichen Literatur vgl. E. Nolte, Der Faschismus in seiner Epoche, München 1965[2]; F. Stern, Kulturpessimismus als politische Gefahr: eine Analyse nationaler Ideologie in Deutschland, Bern 1963 (engl. 1961); G. L. Mosse, The Crisis of German Ideology, New York 1961; K. von Klemperer,

Konservative Bewegungen, München 1962 (engl. 1957); A. Mohler, Die konservative Revolution in Deutschland, Stuttgart 1950; H. Lebovics, Social Conservatism and the Middle Classes in Germany, Princeton 1969.

13 Vgl. R. Heberle, From Democracy to Nazism. A Regional Case Study on Political Parties in Germany, Baton Rouge 1945. – Auch die Hitler-Jugend war am stärksten in Österreich und Norddeutschland (Hannover, Schleswig-Holstein, Niedersachsen) vertreten und am schwächsten in den katholischen Gegenden (Rheinland, Saar, Niederbayern). Die traditionellen Stützpunkte der Linken (Berlin, das Ruhrgebiet, Hamburg) konnte die Hitler-Jugend zunächst nicht erobern. Im Januar 1932, als die NSDAP die stärkste politische Partei im Lande war, hatte die Hitler-Jugend in Berlin weniger als 1000 Mitglieder. Vgl. W. Z. Laqueur, Young Germany. A History of the German Youth Movement, New York 1962, S. 193.

14 Vgl. hierzu besonders S. M. Lipset, Political Man, New York 1959, S. 141, Table I. Aufgrund eines Vergleichs des prozentualen Stimmenanteils der einzelnen Parteien bzw. Parteigruppierungen an der Gesamtheit der Stimmen in den Reichstagswahlen seit 1928 fand Lipset die folgende quantitative Bestätigung für die im Text erwähnte Stabilität der katholischen und sozialistisch-kommunistischen Loyalitäten: Der Prozentsatz der DNVP-Wähler hatte sich von 1928 bis zur zweiten Wahl im Jahre 1932 von 14,2 auf 8,5, d. h. auf 60 % reduziert, die der DVP-Wähler von 8,7 auf 1,8, d. h. auf 21 %; die der DDP-Wähler von 4,8 auf 0,95, d. h. auf 20 %; dagegen war der Prozentsatz der Nazistimmen von 2,6 auf 33,1, d. h. um 1277 % gestiegen. Nur das Zentrum war mit 105 % und SPD und KPD zusammen mit 92 % relativ stabil geblieben; die SPD allein erlitt allerdings eine Einbuße von 29,8 % der Stimmen von 1928 auf 20,4 % der Stimmen der zweiten Wahl 1932, während sich die entsprechenden kommunistischen Prozentzahlen von 10,6 auf 16,85 erhöht hatten. Aufgrund dieser und anderer Zahlen vertrat Lipset seine These über den deutschen Nationalsozialismus als »Extremismus der Mitte«. Zur Kritik dieser These vgl. H. A. Winkler, Mittelstand, Demokratie und Nationalsozialismus, Köln 1972, S. 180.

15 Vgl. Kap. XII.

16 Vgl. L. E. Jones, The Crisis of White-Collar Interest Politics: Deutschnationaler Handlungsgehilfen-Verband and Deutsche Volkspartei in the World Economic Crisis, in: H. Mommsen u. a. (Hg.), Industrielles System und politische Entwicklung in der Weimarer Republik, Düsseldorf 1974, S. 811–823.

17 A. Krebs, Tendenzen und Gestalten der NSDAP, Stuttgart 1959, S. 27–28.

18 Vgl. ebd., S. 30–32.

19 Zit. bei Hamel, S. 248.

20 Vgl. ebd., S. 212.

21 Mosse, Crisis, S. 261.

22 Nach dem 30. Januar 1933 mußte Bechly sein Amt niederlegen, und Habermann wurde von den Nationalsozialisten des rasch gleichgeschalteten DHV noch nach dem Verlust seines Amtes aufs schärfste angefeindet. Als aktives

Mitglied der illegalen Opposition arbeitete er nun mit Wilhelm Leuschner und Jakob Kaiser an Plänen für eine Einheitsgewerkschaft *nach* Hitlers Sturz. 1936–1937 beteiligte er sich an der Abfassung von Denkschriften für Generaloberst von Fritsch über die brutale Behandlung von Arbeitern und Juden. Seit dem Frühjahr 1939 hatte er Verbindung mit der Gruppe um Oster und später mit Goerdeler und Beck. Nach dem 20. Juli wurde er verhaftet und kam elendiglich um. – Die biographische Studie von A. Krebs über Max Habermann war mir nicht zugänglich. Vgl. jedoch Hamel, S. 121–123 passim; Krebs, S. 27–39; Brüning, Memoiren, S. 516, 518; R. Pechel, Deutscher Widerstand, Erlenbach-Zürich 1947, S. 208f.; P. Hoffmann, Widerstand, Staatsstreich, Attentat. Der Kampf der Opposition gegen Hitler, München 1969, S. 52, 135, 431, 461; E. Nebgen, Jakob Kaiser, Stuttgart 1967, S. 128.

23 In einem Brief an seine Tochter vom 1. April 1895 charakterisierte der alte Fontane Bismarck als »diese Mischung von Übermensch und Schlauberger, von Staatengründer und Pferdestall-Steuerverweigerer… von Heros und Heulhuber…« Vgl. Th. Fontane, Briefe an seine Familie, Bd. 2, S. 309.

24 Vgl. Hamel, S. 136ff.

25 Mosse, Crisis, S. 258.

26 Jones, S. 816, Anm. 21.

27 Laut Mitteilung des GdA an den Verfasser im Jahre 1932.

28 H. Gerth, The Nazi Party: Its Leadership and Composition, in: The American Journal of Sociology, Bd. 45, 1940, Tab. 1, S. 527. Vgl. auch E. Doblin und C. Pohly, The Social Composition of the Nazi Leadership, in: The American Journal of Sociology, Bd. 51, 1945–1946, S. 42–49; und D. Lerner u. a., The Nazi Elite, Stanford 1951. – Die Bedeutung der Mittelschichten in der Nazi-Bewegung bis zu Hitlers Machtübernahme ist bereits vor 1933 recht klar erkannt worden; vgl. z. B. H. D. Lasswell, The Psychology of Hitlerism as a Response of the Lower Middle Classes to Continuing Insecurity (1933), wd. in: ders., The Analysis of Political Behavior, New York 1947, S. 235–245; für den ›neuen Mittelstand‹ vgl. C. Mierendorff, Gesicht und Charakter der nationalsozialistischen Bewegung, in: Die Gesellschaft, Bd. 7, 1930, S. 489–504; T. Geiger, Panik im Mittelstand, in: Die Arbeit, Bd. 7, 1930, S. 637–654; ders., Die soziale Schichtung, S. 120ff.; H. Neisser, Sozialstatistische Analyse der Wahlergebnisse, in: Die Arbeit, Bd. 7, 1930, S. 654–659. – Die These, daß der Wahlerfolg der NSDAP z. T. auf Jungwähler zurückzuführen sei, behandelte auf interessante Weise A. Dix, Die deutschen Reichstagswahlen 1871–1930 und die Wandlungen der Volksgliederung, Tübingen 1930; Dix hatte aufgrund der Altersschichtung und ihrer Veränderung seit 1928 »als einziger nicht-nationalsozialistischer Publizist« (S. Neumann) 100 Abgeordnete der NSDAP für den Reichstag 1930 vorausgesagt. – Aus der neueren Literatur vgl. besonders Turner, Faschismus und Kapitalismus; D. Schoenbaum, Hitler's Social Revolution, New York 1968; A. F. K. Organski, Fascism and Modernization, in: S. J. Woolf (Hg.), The Nature of Fascism, New York 1968, S. 19–41; G. Ger-

mani, Fascism and Class, in: ebd., S. 65–96; J. Kocka, Zur Problematik der deutschen Angestellten 1914–1933, in: H. Mommsen u. a. (Hg.), S. 792–811; die in Anm. 29 und 30 zitierten Untersuchungen von W. Schäfer und A. Weber; Lipset, Political Man, trotz seiner vereinfachenden These, daß Hitler »a centrist extremist« gewesen sei; S. A. Pratt, The Social Basis of Nazism and Communism in Germany, M. A. Thesis, Michigan College. Department of Sociology and Anthropology 1948; Kadritzke, S. 365–381.

29 W. Schäfer, NSDAP: Entwicklung und Struktur der Staatspartei des dritten Reiches, Hannover 1956, S. 17.

30 A. Weber, Soziale Merkmale der NSDAP-Wähler, Diss. Freiburg i. Br. 1969, S. 68ff.

31 Vgl. ebd., S. 134. – Leider ist wenig darüber bekannt, wie viele Angestellte in den Jahren vor der Machtübernahme der Partei fest beitraten und wie weit Austritte durch neu gewonnene Mitglieder ausgeglichen oder überboten wurden. Schäfer erwähnt (S. 17), daß diese »innere Mitgliederbewegung« in der NSDAP zwischen 1930 bis 1933 nicht weniger als 156,5% betrug, d. h. anderthalb mal so groß war wie ihr tatsächlicher Mitgliederbestand bei der Machtübernahme. Übrigens war die Fluktuation der KPD-Mitglieder ebenfalls sehr groß. Nach einem Bericht von O. Pjatnizki auf dem 11. EKKI-Plenum der Komintern hatte die KPD im Januar 1930 133000 zahlende Mitglieder und Ende Dezember 180700. Im Laufe des Jahres traten jedoch 143000 neue Mitglieder in die KPD ein. Von diesen blieben nur 47200 in der Partei, während 95300 Mitglieder im Laufe des Jahres austraten. Vgl. O. Pjatnizki, Brennende Fragen, Bücherei des Parteiarbeiters, Bd. 2, Hamburg 1931, S. 40. Prozentual war vermutlich die »innere Mitgliederbewegung« bei den extremen Parteien der ›Rechten‹ und ›Linken‹ größer als bei den Parteien der Mitte. Nach meinem Eindruck bei Hausbesuchen in Berliner arbeitslosen Familien im Jahre 1932 wechselten besonders jugendliche Arbeitslose leicht von Rot-Front zur SA über. Oft hatte dies lediglich mit besserer Freibierversorgung und dergleichen zu tun. Die Zunahme der Arbeitslosen und der Rückgang der Betriebsarbeiter in der KPD während der Krise war sehr hoch. Nach den Angaben von Pjatnizki sank der Prozentsatz von Betriebsarbeitern in der KPD 1928 bis 1931 von 62,3 auf 20–22%. Vgl. ebd., S. 25.

32 A. Schopenhauer, Aphorismen zur Lebensweisheit, in: Sämtliche Werke, hg. v. Frischeisen-Köhler, Berlin o. J., Bd. 6, S. 348. – Schopenhauer polemisierte in erster Linie gegen die »deutschen Brüder und Demokraten« seiner Zeit: Die politisch-soziale Funktion des Nationalismus ist geschichtlichen Wandlungen unterworfen, was sich auch in bezug auf die nationalistischen Neigungen einzelner Gesellschaftsschichten feststellen läßt.

33 Freyer, S. 37.

34 Ebd., S. 44.

35 Ebd., S. 52–53.

36 Hans Freyers Schrift erschien zu einer Zeit, in der die Wahlerfolge der

Nationalsozialisten selbst nüchterne Beobachter der politischen Szene in Deutschland ihrer Urteilskraft beraubten. So schrieb z. B. Sigmund Neumann 1932, ein Jahr vor seiner Auswanderung aus Deutschland, in seiner bis heute viel gelesenen Untersuchung über das deutsche Parteiwesen, daß die Nationalsozialisten auch »wenn sie über ihre Negation nicht hinausgelangen, als Kritik des Bestehenden... von ungeheurem Wert« seien. »Sie können zum Gewissen ihrer Zeit werden.« Vgl. S. Neumann, Die deutschen Parteien, Berlin 1932, S. 74; und die Besprechung des Buches vom Verf., in: Zs. f. Sozialforschung, Jg. 1, 1932, S. 452–3.

Kapitel XI

1 Zit. bei W. Stiller, Der Verein für Handlungs-Kommis von 1858, Jena 1910, S. 247.
2 I. Reif, Der VDH zu Leipzig, in: Jb. der Angestelltenbewegung 1914, S. 102.
3 S. Aufhäuser, Eine unromantische Betrachtung zum Geschichtsbild der Angestelltenverbände, Berlin 1960, S. 17.
4 Als Vorläufer sind anzusehen die Freie Organisation junger Kaufleute in Berlin (1884–1887), die 1889 als Freie Vereinigung junger Kaufleute neu begründet wurde.
5 Aufhäuser, Betrachtung, S. 14.
6 Lederer, Die Privatangestellten, S. 173, Anm.
7 Hamel, S. 53.
8 Zit. bei Hamel, S. 55.
9 P. Bröcker in: Deutsche Handelswacht, 1928, S. 42 (in einem Gedenkartikel für A. Stöcker).
10 In der gleichen Industrialisierungsperiode machten ähnliche antisemitische Mittelstandsbewegungen auch in anderen Hauptstädten Europas (Wien, Paris) von sich reden. Vgl. M. Spahn, Die christlich-soziale Bewegung, in: Hochland, Bd. 26, 1929.
11 Bröcker, S. 25.
12 Die Deutschnationale Handlungsgehilfen-Bewegung und die politischen Parteien. Erste DHV-Schriftenreihe, H. 57, 1911, S. 29.
13 Vgl. die Polemik gegen diesen Bund der kaufmännischen Angestellten vom sozialdemokratischen Standpunkt bei R. Woldt, Das großindustrielle Beamtentum, Stuttgart 1911, S. 89ff. und Protokoll des 8. Kongresses der Gewerkschaften Deutschlands, Berlin 1911, S. 359.
14 J. Kocka, Klassengesellschaft im Krieg 1914–1918, Göttingen 1973, S. 76–82; und Kocka, Problematik, S. 793–795.
15 Vgl. die Tabelle bei Kocka, Klassengesellschaft, S. 81. Allerdings zeigen die von Kocka aufgeführten Zahlen, daß der Mitgliederzuwachs im letzten Kriegsjahr bei der mittelständischen Arbeitsgemeinschaft kaufmännischer Verbände relativ größer war als bei den Afa-Verbänden. Den relativ und

absolut größten Zuwachs 1917–1918 hatte danach der DHV. Aber auch der Verein für Handlungskommis von 1858 und der Leipziger Verband deutscher Handlungsgehilfen gewann im letzten Kriegsjahr relativ und absolut mehr Mitglieder als irgendeiner der Afa-Verbände.

16 Lederer, in: ASS, Bd. 44, 1917, S. 320; Hamel, S. 169.

17 Vgl. ebd., S. 170.

18 Erste Reichstagung der kaufmännischen Angestellten Deutschlands, 1918, S. 43, 45.

19 Kocka, Klassengesellschaft, S. 77–78.

20 Zit. bei A. Rosenberg, Die Entstehung der deutschen Republik, Berlin 1918, S. 194 (letzte Aufl. Frankfurt 1971[13]).

Kapitel XII

1 GdA-Jahresbericht 1919–1920, S. 6.

2 Sehr genau hat K. Milde für die technischen Akademiker, soweit sie nicht gewerkschaftlich im Butib organisiert waren, von der ›Vergewerkschaftung‹ gesagt: »Es handelt sich schließlich nicht mehr um die Frage eines Wollens, sondern um die eines Müssens.« (Sozialpolitische Schriften des Bundes angestellter Akademiker technisch-naturwissenschaftlicher Berufe, 1. Folge, 1. Heft, S. 9). – Zu den leitenden Angestellten, die sich damals zu Distanzierungszwecken in der Vela besonders organisierten, vgl. die Ausführungen Dr. Müffelmanns, Die Gewerkschaftsbewegung der leitenden Angestellten, Schriften der Vela, Heft 2, 1921. Der Tarifvertrag, führte er aus, sei der Weg, neues Recht autonom zu schaffen. Aber da »die Schöpfer dieses neuen Rechts nur die Gewerkschaften sind, müßten die leitenden Angestellten, hätten sie heute noch nicht ihre Berufsorganisation, von sich eine solche schaffen, wenn sie nicht auf ihre Rechtsstellung im Produktionsprozeß überhaupt verzichten wollten«. (S. 13).

3 Lederer; in: ASS, Bd. 47, 1920, S. 591.

4 Abg. Koenen (USPD), in: E. Heilfron (Hg.), Die deutsche Nationalversammlung im Jahre 1919, Bd. 6, Berlin o. J., S. 4336.

5 Neue Formulierung von § 2 Abs. 2 der Satzung des DHV aufgrund eines Beschlusses von Verwaltung und Aufsichtsrat am 25. 5. 1919; vgl. Hamel, S. 174–175.

6 Lederer, in: ASS, Bd. 47, 1920, S. 590.

7 Deutsche Handelswacht, 10. 6. 1919, zit. bei Hamel, S. 177.

8 GdA-Archiv, Epochen der Angestelltenbewegung, S. 197.

9 Vgl. ebd., S. 198.

10 Über die Bedeutung des Mitbestimmungsrechts, vgl. ebd., S. 201 ff.

11 Deutsche Handelswacht, 10. 4. 1919.

12 Lederer beurteilte im Oktober 1920 die Haltung des DHV zum Streik noch durchaus skeptisch. Er hielt die Anerkennung des Streiks durch den DHV für »mehr theoretisch« und zitierte Beispiele dafür, daß die Funktionäre des

DHV »in den Argumenten gegen Streiks alle Ausführungen der Unternehmerblätter ohne jede Kritik akzeptieren«; in zweifelhaften Fällen schienen sie de facto »eher zur Ablehnung des Streiks und damit zu einem Konflikt mit den streikenden Organisationen zu neigen...« Vgl. Lederer, in: ASS, Bd. 47, 1920, S. 597.

13 W. Lambach, Sozialisierung und kaufmännische Angestellte, Hamburg 1919, S. 28.

14 H. Bechly, Der nationale Gedanke nach der Revolution, Hamburg 1919, S. 43; zit. bei Hamel, S. 180.

15 F. Mantel, Die Vollsozialisierung der Angestellten, in: Verbandsblätter. Zs. des Verbandes der deutschen Handlungsgehilfen, 1920, Nr. 6.

16 K. Renner, Die Geltung der Ingenieurarbeit in Wirtschaft und Gesellschaft. Schriftenreihe des Bundes der Industrieangestellten Österreichs, 3. H., 1924, S. 15.

17 Deutsche Handelswacht, 10.4.1919.

18 Lambach, Sozialisierung, S. 45.

19 Vgl. Hamel, S. 181.

20 Vgl. Lederer, in: ASS, Bd. 47, 1920, S. 616. Anm. 86-c.

21 Vgl. Steiger G. Werner, Der Weg zur Sozialisierung des Kohlenbergbaus. Schriften des Butab, H. 6, Berlin 1920.

22 Vgl. z. B. Deutsche Werkmeisterzeitung, 12.11.1920, wo auch vor der »Verbürokratisierung« gewarnt wird.

23 Die Sozialisierung der Kohle. Ein Gutachten der kaufmännischen Angestellten im Auftrag des DHV, bearbeitet v. M. Habermann, Hamburg 1920, S. 16.

24 Vgl. z. B. Dr. C. Köhler, Die Sozialisierung und die Angestellten. Schriftenreihe Deutschlands Wiederaufbau, Nr. 7, Berlin-Zehlendorf-West 1919, S. 8; ferner die Ausführung v. F. Mantel in: Verbandsblätter, Jg. 1920, Nr. 6, u. A. Heinrichsbauer, ebd., Jg. 1919, Nr. 8.

25 E. Frommholz, Die Sozialisierung des Kohlenbergbaus, Material-Schrift für die Geschäftsführer des GdA (mit dem Gesetzentwurf von Beckmann), Berlin 1920, S. 31.

26 Vgl. E. Fraenkel, 10 Jahre Betriebsrätegesetz, in: Die Gesellschaft, Bd. 7, Februar 1930, S. 117, wo die Entstehung des Gesetzes und die Entwicklung der Rechtsprechung soziologisch dargestellt ist.

27 W. zur Megede, Volkswirtschaftliche und soziale Auswirkungen des Betriebsrätegesetzes, München 1927, S. 10–11, Anm.

28 Schneider, Die Angestellten, S. 31.

29 Vgl. dazu das Material in: Afa-Bund (Hg.), Die Praxis der Betriebsräte im Aufsichtsrat, Berlin 1930.

30 Verbandsblätter, Jg. 1919, Nr. 8, S. 115.

31 Schneider, Die Angestellten, S. 27; Die deutsche Nationalversammlung, Bd. 6, S. 4379.

32 Ebd., S. 4370.

33 Epochen der Angestelltenbewegung, S. 209 ff.

34 Vgl. die Artikel v. Brost in: Der Deutsche, 10.9.1921 u. 14.3.1922.

35 Die Arbeitgeber, 1.8.1922, S. 253.

36 Vgl. hierzu die folgenden Aufsätze in: Soziale Praxis, Jg. 1927: O. Thiel (DHV), Für oder gegen Ersatzkassen in der Arbeitslosenversicherung, S. 493 ff.; F. R. Spliedt (ADGB), Ersatzkassen in der AV, S. 545 ff.; W. Bösche (GdA), Für oder gegen Ersatzkassen in der AV, S. 603 ff.

37 Vgl. z. B. Protokoll des 4. Verhandlungstags des ZdA, Berlin 1930, S. 96 f.

38 Vgl. Hamel, S. 190-191.

39 Wie bereits erwähnt (vgl. S. 145), enthielt die Autorenliste der Hanseatischen Verlagsanstalt die Namen sehr vieler Schriftsteller, die zur ›Entbürgerlichung‹ und damit zur Wegbereitung des Nationalsozialismus beitrugen.

40 Nach dem Bruch mit Hugenberg wurde in einer deutschnationalen Polemik aus dem Jahre 1933 gesagt, daß der DHV einen so weitreichenden politischen Einfluß ausübt und ausüben kann »wie kein anderer Wirtschaftskonzern, selbst nicht die allmächtige I.G.-Farben«. Vgl. An., Der DHV als national-politischer Störenfried. Sonderheft der Zs. Soziale Erneuerung, hg. v. P. Bang u. a., 1933.

41 Vgl. Jahn, Das Sozialbewußtsein; ferner aus der reichen Fülle der Belege die besonders scharfen Formulierungen in: Der GdA-Führer, Jg. 1931, S. 126.

42 Zit. von Hamel, S. 177.

Kapitel XIII

1 StJbDtR 1932, S. 555.

2 Besonders im Bergbau war die Zahl der selbständigen Verbänden angehörenden Angestellten ziemlich groß, was auf die eigentümlichen Betriebsverhältnisse in diesem Wirtschaftszweig zurückzuführen ist. – Die Zahl der Vertreter, der Kapitäne und der Schiffsoffiziere, der akademischen Angestellten und der Angestellten in der Landwirtschaft, die nicht freigewerkschaftlichen Verbänden angehörten, war besonders groß. Dies hat verschiedene Gründe, die aber so klar ersichtlich sind, daß sie einer Darlegung nicht bedürfen.

3 StJbDtR 1932, S. 558.

4 Der Werkmeister im Tarifvertrag, Bd. 1, S. 555.

5 Afa-Bund (Hg.), Die Angestelltenbewegung, Berlin 1931, S. 410 ff.

6 StJbDtR 1932, S. 559.

7 Vgl. ebd.

8 Vgl. S. 31.

9 Vgl. Tabelle 1, S. 41.

10 Die Zahlen für DHV und ZdA nach Hamm, S. 440. Die Zahlen für den GdA sind ungenau; ich habe sie folgendermaßen errechnet. In der Erhebung des GdA aus dem Jahre 1929 waren von 122974 Erfaßten: 111180

kaufmännische Angestellte, 5796 technische Angestellte, 4736 Meister, 1262 Apotheker. In Prozenten sind dies 91,3 kaufmännische Angestellte (einschl. der Apotheker), rund 4,8 Techniker und 3,9 Meister. Sind diese Sätze repräsentativ für die Zusammensetzung der Gesamtmitgliedschaft, so waren von den 327742 Angestellten, die der GdA Ende 1931 umfaßte, 15722 Techniker und 12782 Meister. Der Rest – 296238 Mitglieder – sind demnach kaufmännische oder Büroangestellte gewesen. Von diesen rund 296000 Personen waren laut Mitteilung des Verbandes rund 35000 Angestellte bei Behörden und Sozialversicherungen, 16–17000 Reisende und Vertreter, d. h. 11,8% bzw. 5,6% der nicht-technischen Mitglieder. Die übrigen Fachgruppen sind bis auf die Apotheker nicht auszusondern; diese machen 1,1% der nicht-technischen Angestellten aus. Da der Gewerkschaftsring, dem der GdA angehörte, einen besonderen Verband für Angestellte in der Privatversicherung und den DBV als Vertretung der Bankangestellten umfaßte, dürfte der GdA bei Banken und Privatversicherungen nur verhältnismäßig schwach vertreten gewesen sein. Ich habe daher in Tabelle 20 in die Spalte ›Privatversicherung‹ den Satz des DHV von 1,7% eingesetzt; ebenso 1,1% in die Spalte ›Genossenschaften‹, wo für den GdA ein höherer Satz kaum zu vermuten ist, da der ZdA hier dominiert. Die Sätze für Industrie und Handel ergaben sich auf folgende Weise: Ein Vergleich der Enquêten des DHV und des GdA zeigte, daß von den erfaßten Mitgliedern des DHV 51% in Industrie und Bergbau, 29% im Großhandel und 14% im Kleinhandel tätig waren (errechnet nach Tab. 14 der DHV-Erhebung). Die entsprechenden Sätze für die erfaßten GdA-Mitglieder lauten: 45%, 22%, 12% (nach S. 84ff. der GdA-Erhebung). D. h. *nach den Erhebungen* hatte der GdA relativ weniger Mitglieder in den erwähnten Wirtschaftsabteilungen als der DHV, und zwar rund 1/10 weniger in Industrie und Bergbau, rund 3/10 weniger im Großhandel und rund 1/10 weniger im Kleinhandel. Diese Zehntelsätze habe ich von den Quoten der DHV-Mitglieder in Tabelle 20 *abgezogen* und die sich ergebenden Reste für den GdA eingesetzt. – Unter der Spalte ›Sonstige‹ verbleiben dann für den GdA 20%, worin 5,6% Vertreter enthalten sind.

11 A. Erkelenz, Um die Einheit der Gewerkschaftsbewegung, in: Kölner Vjh. f. Sozialpolitik, 1932, Heft 2.

12 Vgl. Entwertung des Menschen in: Das neue Ufer. Beilage zur Germania v. 30. 7. 1932; ferner P. G. Gundlach, Staat, Gesellschaft und Wirtschaft in der individualistischen Ära unter katholischer Sicht, in: J. van den Velden (Hg.), Die berufsständische Ordnung, Köln 1932, S. 43.

Kapitel XIV

1 Über die Einwände gegen das Konkordat vgl. Brüning, S. 670–672.

2 Diese Zustimmung war z. T. durch die Verhaftung und Folterung von Parteigenossen beeinflußt.

3 Zum folgenden vgl. H.-G. Schumann, Nationalsozialismus und Gewerkschaftsbewegung, Hannover 1956, S. 53–60.
4 Ebd., S. 57.
5 A. Erkelenz, Um die Einheit der Gewerkschaftsbewegung, in: Kölner Vjh. f. Sozialpolitik, 1932, Heft 2.
6 Am 6. 6. 1933 hieß es in der Bankbeamten-Zeitung: »Nähere Einzelheiten stehen noch nicht fest, aber soviel kann schon gesagt werden, daß für die Beitragsleistung als auch die Stellenlosen-Unterstützung, Hinterbliebenen- und Aussteuergeld die bisherige Satzung des DBV maßgebend bleibt.« (S. 66).
7 Zur Organisation der DAF vgl. W. Müller, Das soziale Leben in Deutschland, Berlin 1938, Abb. 6.
8 Zs. Arbeitertum, 15. 5. 1933.

Anhang A

1 Afa-Bund (Hg.), Die Angestellten in der Wirtschaft, S. 31, 37, 38, 40, 41.
2 Ebd., S. 26.
3 Es ist schwer zu verstehen, warum der Afa-Bund die Hausgewerbetreibenden (afr-Personen) und die Direktoren, Geschäftsführer und leitenden Beamten (a 3 Personen) nicht aus der Kategorie der Selbständigen ausgesondert hat. Nach der amtlichen Berufszählung waren dies 0,9% bzw. 0,8% der Erwerbstätigen, d. h. 298000 bzw. 266000 Personen. (Statistik des Deutschen Reichs, Bd. 402, II, Berlin 1927, S. 218.) Die Gesamtzahl der Selbständigen in Tabelle 23 reduziert sich nach Abzug dieser beiden Gruppen um 565000 auf 4,448 Millionen.
4 StJbDtR 1934, S. 18–19.
5 Zur Ergänzung des Bildes vgl. jedoch S. 41.

Quellen- und Literaturverzeichnis

1. Publikationen der Angestelltenorganisationen

Afa-Bund (Hg.), Der Haushalt der Kaufmannsgehilfen, Berlin 1927.
Afa-Bund (Hg.), Die Angestellten in der Wirtschaft. Eine Auswertung der amtlichen Berufszählung von 1925, Berlin 1928.
Afa-Bund (Hg.), Die Angestelltenbewegung 1921–1925, Berlin 1925.
Afa-Bund (Hg.), Die Angestelltenbewegung 1925–1928, Berlin 1928.
Afa-Bund (Hg.), Die Angestelltenbewegung 1928–1931, Berlin 1931.
Afa-Bund (Hg.), Die Praxis der Betriebsräte im Aufsichtsrat, Berlin 1930.
Afa-Bund (Hg.), Protokoll des 4. Afa-Gewerkschaftskongresses, Berlin 1931.
Afa-Bund (Hg.), Tarifverträge der Freien Angestelltenverbände, Berlin 1933.
Afa-Bund (Hg.), Was verbrauchen die Angestellten?, Berlin 1931.
Berufszählung 1925. Statistik des Deutschen Reichs, Bd. 402, Berlin 1927.
Butab (Hg.), 25 Jahre Technikergewerkschaft – 10 Jahre Butab, Jubiläumsschrift 1929.
Butab (Hg.), Der Techniker im Tarifvertrag, Berlin 1924.
DHV (Hg.), Die Gehaltslage der Kaufmannsgehilfen, Hamburg 1931.
DHV (Hg.), Der Tarifvertrag der Kaufmannsgehilfen, Hamburg 1921.
DHV (Hg.), Die wirtschaftliche Lage der deutschen Handlungsgehilfen, Hamburg 1910.
DHV (Hg.), Rechenschaftsbericht 1926, 1928, Hamburg 1927, 1929.
DWB (Hg.), 10 Jahre Deutscher Werkmeister-Bund, 1919–1929, Essen o. J.
DWV (Hg.), Festschrift zum 25jährigen Bestehen des DWV, Düsseldorf 1919.
DWV (Hg.), Geschäftsbericht 1928–29, Düsseldorf 1929.
GdA (Hg.), Die kommende Angestelltengeneration, Berlin 1933.
GdA (Hg.), Die wirtschaftliche und soziale Lage der Angestellten. Ergebnisse und Erkenntnisse aus der großen Erhebung des GdA, Berlin 1931.
GdA (Hg.), Jahresberichte 1919–20, 1922–23, Berlin 1921, 1924.
GdA-Archiv (Hg.), Epochen der Angestelltenbewegung 1774–1930, Berlin 1930.
Internationales Arbeitsamt (Hg.), Die sozialen Auswirkungen der Rationalisierung (= Studien und Berichte, Reihe B, Nr. 19) Genf 1932.
Mitteilungen des internationalen Bundes christlicher Angestellten-Verbände. Kongreßbericht des IV. Internationalen Kongresses, 1929, Nr. 4.

Vela (Hg.), Rechenschaftsbericht der Vela 1929, Berlin 1929.
VwA (Hg.), 40 Jahre VwA, 1889–1929, Jubiläumsschrift, Berlin 1929.
ZdA (Hg.), Protokoll des 4. Verhandlungstags des ZdA, Berlin 1930.

2. Allgemeine Literatur zur Geschichte und Soziologie der Angestellten in der Weimarer Republik

Allen, W. S., The Nazi Seizure of Power, Chicago 1965.
Aman, J., u. Lange, P., Angestelltengewerkschaften und Presse, Berlin 1928.
An., Das Problem der Personalauslese, in: Spannung. Die AEG-Umschau, Januar 1930.
An., Der DHV als national-politischer Störenfried. (Sonderheft der Zs. Soziale Erneuerung), hg. v. P. Bang u. a., 1933.
An., Entwertung des Menschen, in: Das neue Ufer, Beilage der Germania, 30. 7. 1932.
An., Forderungen zur Wirtschafts- und Sozialpolitik (= GdA-Schriften Nr. 45) Berlin 1928.
Aufhäuser, S., Weltkrieg und Angestelltenbewegung, Berlin 1918.
–, Ideologie und Taktik der Angestelltenbewegung, Berlin 1931.
–, Eine unromantische Betrachtung zum Geschichtsbild der Angestelltenverbände, Berlin 1960.
Aust, O., Die Reform der öffentlichen Verwaltung in Deutschland. Gekrönte Preisschrift, Berlin 1928.
Bader, K. S., Der Kampf gegen Großbetriebe im Einzelhandel, Jena 1932.
Baum, G., Werkmeisterrecht, Düsseldorf 1928.
Baum, M., Drei Klassen von Lohnarbeiterinnen in Industrie und Handel der Stadt Karlsruhe, Karlsruhe 1906.
Bechly, H., Die deutschnationale Handlungsgehilfenbewegung und die politischen Parteien, Hamburg 1911.
–, Der nationale Gedanke nach der Revolution, Hamburg 1919.
–, Volk, Staat und Wirtschaft, Hamburg 1924.
–, Die Führerfrage im neuen Deutschland, Hamburg 1932.
Beckert, F., Das Berufsbildungswesen der Angestelltenverbände, Hamburg 1931.
Behringer, F., Herkunft, Vorbildung und Berufsausbildung der Kaufmannsgehilfen, Berlin 1928.
Bendix, R., Herrschaft und Industriearbeit, Frankfurt/M. 1960.
– u. Lipset, S. M. (Hg.), Class, Status and Power. Social Stratification in Comparative Perspective, New York 1953.
Bennecke, H., Wirtschaftliche Depression und politischer Radikalismus, München 1968.
Bente, H., Organisierte Unwirtschaftlichkeit, Jena 1929.
Berger, A. v., Der leitende Wirtschaftsbeamte, Wien 1926.
Bergsträsser, L., Die preußische Wahlrechtsfrage im Kriege und die Entstehung der Osterbotschaft 1917, Tübingen 1929.

Bode, Der Beruf der Stenotypistin, in: Jb. der Frauenarbeit, Bd. 6, 1930.
Bohnstedt, W., Zur Lage der deutschen Angestellten, in: Sozialrechtliches Jb., Bd. 3, 1932, S. 87–98.
Bohnstengel, P., Die revolutionäre Angestelltenbewegung, in: Der Rote Aufbau, 1932.
Bolte, K. M., (Hg.), Beruf und Gesellschaft in Deutschland, Opladen 1969.
Borchardt, R., Deutsche Literatur im Kampfe um ihr Recht, München 1931.
Bracher, K.-D., Die Auflösung der Weimarer Republik, Villingen 1964^{4}.
–, Die deutsche Diktatur, Köln 1969 u. ö.
–, W. Sauer, G. Schulz, Die nationalsozialistische Machtergreifung, Köln/Opladen 1962.
Brauer, Th., Der Gewerkschaftssekretär, in: Sozialrechtliches Jb., Bd. 2, 1931.
Brell, B., Das psychologische Berufsbild der Handlungsgehilfen, Berlin 1933.
Brendgen, M., Die Adremaprägerin, in: Jugend und Beruf, Jg. 1930, H. 4.
Briefs, G., Betriebssoziologie, in: Vierkandt, A. (Hg.) Hwb. der Soziologie, Stuttgart 1931, S. 441–458.
Bröcker, P., Die Arbeitnehmerbewegung, Hamburg 1919.
Brost, G., Die Einflüsse der Sozialpolitik auf den Berufsweg des Kaufmannsgehilfen, Hamburg 1928.
Broszat, M., Die völkische Ideologie und der Nationalsozialismus, in: Deutsche Rundschau, 84. Jg., 1958, S. 53–68.
Brüning, H., Memoiren 1918–1934, Stuttgart 1970.
Bry, G., Wages in Germany 1871–1945, Princeton 1960.
Buschmann, H., Neue soziale und wirtschaftliche Probleme der Werkmeister (= Schriften der DWV, H. 45), Düsseldorf 1928.
Butab (Hg.), Der Diplomingenieur als Arbeitnehmer (= Schriften des Butab, Nr. 23), Berlin 1912.
Clemenz, M., Gesellschaftliche Ursprünge des Faschismus, Frankfurt 1972.
Conze, W. u. Raupach, H. (Hg.), Die Staats- und Wirtschaftskrise des deutschen Reiches 1929/1933, Stuttgart 1967.
Coyner, S. J., Class Patterns of Family Income and Expenditure During the Weimar Republic: German White Collar Employees as Harbingers of Modern Society, Diss. Rutgers University, New Brunswick, N. J. 1975.
Croner, F., Die Angestelltenbewegung seit der Währungsstabilisierung, in: ASS, Bd. 60, 1928, S. 103ff.
–, Der Begriff des Angestellten in der neueren Rechtssprechung, in: Afa-Bundeszeitung, Jg. 1931, S. 188.
–, Grundzüge freigewerkschaftlicher Sozialpolitik, Berlin 1930.
Croner, F., Die Angestellten in der modernen Gesellschaft, Frankfurt/M. 1954.
Crozier, M., The World of the Office Worker, New York 1973 (franz. 1965).
Dahrendorf, R., Class and Class Conflict in Industrial Society, Stanford 1959.
–, Demokratie und Sozialstruktur in Deutschland, in: Gesellschaft und Freiheit, München 1963, S. 260–299.

–, Gesellschaft und Demokratie in Deutschland, München 1965.
Dederke, K.H., Reich und Republik. Deutschland 1917–1933. München/ Stuttgart 1969.
Dehn, G., Proletarische Jugend, Berlin 1929.
Deiters, W., Die Buchungsmaschine als soziales Problem, in: Der Kaufmann in Wirtschaft und Recht, April 1927, S. 159–166.
–, Die Berufsgliederung der Kaufmannsgehilfen, in: Der Kaufmann in Wirtschaft und Recht, Juni 1930, S. 249–258.
Dinse, R., Das Freizeitleben der Großstadtjugend, Eberswalde 1932.
Dix, A., Die deutschen Reichstagswahlen 1871–1930 und die Wandlungen der Volksgliederungen, Tübingen 1930.
Doblin, E. u. Pohly, C., The Social Composition of the Nazi Leadership, in: AJS, Bd. 51, 1945–1946, S. 42–49.
Döhn, L., Politik und Interesse, Meisenheim 1970.
Dominik, H., Das Schaltwerk – Fabrikhochbau und Hallenbau der Siemens-Schuckert Werke A. G., Berlin 1929.
Dreyfuß, C., Beruf und Ideologie der Angestellten, München 1933.
Eliasberg, W., Wirtschaft und Vertrauen. Beiträge zur Psychologie der älteren Angestellten, in: Schm. Jb., Jg. 52, 1928, S. 61–70.
Engelhard, K., Die Angestellten, in: Kölner Vjh. f. Soziologie, Jg. 10, 1931, S. 479–520.
Engelhardt, V., Die Bildungsinteressen in den einzelnen Berufen, in: Freie Volksbildung, Jg. 1926.
Erdmann, G., Die deutschen Arbeitgeberverbände im sozialgeschichtlichen Wandel der Zeit, Neuwied 1966.
Erdmann, L., Gewerkschaften und Sozialismus, in: Die Arbeit, Bd. 10, 1933, S. 129–161.
Erkelenz, A., Um die Einheit der deutschen Gewerkschaftsbewegung, in: Kölner Vjh. f. Sozialpolitik, 1932, Heft 2.
Eschenburg, Th., Die improvisierte Demokratie. Gesammelte Aufsätze zur Weimarer Republik, München 1963.
Eschmann, W., Die Angestellten, in: Die Tat, Jg. 1930.
Eulenburg, F., Die sozialen Wirkungen der Währungsverhältnisse, in: Jb. f. Nationalökonomie und Statistik, 122, 1924, S. 748–794.
Eyck, E., Geschichte der Weimarer Republik, 2 Bde., Erlenbach/Zürich 1954/6.
Fallada, H., Kleiner Mann, Was nun?, Berlin 1932.
Fedisch, R., Berufsständische Gehaltspolitik, Hamburg 1930.
Feldman, G. D. u. a., Die Massenbewegung der Arbeiterschaft in Deutschland am Ende des Ersten Weltkrieges (1917–1920), in: PVS, 13. Jg., 1972, S. 84 bis 105.
Fick, H., Der deutsche Militarismus der Vorkriegszeit, Potsdam 1932.
Fischer, F. W., Die Angestellten, ihre Bewegung und ihre Ideologien, Diss. Heidelberg 1932.
Fischer, W., Deutsche Wirtschaftspolitik 1918–1945, Opladen 1968[3].

Flick, P., Zur Analyse des Bankberufs, in: Zs. f. angew. Psychologie, Bd. 35, 1930.
Fontane, Th., Briefe an seine Familie, 2 Bde., Berlin 1924.
–, Frau Jenny Treibel, (Vorabdruck 1892).
Fraenkel, A., Die zwei wirtschaftlichen Weltprobleme, in: Schm. Jb. Jg. 49, 1925, S. 355–380 u. S. 653–706.
Fraenkel, E., 10 Jahre Betriebsrätegesetz, in: Die Gesellschaft, Bd. 7, Februar 1930, S. 117–129.
Franz, W., Das Technikerproblem, Grundsätzliches zur Frage künftiger Auslese für den höheren Verwaltungsdienst, Berlin 1929.
Freyer, H., Revolution von rechts, Jena 1931.
Fritsch, Th., Handbuch der Judenfrage, Hamburg 1932[31].
Froehlich, A., Die mittleren technischen Berufe, Berlin 1929[2].
Frommholz, E., Die Sozialisierung des Kohlenbergbaus. Materialschrift für die Geschäftsführer des GdA, Berlin 1920.
Funk, W., Die Lage der kaufmännischen Angestellten im deutschen Bankbetriebe, Diss. Gießen 1927.
Fürst, G., Die Altersgliederung der Angestellten, in: Afa-Bundeszeitung, 1929, S. 64–65.
–, Die Angestelltenfamilien und ihre Zusammensetzung, in: Afa-Bundeszeitung, 1930, S. 152–154.
–, Die Angestellten in Klein-, Mittel- und Großbetrieben, in: Afa-Bundeszeitung, 1929, S. 48–51.
–, Die Angestellten nach dem Familienstand, in: Afa-Bundeszeitung, 1929, S. 106–108.
Fuykschot, H., Die Rückwirkungen der Verwendung von Büromaschinen, in: Mitteilungen des internationalen Bundes christlicher Angestelltengewerkschaften, München 1929.
Gablentz, O. v. d. u. Mennicke, G. (Hg.), Deutsche Berufskunde, Leipzig 1930.
–, Industrie-Bürokratie, in: Schm. Jb., 50. Jg., 1926, S. 539–572.
Gay, P., Die Republik der Außenseiter. Geist und Kultur in der Weimarer Zeit 1918–1933, Frankfurt 1970 (Fischer Taschenbuch; Bd. 4378).
Geck, C. H. A., Die sozialen Arbeitsverhältnisse im Wandel der Zeit, Berlin 1931.
Geiger, H., Die Stoßkraft der Angestellten, in: Die Tat, 1930.
Geiger, Th., Die gesellschaftliche Bildungsaufgabe der kaufmännischen Schule, in: Erster deutscher Handelsschultag, Hannover 1930.
–, Die Mittelschichten und die Sozialdemokratie, in: Die Arbeit, 8. Jg., 1931, S. 619–635.
–, Die soziale Schichtung des deutschen Volkes, Stuttgart 1932 (Nachdruck 1967).
–, Panik im Mittelstand, in: Die Arbeit, Bd. 7, 1930, S. 637–653.
–, Soziale Gliederung der deutschen Arbeitnehmer, in: ASS, Jg. 69, 1933, S. 151–188.

–, Zur Kritik der Verbürgerlichung, in: Die Arbeit, 8. Jg., 1931, S. 534–553.
Gerth, H., The Nazi Party: Its Leadership and Compension, in: AJS, Bd. 54, 1940, S. 517–541.
Giese, F., Methoden der Wirtschaftspsychologie, Berlin 1927.
Glass, F. u. Kische, D., Die wirtschaftlichen und sozialen Verhältnisse der berufstätigen Frauen, Berlin 1930.
Gloy u. Schneider-Landmann, Der DHV und die Presse, 1928.
Goldschmidt, F., Die soziale Lage und die Bildung des Kaufmannsgehilfen, Berlin 1894.
Grebing, H., Aktuelle Theorien über Faschismus und Konservativismus, Stuttgart 1974.
–, Der Nationalsozialismus. Ursprung und Wesen, München 1959.
Grosse, F., Bildungsinteressen des großstädtischen Proletariats, Breslau 1932.
Grotkopp, W., Die große Krise. Lehren aus der Überwindung der Weltwirtschaftskrise 1929/32, Düsseldorf 1954.
Grünberg, E., Der Mittelstand in der kapitalistischen Gesellschaft, Leipzig 1932.
Grünfeld, J., Angestellte und Arbeiter unter dem Druck der Mechanisierung, in: Die Gesellschaft, Bd. 5, 1928, S. 552–568.
Gundlach, P. G., Staat, Gesellschaft und Wirtschaft in der individualistischen Ära unter katholischer Sicht, in: van der Velden (Hg.), Die berufsständische Ordnung, Köln 1932.
Günther, A., Die deutschen Techniker, aufgrund einer Erhebung unter den Mitgliedern des DTV, Leipzig 1912.
Günther, A. E., Die Angestellten, in: Deutsches Volkstum, Jg. 1930, H. 1.
Günther, H. F. K., Rassenkunde des deutschen Volkes, München 1926[9].
Habermann, M., Die Sozialisierung der Kohle. Ein Gutachten der kaufmännischen Angestellten im Auftrag des DHV, Hamburg 1920.
–, Stand und Staat. Eine Rede an die junge Mannschaft des DHV, Hamburg 1931.
Hamel, I., Völkischer Verband und nationale Gewerkschaft. Der Deutschnationale Handlungsgehilfenverband 1893–1933, Frankfurt 1966.
Hamm, H., Die wirtschaftlichen und sozialen Berufsmerkmale der kaufmännischen Angestellten, Diss. Borna/Leipzig 1931.
Hartfiel, G., Angestellte und Angestelltengewerkschaften in Deutschland, Berlin 1961.
Hartwich, H.-H., Arbeitsmarkt, Verbände und Staat. Die öffentliche Bindung unternehmerischer Funktionen in der Weimarer Republik, Berlin 1967.
Heberle, R., From Democracy to Nazism, Baton Rouge 1945.
Heilfron, E. (Hg.), Die deutsche Nationalversammlung im Jahre 1919, Bd. 6, Berlin o. J.
Heller, J., Something Happened, New York 1974.
Hennig, E., Thesen zur deutschen Sozial- und Wirtschaftsgeschichte 1933–1938, Frankfurt 1973.

Hennig, G., Arbeitgeber, Gewerkschaften, öffentliche Meinung und Presse, Berlin 1930.
Henning, F.-W., Das industrialisierte Deutschland 1914 bis 1972, Paderborn 1974.
Hoffmann, P., Widerstand. Staatsstreich. Attentat. Der Kampf der Opposition gegen Hitler, München 1969.
Höfchen, C., Der Stand angestellter Akademiker in Volk und Wirtschaft. Eine soziologische Denkschrift (= Sozialpolitische Schriften des Bundes angestellter Akademiker technisch-naturwissenschaftlicher Berufe e. V., 1. Folge, Heft 8), Berlin 1925.
Hoske, H., Der Gesundheitszustand der berufstätigen Jugend, in: Der Deutsche, 31. 1. 1932.
Hüllbüsch, U., Gewerkschaften und Staat. Ein Beitrag zur Geschichte der Gewerkschaften zu Anfang und zu Ende der Weimarer Republik. Teil 1.2, Heidelberg, Diss. 1961.
Jaeckel, R., Statistik über die Lage der technischen Privatbeamten in Großberlin, Jena 1908.
Jahn, J., Das große Schlagwort, Hamburg 1932.
–, Das Sozialbewußtsein der Angestellten, in: Der Kaufmann in Wirtschaft und Recht, 1930, S. 241–249.
–, Der soziologische Sinn der Gehaltspolitik, in: Der Kaufmann in Wirtschaft und Recht, 1928, S. 97–104.
Jasper, G., Von Weimar zu Hitler 1930–1933, Köln/Berlin 1968.
Jones, L. E., The Dying Middle: Weimar Germany and the Fragmentation of Bourgeois Politics, in: Central European History, Bd. 5, 1972, S. 32–54.
Jost, W., Das Sozialleben des industriellen Betriebs, Berlin 1932.
Jung, E., Die unsterbliche Ingenieurfrage, Aussig 1931.
Jünger, E., Der Arbeiter, Hamburg 1932.
–, In Stahlgewittern, Berlin 1920.
–, (Hg.), Krieg und Krieger, Hamburg 1930.
Kadritzke, U., Angestellte – Die geduldigen Arbeiter, Frankfurt 1975.
Kaelble, H., Industrielle Interessenpolitik in der Wilhelminischen Gesellschaft, Berlin 1967.
Kahn-Freund, O., Der Funktionswandel des Arbeitsrechts, in: ASS, Bd. 67, 1932, S. 146–174.
Kalveram, W., Rationalisierung und kaufmännische Betriebsorganisation, in: B. Harms (Hg.), Strukturwandlung der deutschen Volkswirtschaft, Berlin 1928.
Kampffmeyer, P., Unter dem Sozialistengesetz, Berlin 1928.
Kannwitz, E., Aus dem Berufsleben eines technischen Vorkalkulators, in: Jugend und Beruf, März 1931.
Kater, M. H., Zur Soziographie der frühen NSDAP, in: VfZg, Bd. 19, 1971, S. 124–159.
Kehr, E., Zur Genesis des kgl. preußischen Reserveoffiziers, in: Die Gesellschaft, 1928, II, S. 492–502.

Kele, M. H., Nazi and Workers. National Socialists Appeals to German Labor 1919 to 1933, Chapel Hill 1972.
Kisker, I., Die Frauenarbeit in den Kontoren einer Großstadt, Tübingen 1911.
Klemperer, K. von, Konservative Bewegungen, München 1962.
Kocka, J., Klassengesellschaft im Krieg 1914–1918, Göttingen 1975.
–, The First World War and the »Mittelstand«: German Artisans and White Collar Workers, in: Journal of Contemporary History, Bd. 8, 1973, S. 101–124.
–, Unternehmensverwaltung und Angestelltenschaft am Beispiel Siemens 1847–1914, Stuttgart 1969.
–, Zur Problematik der deutschen Angestellten, in: Mommsen, H. u. a. (Hg.), Industrielles System und politische Entwicklung in der Weimarer Republik, Düsseldorf 1974, S. 792–811.
Köhler, M., Die Privatbeamtenpolitik nach dem Kriege, Bonn 1918.
Köhler, Dr. C., Die Sozialisierung und die Angestellten (= Schriftenreihe Deutschlands Wiederaufbau, Nr. 7), Berlin 1919.
Kolb, E., Vom Kaiserreich zur Weimarer Republik, Köln 1972.
Kracauer, S., Die Angestellten, Frankfurt 1930 (Neuaufl. 1971).
Krebs, A., Tendenzen und Gestalten der NSDAP. Erinnerungen an die Frühzeit der Partei, Stuttgart 1959.
Kretzschmar, H., Die technischen Akademiker und die Führerauslese (= Schriften des Bundes angestellter Akademiker technisch-naturwissenschaftlicher Berufe), Berlin 1930.
Kroll, G., Von der Weltwirtschaftskrise zur Staatskonjunktur, Berlin 1958.
Kühnl, R., Deutschland zwischen Demokratie und Faschismus, München 1969.
–, Formen bürgerlicher Herrschaft, Hamburg 1971.
Küstermeyer, R., Die Mittelschichten und ihr politischer Weg, Potsdam 1933.
Kunze, O., Schutz der älteren Angestellten, Berlin 1929.
Lakenbacher, E., Die Erschütterung des Angestelltentums, in: Der Kampf, 1930, S. 470–475.
–, Wende in der Angestelltenpolitik, in: Der Kampf, 1931, S. 394–403.
Lambach, W., Sozialisierung und kaufmännische Angestellte, Hamburg 1919.
–, Ursachen des Zusammenbruchs, Hamburg 1921.
Landes, D. S., The Unbound Prometheus, Cambridge 1969 (dt.: Köln 1973).
Lange, P., Die soziale Bewegung der kaufmännischen Angestellten, Berlin 1920.
Laqueur, W., Weimar. Cultural History, New York 1974.
–, Young Germany. A History of the German Youth Movement, New York 1962.
Lasswell, H. D., The Psychology of Hitlerism as a Response of the Lower Middle Classes to Continuing Insecurity (1933), in: ders., The Analysis of Political Behavior, New York 1947.
Leber, A. (Hg.), Das Gewissen steht auf. 64 Lebensbilder aus dem deutschen Widerstand 1933–1945, Berlin 1954.

Lebovics, H., Social Conservatism and the Middle Classes in Germany, Princeton 1969.
Lederer, E., Die Privatangestellten in der modernen Wirtschaftsentwicklung, Tübingen 1911.
–, Sozialpolitische Chronik, in: ASS, Bd. 38, 1914, S. 598–645; Bd. 39, 1914, S. 297–345; Bd. 41, 1915, S. 277–297; Bd. 41, 1915, S. 569–612; Bd. 42, 1917, S. 1013–1046; Bd. 44, 1917, S. 309–347; Bd. 47, 1920, S. 218–269; Bd. 47, 1920, S. 585–619.
–, Die Umschichtung des Proletariats, Vortrag auf dem 3. Afa-Gewerkschaftskongreß vom 1.–4. 10. 1928 in Hamburg, Protokoll des Kongresses, S. 129 ff.
–, Zum sozialpsychischen Habitus der Gegenwart, in: ASS, Bd. 39, 1918/19, S. 11 ff.
– u. Marschak, J., Der neue Mittelstand, in: Grundriß der Sozialökonomik, Abt. IX, Teil 1, Tübingen 1926, S. 120–141.
Leichter, K., So leben wir ... 1320 Industriearbeiterinnen berichten über ihr Leben. Eine Erhebung, Wien 1932.
Leopold, Das Kündigungsschutzgesetz im Reichswirtschaftsrat, in: Deutsche Wirtschaftszeitung, Jg. 1933.
Lepsius, M. R., Extremer Nationalismus, Stuttgart 1966.
–, Parteiensystem und Sozialstruktur, in: Deutsche Parteien vor 1918, hg. v. G. A. Ritter, Köln 1973, S. 57–80.
Lerner, D. u. a., The Nazi Elite, Stanford 1951.
Levenstein, A., Die Arbeiterfrage, München 1912.
Liederbuch für deutschnationale Handlungsgehilfen, Hamburg 1927[21].
Lipset, S. M., Political Man, New York 1959.
Ludwig, K.-H., Technik und Ingenieure im Dritten Reich, Düsseldorf 1974.
Lufft, H., Kulturvitalität im Angestelltenproblem, in: Deutsche Arbeit, Februar 1931, S. 66–82.
Mantel, F., Die Vollsozialisierung der Angestellten, in: Verbandsblätter, Zs. des Verbandes der deutschen Handlungsgehilfen, 1920, Nr. 6.
–, Die Angestelltenbewegung in Deutschland, Leipzig 1921.
Massing, P., Rehearsal for Destruction. A Study of Political Antisemitism in Imperial Germany, New York 1949.
McKibbin, R. J., The Myth of the Unemployed; Who Did Vote for the Nazis?, in: Australian Journal for Politics and History, 1969, S. 25–40.
Megede, W. zur, Volkswirtschaftliche und soziale Auswirkungen des Betriebsrätegesetzes, München 1927.
Mende, K., Münchener jugendliche Ladnerinnen zu Hause und im Beruf, Diss. München 1912.
Merkl, P. H., Die alten Kämpfer der NSDAP, in: Sozialwissenschaftliches Jb. der Politik, Bd. 2, 1971, S. 495–517.
Mertens, W., Zur Bewegung der technischen Privatbeamten, in: ASS, Bd. 25, 1907, S. 649–713.
Messarius, G., Der Mittelbetrieb in der nationalen Wirtschaft, in: Die Welt des Kaufmanns, Oktober 1932.

Mewes, B., Die erwerbstätige Jugend, Berlin 1929.
Michels, R., Umschichtungen in den herrschenden Klassen nach dem Kriege, Stuttgart 1934.
Mierendorff, C., Gesicht und Charakter der nationalsozialistischen Bewegung, in: Die Gesellschaft, Bd. 7, 1930, S. 489–504.
Milatz, A., Wähler und Wahlen in der Weimarer Republik, Bonn 1965.
Moeller von den Bruck, A., Das dritte Reich, Hamburg 1931[3].
Mohler, A., Die konservative Revolution in Deutschland, Stuttgart 1950.
Mohr, Die Angestellten in der deutschen Landwirtschaft, in: Kölner Vjh. f. Sozialpolitik, 1932.
Mommsen, H. u. a. (Hg.), Industrielles System und politische Entwicklung in der Weimarer Republik, Düsseldorf 1974.
Mosse, G. L., Nazi Culture, New York 1966.
–, The Crisis of German Ideology. Intellectual Origins of the Third Reich, New York 1964.
Müffelmann, Dr., Die Gewerkschaftsbewegung der leitenden Angestellten (= Schriften der Vela, H. 2), 1921.
Müller, F., Das soziale Schicksal des alternden Arbeitnehmers, in: Sozialrechtliches Jb., Bd. 1, 1930, S. 3–80.
Müller, H., Nivellierung und Differenzierung der Arbeitseinkommen in Deutschland seit 1925, Berlin 1954.
Müller, W., Das soziale Leben in Deutschland, Berlin 1938.
–, Rationelle Menschenführung, Berlin 1930.
Naphtali, F., Wirtschaftsdemokratie. Ihr Wesen, Weg und Ziel, Berlin 1928 (Frankfurt/M. 1969[3]).
Nebgen, L., Jakob Kaiser, Stuttgart 1967.
Neisser, H., Sozialstatistische Analyse der Wahlergebnisse, in: Die Arbeit, Bd. 7, 1930, S. 654–659.
Nestriepke, S., Die Gewerkschaftsbewegung, 3 Bde., Stuttgart 1923[2].
Neuhaus, G., Die berufliche und soziale Gliederung der Bevölkerung im Zeitalter des Kapitalismus, in: Grundriß der Sozialökonomik, IX. Abt., 1. Teil, Tübingen 1926, S. 360–459.
Neumann, F., Behemoth. Struktur und Praxis des Nationalsozialismus, Frankfurt a. M. 1984 (Fischer Taschenbuch; Bd. 4306).
Neumann, S., Die deutschen Parteien, Berlin 1932 (wieder: Stuttgart 1965[2]).
Nolte, E., Der Faschismus in seiner Epoche, München 1965[2].
–, (Hg.), Theorien über den Faschismus, Köln 1972[3].
–, Die faschistischen Bewegungen, München 1973[4].
Nothaas, J., Sozialer Auf- und Abstieg im deutschen Volk. Bayerisches Statistisches Landesamt (Beiträge zur Statistik Bayerns, H. 117), München 1930.
Nordsieck, F., Die schaubildliche Erfassung und Untersuchung der Organisation, Stuttgart 1932.
–, Die Arbeitsaufgaben und ihre Verteilung, in: Hb. des Einzelhandels, Stuttgart 1932.
Nörpel, C., Grenzen des Arbeitsrechts, in: Die Arbeit, Jg. 8, 1932.

O'Lessker, K., Who Voted for Hitler?, in: AJS, Bd. 74, 1968, S. 63–69.
Orlow, D., The History of the Nazi Party, Vol. I, 1919–1933, Newton Abbott 1971.
Pachter, H. M., The Intellectuals and the State of Weimar; in: Social Research, Bd. 39, 1972, S. 228–253.
Parsons, T., Democracy and Social Structure in Pre-Nazi Germany (1942), in: ders., Essays in Sociological Theory, Glencoe 1958[2].
Pechel, R., Deutscher Widerstand, Erlenbach-Zürich 1947.
Petzina, D., Germany and the Great Depression, in: Journal of Contemporary History, Bd. 4, 1969, S. 59–74.
–, Materialien zum sozialen und wirtschaftlichen Wandel in Deutschland seit dem Ende des 19. Jahrhunderts, in: VfZG, 17. Jg., 1969, S. 308–378.
Pfirrmann, F., Der Fuchs predigt den Hühnern, in: Afa-Bundeszeitung, September 1932.
Philippe, C., Die Stellung des Angestellten im Arbeitsrecht, in: Magazin der Wirtschaft, 3. 7. 1931, S. 1075–1079.
Pjatnizki, O., Brennende Fragen (= Bücherei des Parteiarbeiters, Bd. 2), Hamburg 1931.
Potthoff, H. (Hg.), Die sozialen Probleme des Betriebes, Berlin 1925.
–, Privatangestellte und politisches Leben, München 1911.
Pratt, S. A., The Social Basis of Nazism and Communism in Urban Germany, A Correlation Study of the July 31, 1932, Reichstag Election in Germany, M. A. Thesis, Michigan College, Dept. of Sociology and Anthropology 1948.
Preller, L., Sozialpolitik in der Weimarer Republik, Stuttgart 1949.
Reif, I., Der VDH zu Leipzig, in: Jb. der Angestelltenbewegung, 1914.
Renner, K., Die Geltung der Ingenieurarbeit in Wirtschaft und Gesellschaft (= Schriftenreihe des Bundes der Industrieangestellten Österreichs, H. 3), 1924.
Riemer, S., Mittelstand und sozialistische Politik, in: Die Arbeit, 9. Jg., 1932, S. 265–272.
Riezler, K., Tagebücher, Aufsätze, Dokumente, Göttingen 1972.
Rocker, R., Johann Most. Das Leben eines Rebellen, Berlin 1924.
Rössiger, M., Der Angestellte von 1930, Berlin 1930.
–, Der werdende Wirtschaftsbürger, Berlin 1928.
Rosenberg, A., Die Entstehung der deutschen Republik, Berlin 1928 (Frankfurt 1971[13]).
–, Geschichte der Weimarer Republik, Frankfurt 1971[12].
Rothschilds Taschenbuch für Kaufleute, 2 Bde, Leipzig 1927.
Sauer, W., National Socialism: Totalitarianism or Fascism? in: AHR 73, 1967, S. 404–424.
Schäfer, H., Die leitenden Angestellten. Ein neuer sozialer Typus, in: Bergwerkszeitung, 11. 11. 1928.
Schäfer, W., NSDAP. Entwicklung und Struktur der Staatspartei des Dritten Reichs, Hannover 1956.

Schlözer, A. L., Theorie der Statistik, Göttingen 1804.
Schmoller, G., Die soziale Frage, München 1918.
–, Was verstehen wir unter dem Mittelstand? in: Verhandlungen des 8. Evangelisch-sozialen Kongresses, Göttingen 1897.
Schnaas, H., Der Arbeitsmarkt der Angestellten und die Arbeitsmarktpolitik der Angestelltenorganisationen, Diss. Münster 1929.
Schneider, G., Die Angestelltenbewegung im Lichte des Krieges und der Revolution, Berlin 1919.
–, Die Angestellten im demokratischen Volksstaat, Leipzig 1920.
–, Die geistigen Grundlagen der GdA-Arbeit, Berlin 1930.
Schoenbaum, D., Hitler's Social Revolution, New York 1968 (dt.: Köln 1968).
Schopenhauer, A., Aphorismen zur Lebensweisheit, in: Sämtliche Werke, hg. v. M. Frischeisen-Köhler, Bd. 6, Berlin o. J., S. 303–477.
Schulze, F. u. Scymank, P., Das deutsche Studententum, Leipzig 1910.
Schumann, H.-G., Nationalsozialismus und Gewerkschaftsbewegung, Hannover 1956.
Schumpeter, J. A., Das soziale Antlitz des Deutschen Reiches (1929), in: ders., Aufsätze zur Soziologie, Tübingen 1953, S. 214–225.
Schuon, H., Der deutschnationale Handlungsgehilfenverband zu Hamburg, Jena 1914.
Schröer, H., Die betriebliche Ausbildung des Verkaufspersonals im Einzelhandel, Stuttgart 1933.
Silbermann, J., Die soziale Herkunft der Berliner Handlungsgehilfen, in: Soziale Praxis, Bd. 12, Jg. 1903, S. 1304–1306.
–, Zur Entlohnung der Frauenarbeit, in: Schm. Jb., Bd. 23, 1899, S. 1401–1444.
Silbermann, J., Die Angestellten als Stand, Berlin 1932.
Sohn-Rethel, A., Ökonomie und Klassenstruktur des deutschen Faschismus. Aufzeichnungen und Analyse, Frankfurt/M. 1973.
Sombart, W., Art. Beruf, in: Vierkandt, A. (Hg.), Hwb. der Soziologie, Stuttgart 1931.
Sontheimer, K., Antidemokratisches Denken in der Weimarer Republik. Die politischen Ideen des deutschen Nationalismus zwischen 1918 und 1933, München 1966[4].
Spahn, M., Die christlich-soziale Bewegung in: Hochland, Bd. 26, 1929, S. 164–182.
Speier, H., Betrachtungen zur Erfassung der sozialen Struktur, in: ASS, Bd. 69, 1933, S. 705–725.
–, Das Proletariat und seine Kritiker, in: Die Neue Rundschau, Bd. 43, 1932, S. 289–304.
–, Social Order and the Risks of War. Papers in Political Sociology, New York 1952; brosch. Cambridge, Mass. 1969.
–, Social Stratification, in: M. Ascoli u. F. Lehmann (Hg.), Political and Economic Democracy, New York 1937, S. 255–270.

–, Verbürgerlichung des Proletariats?, in: Magazin der Wirtschaft, 27.3. u. 3.4.1931.
–, Zur Soziologie der bürgerlichen Intelligenz in Deutschland, in: Die Gesellschaft, 1929, II, S. 58–72.
Stapel, A., Der christliche Staatsmann. Eine Theologie des Nationalismus, Hamburg 1932.
Stapel, W., Die Fiktionen der Weimarer Verfassung. Versuch einer Unterscheidung der formalen und der funktionalen Demokratie, Hamburg 1928.
–, Volksbürgerliche Erziehung, Hamburg 1920[2].
Stegmann, D., Zwischen Repression und Manipulation: Konservative Machteliten und Arbeiter- und Angestelltenbewegung 1910–1918, in: ASG, Bd. 12, 1972, S. 351–432.
Stehr, K., Der Zentralverband der Angestellten, Diss. Halle 1926.
Steinhausen, G., Der Kaufmann in der deutschen Vergangenheit, Leipzig 1899.
Stern, F., Kulturpessimismus als politische Gefahr, Bern 1963 (engl. 1961).
Stiller, W., Der Verein für Handlungs-Commis von 1858, Jena 1910.
Stillich, O., Die Herkunft der Bankbeamten, in: ZfGS, Jg. 72, 1916, S. 401–415.
Stoecker, A., Christlich-sozial. Reden und Aufsätze, Berlin 1890[2].
Sträter, E., Die soziale Stellung der Angestellten, Diss. Bonn 1933.
Suessengut, O., Die Angestellten als Stand und Klasse, Diss. Halle 1927.
Suhr, O., Angestelltenbildung, in: Hwb. des deutschen Volksbildungswesens, hg. v. H. Becker, Breslau 1932.
–, Die Angestellten in der deutschen Wirtschaft, in: Protokoll des 3. Afa-Gewerkschaftskongresses vom 1.–4.10.1928, S. 82–107.
–, Die Lebenshaltung der Angestellten. Untersuchungen auf Grund statistischer Erhebungen des Afa-Bundes, Berlin 1928.
Suhr, S., Die weiblichen Angestellten, Berlin 1930.
Süss, B., Klärung der Angestelltenbewegung, Berlin 1921.
Syrup, F. (Hg.), Hb. des Arbeiterschutzes und der Betriebssicherheit, Berlin o.J.
Thiel, O., Die Sozialpolitik der Kaufmannsgehilfen, Hamburg 1926.
Thomas, A., E. Lederer, O. Suhr, Angestellte und Arbeiter, Berlin 1928.
Timm, H., Die deutsche Sozialpolitik und der Bruch der großen Koalition im März 1930, Düsseldorf 1952.
Tobis, H., Das Mittelstandsproblem der Nachkriegszeit und seine statistische Erfassung, Grimmen 1930.
Tönnies, F., Der Kampf um das Sozialistengesetz 1878, Berlin 1929.
Treitschke, H. von, Politik, 2 Bde, hg. v. M. Cornicelius, Leipzig 1918[4].
Turner, H. A. jr., Faschismus und Kapitalismus in Deutschland, Göttingen 1972.
Van der Velden, I. (Hg.), Die berufsständische Ordnung, Köln 1932.
Victor, M., Die Stellung der deutschen Sozialdemokratie zu den Fragen der auswärtigen Politik (1869–1914), in: ASS, Bd. 60, 1928, S. 147–179.

Walbrodt, L., Die Rationalisierung in Büro und Handel, in: Jugend und Beruf, April 1931.

Wald, E., Antiproletarische Sozialpolitik, in: Der Kaufmann in Wirtschaft und Recht, Juni 1930.

Walther, E., Die Handels- und Büroangestellte (= Schriften des Berufskundlichen Ausschusses bei der Reichsanstalt f. Arbeitsvermittlung und Arbeitslosenversicherung, H. 10), Berlin o. J.

Was wir wollen (= 1. Schriftenreihe des DHV, H. 3), Hamburg 1903.

Weber, A., Soziale Merkmale der NSDAP-Wähler, Diss. Freiburg i. Br. 1969.

Weber, M., Wirtschaft und Gesellschaft, Tübingen 1925 (letzte Aufl. Tübingen 1972^{5}).

Weiland, R., Die Kinder der Arbeitslosen, Eberswalde 1933.

Werner, G. (*Steiger*), Der Weg der Sozialisierung des Kohlenbergbaus (= Schriften des Butab, H. 6), Berlin 1920.

White, T. H., Breach of Faith, New York 1975.

Wiedenfeld, K., Kapitalismus und Beamtentum, Berlin 1932.

Winkler, H. A., Mittelstand, Demokratie und Nationalsozialismus, Köln 1972.

–, Extremismus der Mitte? Sozialgeschichtliche Aspekte der nationalsozialistischen Machtergreifung, in: VFZG, 20. Jg., 1972, S. 175–191.

Winnig, A., Vom Proletariat zum Arbeitertum, Hamburg 1930.

Wissdorf, A., Die Verkäuferin im Lebensmittelhandel, in: Kölner Vjh. f. Sozialpolitik, 1931.

Witsch, J., Weibliche Angestellte in der schönen Literatur, Köln 1933.

Witzleben, W. D. v., Der Tarifvertrag für die Angestellten der Berliner Metallindustrie (= Schriften der Vereinigung der deutschen Arbeitgeberverbände, H. 15), Berlin 1926.

Woldt, R., Das großindustrielle Beamtentum, Stuttgart 1911.

–, Der Werkmeister im Wirtschaftskampfe (= Schriften der DWV, Heft 34), Düsseldorf 1920.

Woolf, S. J. (Hg.), The Nature of Fascism, New York 1968.

Zahn, F., Wirtschaftsaufbau Deutschlands, in: Hwb. d. Staatswissenschaften. Ergänzungsband, Jena 1929^{4}, S. 980ff.

Zechlin, E., Staatsstreichpläne Bismarcks und Wilhelm II. 1890–94, Stuttgart 1929.

Zimmermann, A., Der Deutschnationale Handlungsgehilfen-Verband. Sein Werden, Wirken und Wollen, Hamburg o. J.

Franz Neumann
Behemoth
Struktur und Praxis des Nationalsozialismus 1933–1944

Band 4306

Franz Neumanns »Behemoth« erschien zuerst 1942 bei der Oxford University Press. Nach wie vor ist Neumanns umfassendes und kenntnisreiches Werk eine einzigartige Herausforderung für die Faschismusinterpretation. Mit ihm liegt jetzt endlich eines der wenigen Bücher in deutscher Übersetzung vor, die einen theoretisch und politisch gleich ergiebigen, dazu durchaus nicht schwer verständlichen Beitrag zur Aufarbeitung der deutschen Geschichte leisten.
Ernst Nolte nannte das Werk die kenntnisreichste und umfassendste Analyse des Nationalsozialismus, die bislang erschienen ist. Wenn auch heute in Teilbereichen exaktere Einzelkenntnisse vorliegen, die in Neumanns Pionierarbeit noch nicht berücksichtigt werden konnten, so sind doch alle von ihm angesprochenen Grundfragen der Faschismusinterpretation und der gesellschaftlichen Entwicklungstendenzen sogenannter sozialstaatlicher Massendemokratien aktuell geblieben.

Robert Wistrich

Wer war wer im Dritten Reich?

Ein biographisches Lexikon

Anhänger, Mitläufer, Gegner aus Politik, Wirtschaft und Militär, Kunst und Wissenschaft

Fischer Taschenbuch Band 4373

»Wer war wer im Dritten Reich« enthält nahezu vierhundert Biographien von Persönlichkeiten, die in der Zeit des Nationalsozialismus eine wie auch immer geartete herausragende Rolle spielten.
Jede Biographie bildet eine Facette des damaligen Deutschland und ihre Verknüpfung zeigt die Vielzahl der Querverbindungen, die erst in ihrer Gesamtheit das Phänomen »Drittes Reich« ausmachen.
Folglich finden sich neben Politikern und Militärs ebenso Diplomaten, Beamte, Industrielle, Geistliche, Parteifunktionäre, SS- und Gestapoführer.
Aber auch Schauspieler, Schriftsteller, Maler, Bildhauer, Architekten, Sportler und Wissenschaftler, die in Deutschland blieben und es zu Prominenz brachten, stellen einen wichtigen, wenn auch oft zu wenig beachteten Teil der Wirklichkeit der damaligen Zeit dar.
Darüber hinaus geben die in diesem Buch festgehaltenen Lebensläufe keineswegs nur Sachinformationen weiter, sondern halten auch etwas von der Dimension des Menschlichen (und allzuoft nur Unmenschlichen) fest, die für das Begreifen dieser so entscheidenden Phase der modernen Geschichte unerläßlich ist.

Walter H. Pehle (Hg.)

Der Judenprogrom 1938

Von der »Reichs-
kristallnacht«
zum Völkermord

Mit Beiträgen von Uwe Dietrich Adam, Avraham Barkai, Wolfgang Benz, Hermann Graml, Konrad Kwiet, Trude Maurer, Hans Mommsen, Jonny Moser, Abraham J. Peck und Wolf Zuelzer

Band 4386

In der Nacht zum 10. November 1938 brannten fast alle noch verbliebenen Synagogen kontrolliert ab – kontrolliert von der Feuerwehr, die darauf zu achten hatte, daß das Eigentum »arischer« Nachbarn keinen Schaden nahm, in Brand gesteckt von bierseligen Parteigenossen auf höheren Befehl. In derselben Nacht wurden an die 100 Menschen ermordet, nur weil sie Juden waren. Rund 30000 wohlhabende Juden wurden aus ihren Häusern geprügelt und in Konzentrationslager verschleppt; viele von ihnen kamen nicht mehr zurück. Und in derselben Nacht wurden an die 7500 Geschäfte jüdischer Mitbürger demoliert und vielfach geplündert.

Diese Ereignisse, für die das Attentat des 17jährigen Herschel Grynszpan in der deutschen Botschaft in Paris den Vorwand lieferte, mit dem zynischen Begriff »Reichskristallnacht« zu belegen, heißt, Mord, Totschlag, Brandstiftung, Raub, Plünderung und Sachbeschädigung zu einer funkelnden, glänzenden Veranstaltung umzuinterpretieren und einer bösartig verharmlosenden Erinnerung Vorschub zu leisten.

Der vorliegende Band betrachtet den Judenprogrom 1938 nicht isoliert als Einzelphänomen, sondern im Gesamtzusammenhang der Geschichte der nationalsozialistischen Zeit als eine Etappe auf dem Weg zur »Endlösung der Judenfrage«.

Fischer Taschenbuch Verlag

fi 705 / 2